"十三五"国家重点出版物出版规划项目

转型时代的中国财经战略论丛

国家自然科学基金项目（41771560，41671519，41301616）
山东省自然科学基金项目（ZR2013DQ003）

乡村转型发展过程中
区域农村居民点整治研究

曲衍波　姜广辉　李广泳　著

中国财经出版传媒集团

经济科学出版社
Economic Science Press

图书在版编目（CIP）数据

乡村转型发展过程中区域农村居民点整治研究/曲衍波，
姜广辉，李广泳著 . —北京：经济科学出版社，2017. 12
（转型时代的中国财经战略论丛）
ISBN 978 - 7 - 5141 - 8979 - 7

Ⅰ. ①乡…　Ⅱ. ①曲…②姜…③李…　Ⅲ. ①乡村居民
点 - 土地利用 - 研究 - 中国　Ⅳ. ①F321. 1

中国版本图书馆 CIP 数据核字（2018）第 009550 号

责任编辑：于海汛　宋　涛
责任校对：刘　昕
责任印制：李　鹏

乡村转型发展过程中区域农村居民点整治研究
曲衍波　姜广辉　李广泳　著
经济科学出版社出版、发行　新华书店经销
社址：北京市海淀区阜成路甲 28 号　邮编：100142
总编部电话：010 - 88191217　发行部电话：010 - 88191522
网址：www. esp. com. cn
电子邮件：esp@ esp. com. cn
天猫网店：经济科学出版社旗舰店
网址：http：//jjkxcbs. tmall. com
北京季蜂印刷有限公司印装
710 × 1000　16 开　22. 5 印张　360000 字
2017 年 12 月第 1 版　2017 年 12 月第 1 次印刷
ISBN 978 - 7 - 5141 - 8979 - 7　定价：59. 00 元
（图书出现印装问题，本社负责调换。电话：010 - 88191510）
（版权所有　侵权必究　举报电话：010 - 88191586
电子邮箱：dbts@ esp. com. cn）

总　序

　　《转型时代的中国财经战略论丛》（以下简称《论丛》）是山东财经大学"特色名校工程"建设的特色项目和重要成果，也是经济科学出版社与山东财经大学合作推出的系列学术专著出版计划的一部分，更是山东财经大学近年来致力于学术兴校战略一批青年学者在经济和管理研究方面的部分成果汇报。

　　山东财经大学是一所办学历史悠久、财经特色鲜明、综合实力突出，在国内外有一定影响的普通高等财经院校。学校于 2011 年由原山东经济学院和原山东财政学院合并组建而成。2012 年成功实现财政部、教育部、山东省人民政府三方共建。2013 年获得博士学位授予权，并入选山东省"省部共建人才培养特色名校立项建设单位"。山东财经大学还是中俄经济类大学联盟创始高校之一、中国财政发展 2011 协同创新中心和中国会计改革与发展 2011 协同创新理事单位。学校的发展为教师从事科学研究创造了良好环境和宽广平台。近年来，学校以建设全国一流财经特色名校为目标，深入实施"特色名校工程"，大力推进改革创新，学校发展平台拓宽，办学层次提高，综合实力增强，社会声誉提升，学校进入了内涵发展的新阶段。为推进"特色名校工程"建设，学校修订了科研成果认定和奖励制度，完善了科研评价与激励机制，同时实行"优秀青年人才特殊支持计划"和"青年教师境外研修计划"等，为青年教师脱颖而出和学术成长提供了政策保障。

　　随着经济全球化、区域一体化、文化多样化深入发展，新一轮科技革命和产业变革蓄势待发，我国经济发展进入新常态，但发展方式粗放、创新能力不强、资源环境约束加大等不平衡、不协调、不可持续问题依然突出，迫切需要更多依靠创新驱动谋求转型发展的出路。为了应对当今世界的深刻变革，我国启动了"双一流"建设，对财经学科发展提出了严峻挑战，同时又面临难得的机遇。作为以经管学科为主的财经类大学，如何坚持科研服务社会、服务人才培养的方向，主动适应实施创新驱动战略的要求，自觉对接国家和区域重大战略需求，充分发挥在经济和管理研究领域的优势，为国家和区域经济社会发展提供更大智力支持、培养更多高质量人才，一直是财经类大学更好履行使命的重要职责。《论丛》的出版，从某种程度上应和了这种趋势和需求，同时，展现了山东财经大学"特色名校工程"的建设成效和进展，对激励学者潜心研究、促进学术繁荣发展、加强对外学术交流和扩大学校社会影响具有重要推动作用。

作为山东财经大学从事财经教育和人文社科研究的青年学者，都要积极应对和研究时代赋予的重大命题，以求是创新的精神风貌，遵循科研规律，坚持教研相长，长于独立思考，善于团结协作，耐得住寂寞，放得下功利，才能不断推进学术创新，勇攀科学高峰，孕育无愧于时代的精品力作，努力成为社会科学创新的新生力量。

《论丛》的出版凝结了山东财经大学青年学者的心血和汗水，尽管可能存在一些不足，但是正如哲人所言"良好的开端就成功了一半"。相信只要青年学者们持之以恒，不辍耕耘，必能结出更加丰硕的成果。伴随着中国经济发展、改革和转型步伐的加快，我们期待着有更多更好的学术成果问世！真诚欢迎专家、同行和广大读者批评指正。

山东财经大学校长

2016 年 5 月 17 日

前　言

　　乡村发展是区域经济社会发展的重要组成部分，受我国城镇化和工业化发展的深刻影响，广大农村地区在资源利用、产业结构、消费结构和就业结构等方面，正处于传统发展模式向现代发展模式转型的关键时期。农村居民点作为乡村转型发展的重要载体，既是我国数亿农民聚居和生存发展的依赖空间，也是我国城乡一体化格局建设的关键要素和资源利用节约与否的具体表现。但受历史原因影响，我国农村居民点的建设与发展一直是自发性的，加之缺乏统一的科学规划，造成全国农村居民点规模不断膨胀，整体表现为自发、无序、空心、闲置、多宅等粗放式扩展，造成大量土地资源浪费，严重扭曲了城乡国土空间格局。可以预见，随着区域经济社会改革的进一步深化以及未来农民需求的改变，农村居民点还将产生进一步的分化与重构，如果不采取适当的干预和有效的引导，农村居民点的粗放利用风险将继续扩大，这些问题已经成为土地科学、地理学和社会学等学者和国土、农业、建设等政府管理部门关注的焦点。

　　农村居民点整治作为战略机遇期缓解城乡土地供需矛盾的重要途径，也是积极推进资源节约利用和国土空间格局优化的重要内容。进入21世纪来看，国家高度重视农村土地整治，从万村整治工程、城乡建设用地增减挂钩、土地节约集约利用、农村宅基地流转与经营性建设用地入市等方面出台了一系列因势利导的重要决策性文件，对农村居民点整治起到巨大的推动作用。各地区也积极响应，涌现出诸如"天津华明宅基地换房""嘉兴两分两换""重庆地票""临沂新型农村社区""深圳入股分红"等具有区域典型性的一系列农村居民点整治模式，在推进农村土地集约利用和乡村转型发展方面发挥了积极作用。但是从实践中来看，国土资源管理部门大力开展的农村土地整治活动，其出发点主要是促进集约节约用地，通常按照土地利用分类体系，将农村居民点概化为一种土地利用类型，以整块图斑为研究对象，关注是用地规模，缺乏对农村居民点用地结构的细化；建设部门过去主要关注城市建设，虽然现在也实行城乡空间统筹规划，但对类型多样村庄来说，农村人居环境质量和居民参与的差异性研究还很粗略；农业部门开展的新农村建设活动，虽然也提"一村一品"，但主要还是关注农村基础设施建设和农业产业发展，目标相对单一。可见，各部门的农村居民点管理与规划建设工作，缺乏对农村居民点自身属性要素与地域特征的系统认识，也就无法有效应对农村居民点规划、建设和管理过程中的复杂性和多样性问题，不利于新型城镇化的持续发展。

农村居民点整治具有地域性、阶段性和多功能性特征，不同地域、不同阶段所表现出的功能价值有所不同。当前农村居民点整治的主要目的是通过将现状人均建设用地规模降低为国家或本地区规定的控制标准、提高建筑容积率、自然村向中心村合并等措施提高土地利用效率，这对促进农村土地集约利用和优化国土空间格局具有一定的带动作用。但从广大农村地区长远发展来看，土地仅仅是城乡要素流动的一个方面，通过健全农村内部道路、供电、供水、通讯等基础设施，增设村内公共服务设施，优化农村居住条件和乡土文明气息等措施，促进城乡生活、生产和生态要素的综合流动，才是农村居民点整治作为促进新农村建设和城乡统筹发展重要途径的根本表现。而农村居民点整治模式就是对不同区域不同阶段农村居民点整治功能价值高、成长性好、代表性强、特色鲜明和易于推广的范式进行要点、难点和创新点的归纳与概括，为认识和把握不同发展背景下农村居民点演变机理，因地制宜、分类指导农村居民点整治提供借鉴和参考。然而，目前关于乡村转型发展和农村居民点综合整治尚未得到系统关注和深入研究。

本书将农村居民点整治置于土地资源节约集约利用和城乡转型发展的背景中去认识和把握，立足农村、联动城乡，着眼于区域耕地保护、土地集约利用、新农村建设以及城乡用地互动的良性发展。在界定研究范畴的基础上，从系统学理论、城乡统筹发展理论、农村转型发展理论、生态位理论等方面分析研究的理论依据，运用 GIS 空间技术、实地调查与访谈等手段与方法，建立土地资源—生态环境—社会经济—农户特征的复合研究数据平台，剖析农村转型发展态势与农村居民点利用特征，构建农村居民点整治的战略体系，利用综合修正法、邻域替代法、生态位适宜度评价法、互斥性矩阵组合法、系统耦合法、Logistic 数理统计模型以及挂钩能力模型等方法，分别进行农村居民点整治补充耕地潜力估算、整治类型识别与时空配置、整治模式系统构建与典型分析以及城乡建设用地增减挂钩分区与联建等理论方法和实践研究，提出保障农村居民点整治实施的创新策略与政策建议，集成"农村居民点整治基础理论—环境背景—战略分析—潜力测算—类型划分—时空配置—模式识别—挂钩联动—对策研制"综合研究体系，系统开展农村居民点整治的理论、方法与实证研究，对丰富农村土地整治理论体系，因地制宜、分类指导土地整治实践，制定切实可行的土地整治策略具有重要的理论和现实意义。

本书是笔者攻读博士学位以来，从事农村居民点研究工作十多年的一个阶段性成果总结，也是笔者主持国家自然科学基金项目（41771560、41671519、41301616）、山东省自然科学基金项目（ZR2013DQ003）的主要成果之一。在项目研究和本书成稿期间，有幸得到了国家自然科学基金委员会地球科学一处、中国农业大学资源与环境学院、中国科学院地理科学与资源研究所、北京师范大学资源学院、中国人民大学公共管理学院、山东财经大学公共管理学院、北京市国土资源局、中国土地勘测规划院等单位的诸多名师给予的指导和帮助。同时感谢参与课题研究的"荣凤门"大家庭中每一个成员以及为我提供研究素材的良师益友。借此一并表示衷心的感谢！

在本书写作过程中，笔者参考了许多专家的论著和科研成果，并使用了大量的统计数据和地理信息数据，书中引用的参考文献进行了标注，但仍恐有遗漏之处，敬请各位专家学者包涵。由于乡村发展、土地集约利用、农村居民点整治等研究涉及面很广，系统研究难度较大，笔者作为土地科学和乡村地理学的一名小生，才疏学浅，书中的不足之处在所难免，恳请同行专家学者提出宝贵意见和建议！

曲衍波

2017 年 12 月于泉城

目　录

农村居民点整治路径篇

第1章 绪 论

1.1 本书的研究背景与意义

1.1.1 城乡转型发展的时代背景

中国改革开放30多年来，取得了令世界瞩目的持续高速发展，1978～2015年中国GDP由3935.2亿元增长到676708亿元。2008年，中国GDP总值超过德国，位居世界第三位，2010年GDP总值超过日本，成为仅次于美国的世界第二大经济体。以人均3000美元为标准（张华，2006），中国已步入国民经济与社会发展转型升级新阶段和城镇化与工业化加速发展的新进程。从世界经验来看，这一阶段往往是产业结构快速转型、城乡格局剧烈变动、社会利益分配显著变化、稀缺资源深化配置的过程；同时也是城乡差距拉大、人地矛盾恶化和"三农"问题凸显的过程，中国也不例外。

1978～2015年，中国农民人均纯收入由134元增长到10772元，农村收入水平持续增加，虽然城乡居民收入比从2014年开始"破3"，但城乡收入的绝对差距由210元进一步扩大到2015年的19773元；与此同时，2010年中国城乡居民家庭恩格尔系数为30.6%，农村居民家庭恩格尔系数为37.1%，虽然与改革开放以来的2008年最高值相比有所降低，但由于深受城乡二元结构的体制和制度约束，农民仍然享受不到与城市居民同等的社会福利待遇，城乡收支差距与资源分配仍呈显著的失衡态势。

1978~2015 年，中国城镇化水平由 17.9% 提高到 56.10%，城镇人口从 1.7 亿人增加到 7.71 亿人（国家新型城镇化报告，2016）。庞大的人口转移决定了城市规模的不断增加，从 1985~2015 年中国城镇建设用地由 93.86 万公顷增加至 858.1 万公顷，年均增长达 26.35 万公顷，而长期以来中国所走的土地资源依赖型城市化发展道路，也决定了城市规划扩展和基础设施建设的突飞猛进必将占用大量的优质耕地，2015 年中国因建设占用的耕地面积为 7.3×10^4 公顷（中国国土资源公报，2016）；更为严重的是，2015 年中国约有 2.77 亿农民工，在大量农村人口非农化转移过程中，农民建设用地呈现不减反增的态势，农村居民点占建设用地总面积比重仍高达 55% 左右，建新不拆旧、新房无人住等局面造成农村用地"外扩内空"和耕地资源严重浪费（刘彦随，2011）；较差的城乡用地效率与结构也是世界上唯独仅有的。

随着中国人口持续增长、新型工业化和快速城市化发展的三大高峰时期的到来，预计到 2030 年，中国人口总量将达到 15 亿人左右，城镇化率将达到 70%，因而粮食消费需求、建设用地需求将不断增长，保障发展和保护耕地的压力也将持续加大（刘彦随，2011）；还有，城乡二元结构下产生的以资源和环境为代价、用农业和农村的积累支撑工业发展、片面的追求经济发展所造成对农业及农村的欠债等问题的解决仍面临许多方面的挑战。

面对中国城乡转型期严重扭曲的城乡关系和日益恶化的人地关系，以及不断加大的"双保"压力，党和国家基于长期以来的发展经验和教训总结，在 2002 年十六大报告中提出"统筹城乡经济社会发展"的重大任务，2003 年十六届三中全会提出了"五个统筹"的发展战略，2005 年十六届五中全会提出了"社会主义新农村建设"的发展战略。到 2008 年十七届三中全会再次提出"形成城乡经济社会发展一体化新格局"的战略部署，2013 年的十八大以及十八届三中全会提出"城乡一体化示范区"建设，2017 年的十九大提出"乡村振兴"战略。相应的，进入 21 世纪以来中共中央发布的 17 个"一号文件"，虽然重点不同，但都贯穿了城乡统筹的大背景下解决"三农"问题，统筹城乡发展有利于改善农村民生、扩大农村需求、发展现代农业，是建设社会主义新农村和推进城镇化的持久动力，也是打破中国传统二元结构，促进城乡一体化发展的有效途径。中国已经进入城乡转型发展的新时代。

1.1.2 土地资源集约利用的现实需求

土地是众多矛盾和问题之源。随着经济社会的不断发展和人口的持续增长，中国耕地资源的供需矛盾日趋尖锐。1978～2015 年，中国耕地总量由 30.09 亿亩减少到 20.25 亿亩，30 多年间减少约 10 亿亩，人均耕地仅有 1.3 亩，仅相当于世界人均水平的70%，耕地总量日益逼近"18 亿亩耕地红线"，中国粮食安全和社会稳定受到严重威胁。作为补充耕地有效途径的土地整治工程有助于国家实现耕地总量动态平衡。中国开展土地整理/整治工作已近 20 个年头，实践也证明土地整治对于减缓耕地减少速度、提高粮食产量、改善农业生产条件以及确保国家粮食安全具有重要作用（郧文聚，2009）。但在这 20 年里，中国土地整治形式以未利用地开发和农用地整理为主。经过多年高强度的土地开发，中国耕地后备资源已经十分有限，扣除生态环境建设重点区域，适合开发的耕地后备资源已殆尽，且地块零散分布不均，依赖大规模开发后备资源补充建设占用耕地的模式已难以为继，亟须寻找其他补充耕地的途径。

与此同时，由于长期缺乏资金和规划引导，加之管理不到位，目前中国农村居民点建设处于"无偿、无限期、无流动"的自发状态，全国农村居民点规模多达 2 亿多亩，农民户均 1.5 亩，人均 220 平方米，包括 64 万个行政村和 300 多万个自然村，特别随着农村人口的转移，因为没有相应的空闲宅基地管理措施导致，造成大量旧宅基地闲置与废弃，一半以上的村庄出现严重的空心化，农村居民点整治潜力巨大。同时，不合理的村庄布局，无法起到有利生产、方便生活的作用，且对耕地的保护产生了制约，使耕地无法流转实现规模化经营，劳动生产率和经济效益低下。再者，农民建房分散，建筑物单体面积差异大，使用功能混杂，大部分农村居民点基本上只有居住功能，村内水、电、气、通讯、道路等基础设施建设滞后，文化、教育、医疗、卫生等设施不健全，只在规模相对较大的农村居民点中才有小型的商业零售点，给农村生产和农民生活带来了极大的不便，严重阻碍新农村建设与城乡一体化发展的进程。农村居民点整治是从宏观上对农村居民点数量、布局的控制和从微观上对农村居民点用地转化、结构调整和优化配置的综合措施，它可以协调农村居民点内部的各种要素及其与外部环境的关系，合理配置自然、经济和社会资源，全方位改善农村生产条件和居住环境，对增加耕地资源数量、提高土地集约利用、实现农村产业规模化经营以及缩小城乡差距、推动城乡融合、促进新农村建设等方面具有很大作用。在这种背景下，农村居民点也成为一种重要的"耕地后备资源"，大力开展农村居民点整治就成为实现耕地占补平衡和保障粮食安全的新途径，同时也是推进新农村建设和城乡统筹发展的"一把利器"。

面对耕地保护形势严峻、建设用地需求量大、土地资源浪费严重以及农村地区发展落后等诸多难题。进入 21 世纪以来，国家高度重视土地整治工作，先后出台了一系列的相关政策，如 2004 年中共中央一号文件《中共中央国务院关于促进农民增加收入若干政策的意见》要求："有条件的地方，要加快推进村庄建设与环境整治"，同年国务院下发的《国务院关于深化改革严格土地管理的决定》提出："鼓励农村建设用地整理，城镇建设用地增加要与农村建设用地减少相挂钩"，2005 年中央一号文件《中共中央国务院关于进一步加强农村工作提高农业综合生产能力若干政策的意见》要求："加强集体建设用地和农村宅基地管理，鼓励农村开展土地整理和村庄整治"，2008 年党的十七届三中全会通过的《中共中央关于推进农村改革发展若干重大问题的决定》提出："要大规模实施土地整治，搞好规划、统筹安排、连片推进"；2010 年中央一号文件《中共中央国务院关于加大统筹城乡发展力度，进一步夯实农业农村发展基础的若干意见》指出："将农村土地整治与城乡统筹发展、加快新农村建设与推进城镇化发展的有机结合，整治节余出来的土地用地还耕或支持城镇用地需求"，同年国务院下发的《国务院关于严格规范城乡建设用地增减挂钩试点，切实做好农村土地整治工作的通知》也提出："优化城乡用地挂钩，加强农村基础设施和公共服务设施建设，提高节约集约用地水平，促进城乡统筹发展"；"十八届五中全会"在《中共中央关于全面深化改革若干重大问题的决定》中又进一步明确要求加快建立生态文明制度，健全国土资源空间开发路径、提高土地节约集约利用程度。与此同时，国土资源部为贯彻落实国务院精神，先后发出《关于规范城镇建设用地增加与农村建设用地减少相挂钩试点工作的意见》(2005 年 10 月 11 日)、《关于依法依规管理节约集约用地，支持社会主义新农村建设的通知》(2006 年 3 月 27 日)、《国土资源部关于促进农业稳定发展农民持续增收推动城乡统筹发展的若干意见》《国土资源部关于开展土地整治规划编制工作的通知》《关于推进土地节约集约利用的指导意见》《全国土地整治规划 (2016 ~ 2020 年)》等文件，并在全国范围内启动了"万村整治"示范工程，要求各省、市、县积极开展土地整治规划，"十三五"期间整理农村居民点用地 600 万亩，促进精准扶贫、新农村建设和城乡统筹发展。党中央国务院以及相关主管部门出台的一系列因势利导的重要决策性文件，必将对农村居民点整治起到巨大的推动作用。

当前，各地纷纷开展迁村并点、新农村建设等活动，农村居民点整治大有一拥而上之势，这将对社会经济发展、资源优化利用和生态环境管护产生深刻的影响，土地工作者们也在实践过程中总结和积累了许多成功经验，但也存在若干问题和偏差。概括起来为：(1) 缺乏因地制宜和分类有序的农村居民点整治规划，项目选择任意性、随机性过大，盲目地搞住宅建设和居民点撤并，不能全面统筹利用资源，存在重复建设、建成即废、土地资源严重浪费等问题；(2) 过分追求建设用地置换指标，对农村居民点整治补充耕地的潜力评估缺乏科学依据，尤其对自然、生态适宜性等因素考虑欠缺，导致耕地占补之间"重数量、轻质量""开垦即撂荒"等现象凸显，"双保"要求难以实现；(3) 为了极差地租而突破县域、甚至市域范围，大搞城乡建设用地增减挂钩，造成城中村解决不了，而边缘地带复垦耕地质量差、没人耕种，同时挂钩模式大同小异、缺少"个性"；(4) 以新农村建设为由，通过集中高楼和村企联建方式获取广阔的建筑空间，由于缺少对不同类型农民搬迁意愿的考虑，暴露出诸如强拆强建、"被上楼"等典型事件，农民在短时期内获利，长期来看则抛弃了农耕文化，导致农民生产和生活不便。可见，作为一种以政府为主导的社会公益行为，农村居民点整治并不是仅仅依据农村内生性动力而开展，而是由农村居民点内部体系与外在环境因素共同运作下地复合表现，是一种内、外因素综合作用的结果，这种情况下，若没有相关科学理论和方

5

法体系为指导，该战略举措必将导致盲目性。因此，在经济社会转型的新时期，面向统筹推进城镇化、工业化与新农村建设的战略目标，面对农村经济发展与土地利用之间的不平衡性，以及农村土地整治理论与方法研究体系的不健全性，立足农村、联动城乡，开展农村居民点整治理论问题的基础性研究和关键方法与决策的示范性探索恰逢其时，既"节流"又"开源"，对于建立科学规范的农村土地整治研究体系，指导土地整治规划、项目选择、创新模式和措施改进，促进中国土地整治实践健康发展，助力"三农"问题的破解具有重要的理论与实践意义。

1.1.3 土地资源管理的学科使命

1. 深化农村土地整治的理论和方法，指导农村居民点整治实践

农村土地整治利国利民，农村居民点整治作为农村土地整治的重要内容。但普遍缺乏全局性的规划理论与技术支撑，造成转型时期诸多复杂的新情况和新问题的出现。因此，充分认清当前农村居民点利用过程中存在的问题、面临的形势和未来的方向，统筹考虑耕地数量与质量、区域自然环境与社会经济特征、区域资源禀赋与农户意愿、土地供需与效益均衡等要素，探讨农村居民点整治的综合潜力估测、类型划分、时空配置以及模式识别的基础性理论和关键性技术，一是可以深化农民居民点整理的实践案例，更重要的是可以丰富农村土地整治研究的理论和方法。

2. 为区域耕地保护、土地集约利用、新农村建设以及城乡用地格局优化提供科学依据

农村居民点整治既可挖潜耕地后备资源潜力，又可提高土地利用效率，还是推进农村发展和优化城乡格局的重要动力。所以，通过全面分析"退宅还耕"的影响因素与科学制定整治工程措施，提升耕地综合生产能力和实现"耕地总量动态平衡"。通过农村人口的适当集中与有序的推进村庄迁并与挖潜，逐步降低人均用地指标，提高土地集约利用程度。通过推进农村城镇化，盘活农村土地资产，壮大村级集体经济，加强基础设施建设，改变村容村貌，提高农民生产与生活环境。通过城乡建设用地增减挂钩，推进土地利用的城乡互动，实现城乡格局空间优化和经济发展的整体协调。

3. 为政府制定土地整治与城乡一体化发展策略提供参考

理清发展态势与核心问题，形成农村居民点整治的阶段性推进战略，探索具有典型性和针对性的区域整治模式，研究基于多重耦合、规划协调、公共参与的政策性试验，为区域编制农村土地整治规划与政府制定城乡一体化发展策略提供参考。

1.2　本书的总体安排

本书将着眼于城乡经济社会转型发展的基本背景、区域土地利用系统演化特征以及土地资源管理学科发展的使命，将农村居民点整治置于农村加速转型与城乡一体化发展的过程中去认识与把握，从区域耕地保护、土地集约利用、新农村建设、城乡用地良性互动的多视角开展农村居民点整治系统研究，构建问题导向下集"战略—潜力—类型—时序—格局—模式—挂钩—策略"一体化的农村居民点整治研究的理论与方法体系。同时，探讨有关集约利用特征识别、潜力综合修正模型、生态位适宜度评价方法、整治模式系统识别方法和挂钩计量与概念模型等关键技术与方法，通过实证研究，丰富与创新农村居民点研究的理论与方法，指导农村居民点整治的实践。

1.2.1　主体内容

本书的研究内容分为三部分：

农村居民点整治理论篇，包括本书的第 2 章和第 3 章。第 2 章是通过国内外研究进展综述，明确本书的基本研究框架。第 3 章是从系统学理论、城乡发展理论、生态位理论、土地经济理论等方面梳理农村居民点整治的相关理论与基本概念，为农村居民点整治路径实现提供理论支撑。

农村居民点整治条件篇，包括本书的第 4 章、第 5 章和第 6 章。第 4 章主要是进行研究区的概况论述，了解农村居民点整治的区域基本条件。第 5 章重点剖析区域乡村转型发展态势及其城乡协调效应，形成农村居民点整治的环境背景。第 6 章从强度与效用两个方面开展农村居民点集约利用评价，明确区域农村居民点利用过程中存在的主要问题。

农村居民点整治路径篇，包括本书的第 7 章到第 12 章。第 7 章是针对背景特征和问题导向，提出研究区农村居民点整治的指导思想、基本原则、战略框架体系与主要战术，分析农村居民点整治战略的现实可行性。第 8 章是基于区域耕地保护与粮食安全的考虑，对农村居民点整治补充耕地数量潜力和质量潜力进行综合估算。第 9 章是从生产、生活和生态功能的角度出发，进行农村居民点用地适宜性评价，划分农村居民点整治类型，构建农村居民点整治的时空格局。第 10 章是以"地域差异—功能主导—问题制约—农户意愿"为主线，探讨农村居民点整治模式形成机理与识别方法，提炼研究区农村居民点整治典型范式及其基本要点。第 11 章是以城乡建设用地互动为视角，开展宏观行政区尺度的城乡建设用地增减挂钩分区和微观地块尺度的城乡建设用地增减挂钩项目区联建研究。第 12 章从政策法规、经济机制、体制创新、公众参与、监督管理和技术手段等方面，提出农村居民点整治的可操作性措施与策略。

1.2.2　技术路线

基于研究主体内容的设定，按照研究的理论支撑、技术方法和实证分析的逻辑思路，构建研究技术路线图如图 1－1 所示。

1.2.3　研究方法

农村居民点整治研究是一项涉及面广、专业性强和综合性复杂的系统工程，需要综合运用多种方法。

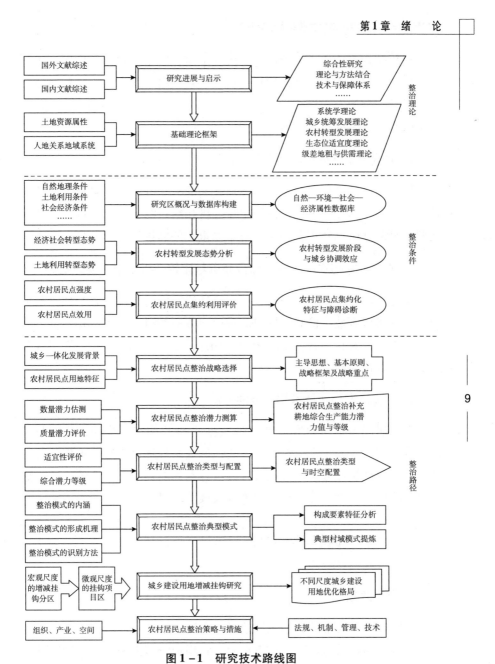

图1-1 研究技术路线图

资料来源：笔者根据研究内容编制。

1. 自然科学与社会科学相结合的方法

农村居民点整治工程涉及农村和土地的自然、政治、经济、文化、社会和法律政策等诸多方面内容，因此本研究既是自然科学问题，也是社会科学问题，需要综合运用自然科学与社会科学研究方法（如系统科学、数学、政治学、经济学、社会学和法学等）进行系统集成化研究，以保证研究成果的科学性和可应用性。

2. 定量与定性分析相结合的方法

影响城乡转型发展与农村居民点整治的因素既有可定量化的，也有难以定量的，因此需采用定性和定量分析相结合的方法。通过构建数学模型，定量分析二者耦合关系，对难以量化的因素进行定性分析描述。

3. 理论研究与实证研究、综合分析与比较分析相结合的方法

通过文献查阅、分析与借鉴，规范的研究农村居民点整治理论与方法，选取典型区域，检验所提出的理论和方法的科学性和可操作性。同时，对国内外农村居民点整治相关理论实践，进行比较研究与综合分析，提炼有益经验与对策。

4. 传统技术与新技术相结合的方法

农村居民点整治研究涉及大量数据资料的调查、统计、分析与评价。本研究将采用专家讨论会法、实地调查法等传统方法与地理信息系统技术、数理统计方法以及模型化方法等现代新技术相结合的研究方法获得、统计、评价、分析有关数据以及展示结果。

1.2.4 数据收集与处理

1. 数据收集

研究中需要收集的数据包括地形、土壤、水文、环境地质、土壤侵蚀、土地利用现状与规划、城市规划、农用地分等和社会经济等数据，以及农户认识和意愿调查数据。数据来源包括第一手数据的调查与观测和第二手数据的收集与购买，采用 PRA 实地调查与采样、向有关部门搜集和购买材料以及文献综合研究等手段进行数据、资料的收集和整理。

研究区的总体情况和背景材料以第二手数据为主，如研究区每年的土地利用详查和统计台账、2006～2020年新城规划和土地利用总体规划、1978～2015年社会经济统计数据，2015年完成的农用地分等成果，2015年完成的年度土地变更调查数据，以及高分辨率的遥感影像图和土壤普查等数据通过收集或购买的方式获得。

调查区域的样本数据以第一手数据为主，通过设计问卷，采用观察与访谈等方式调查获取。问卷设计与实地调查主要包括两个层面：一是对村庄情况的调查，内容包括农村区位特征、农村人口、劳动力结构、经济产业发展、农民收入等社会经济情况，以及农村道路交通、排污设施、公共服务设施、住宅用地、生态环境等居民生产、生活条件情况；二是对农户意愿的调查，包括农户家庭结构、劳动力结构和生机方式与收入等基本家庭情况，农户对当前居住条件、生产条件、经济条件和社会条件等生存环境的满意度以及农户对农村居民点整治的认识和意愿等方面。详细问卷的设计内容见附表1与附表2。

2. 数据处理

基于获取的数据材料，在ArcGIS10.3工作平台下，首先对纸质图件进行扫描、屏幕数字化和误差纠正，以北京地方坐标系为基准，统一各专题图件的空间投影坐标，建立研究区自然属性数据库；然后对收集与调查的社会经济数据进行统计与录入，利用SPSS18.0进行数理统计分析和数据有效性检验，以行政村为统计单元，利用GIS空间数据链接功能，形成研究区社会经济属性数据库；最后将农村居民点地块与上述建立的数据库进行配准与融合，形成农村居民点地块的自然—环境—社会—经济综合属性数据库，为开展研究内容提供技术与数据支撑。

11

农村居民点整治理论篇

第2章 国内外研究进展与启示

农村居民点问题研究是近几年来土地科学和乡村地理学关注的重要议题。在自然环境、历史、社会经济、政治制度和工程技术等多种因素的影响下，农村居民点形态发生了显著变化，研究内容涉及农村居民点空间布局、农村居民点演变、农村居民点集约利用和农村居民点整治等方面。其中，农村居民点集约利用程度是农村地区土地可持续利用的基本表现形式，也是农村居民点规模、结构和空间布局及其演变的综合表现；农村居民点整治则作为农村土地整治的一个重要组成部分，既是缓解耕地供需矛盾、加强农村土地集约利用的一个有效途径，也是改善农村生产生活环境、推动新农村建设和优化城乡用地布局的重要推动力。因此，农村居民点集约利用与整治成为近年来国内外学者和社会各界普遍关注的热点问题。

2.1 国外研究进展

土地整治为土地利用的一个重要方面和改善土地利用条件的重要实践活动，在世界上具有悠久的历史（杨庆媛，2004）。国外土地整治最早始于1250年德国巴伐利亚州土地合并，并于1834年颁布了世界第一部《土地整理法》（徐雪林，2002）。随着社会经济的发展，土地整治的内容不断增加，从土地置换到村庄改造再到自然景观保护等，其目的是改善乡村生产生活基础设施条件，提高劳动与生产效率，保持居民对乡村生活、农村区域的吸引力及生活价值。农村居民点整治作为土地整治的重要内容，国外学者进行了大量研究，不同国家也进行了大量实践与经验总结。综合各国学者的研究成果，在农村居民点用地方面的研究主要涉及农村居民点用地变化及其驱动与效应、规划方法、乡村景观保护与村庄整治等方面。

2.1.1　在农村居民点变化及其驱动力方面

万特博（Vesterby，2002）利用 1980～1997 年的农村居民点数据，分析了美国农村居民点用地持续增长的特点，认为美国长期的高收入、低利率、低通货膨胀率和土地广阔，使得人们可以在较大面积的地段建造房屋，从而导致农村居民点用地的快速扩展；卡曼（Carmen，2004）将农村居民点用地的变化放在城镇化的大背景之下来研究，分析农村人口的非农化、农业产业结构的调整、居民生活方式的改变、农村功能的变化对农村居民点用地产生的影响；维斯（Wasilewski，2004）在分析波兰城郊农村居民点用地变化认为，产权制度、政府管理等因素对相关利益主体的利益产生影响，各个主体的利益博弈过程就是城郊农村居民点用地变化的过程；霍斯金（Hoskins，2002）对英国撒克逊地区的研究显示，土地的质量情况和先前居民点的类型影响了农村居民点现有的空间分布状态；戴乐普斯（Delphis，2000）认为，农地的居住用途开发是全世界城市和村庄边缘农地非农化转变的重要驱动因素之一。

2.1.2　在农村居民点用地变化的效应方面

特普克利（Tabukeli，2000）通过对农村地区的分析指出，居民点分布在空间上的低效性，即分布离散的居民点会使农村地区的零售贸易业发展严重受到限制；皮特（Peter，2003）认为农村居民点布局变化可以对地区基础设施可达性和发展机遇产生重要影响；汉森（Hansen，2005）论述了美国农村居民点用地的扩张对生态系统产生的负面影响。

2.1.3　村庄规划与乡村景观保护等方面

瓦贺等人（Chung，H. W，1993）将 GIS 技术运用到乡村土地利用规划研究中；嘉思玛（Jaarsma，1997）研究了 GIS 技术在可持续土地利用规划中道路网络规划的应用方法；斯科姆（Dae – Sik Kim，2005）

利用元胞自动机技术（CA）设计出一个空间扩散模型，将其应用于模拟村庄扩展研究中。加拿大学者赛维恩（Sylvain，2001）针对当时农地（特别是耕地）因产出量降低而逐步向其他用途（住宅）转变，使得城乡边缘带的乡村地区逐步演变成为居住区，进而引起当地景观格局变化的现象进行了研究。

2.1.4　在农村居民点整治方面

联邦德国和比利时的农村居民点整治侧重探讨改善居民的生活环境及保护的发展问题。伯恩（P. Bonfanti，1997）、安德森（Andre Sorensen，2000）、卡森特（Rafael Crecentea，2002）分别对德国和比利时农村居民点整治过程中的居民生活环境改善和农村自然景观保护等问题进行了研究；卡斯特. 肯（J. Castro Coelho，2001）对日本和韩国从振兴农业的角度出发开展新农村建设等情况进行了研究。此外，亚德（Yaldir A L，2002）探讨了农村土地整治过程中的技术创新；聂欧拉（Niroula G S，2005）、莫安德（Miranda D，2006）、斯凯尼克（Sklenicka P，2006）等则对农村居民点整治的环境影响评价和整治效应进行了相关研究。

2.2　国内研究进展

中国现代意义上的土地整治是在改革开放后逐步形成和发展起来的，先后经历了发育阶段（1987～1997 年）、发展壮大阶段（1998～2007 年）和综合发展阶段（2008 年至今），在发育阶段主要是借鉴国外经验，在实践中探索土地整治的实施途径；在发展壮大阶段是土地整治全面推进的时期，以未利用地开发和农用地整理为主要内容，以增加耕地数量和提高耕地质量为主要目标；到综合发展阶段土地整治开始从单一的农地整理向农地整理与农村居民点整治相结合的综合整治转变（中国科学技术协会，2010；关小克，2011）。可见，随着社会主义新农村建设和统筹城乡土地利用工作的开展，农村居民点整治实践近年来才在全国范围广泛开展。农村居民点用地的研究是科学开展农村居民点整治实践的基础，目前国内很多学者也从农村居民点形态类型、动态变化、空间分异等内在规律研究的基础上，逐渐开展了农村居民点整治的理论与方法、整理潜力、整理模式与规划、整理效益评价以及城乡建设用地增减挂钩等方面的综合研究。

2.2.1　在农村居民点分类方面

农村居民点是人们为了生产和生活而聚集的定居场所，又称为聚落（金其铭，1989），开展农村居民点类型研究是进行其用地变化的基础。根据用地结构和规模的不同，在中国村镇规划体系中，将农村居民点划分为集镇、中心村、基层村3个类别（村镇规划标准 GB50188—2007）。我国土地利用现状分类起初将农村居民点作为最基础一个地类，应用于土地调查和规划中；而从土地用途的角度，农村居民点则被划为住宅用地中的农村宅基地（《土地利用现状分类》国家标准 GB/T21010—2007）。有些学者从不同侧面开展了农村居民点分类研究。黄宗智（2000）则以自然区域为标准对农村居民点进行类型划分，并从居住形态、社会活动圈和村庄的政治组织等方面进行了比较。王晓毅（1993）以经济发展水平为横轴，以村组织的管理程度为纵轴，将农村分为集中的同质社会、集中的异质社会、分权的同质社会和分权的异质社会4种类型。龙花楼、刘彦随（2009）通过分析乡村对社会具有的功能，构建乡村性指数模型，将村庄划分为农业主导、工业主导、商旅服务和均衡发展四种类型。郑萍等（2010）根据所处区位不同，将农村居民点划分为城缘型农村居民点、城郊型农村居民点和乡村型农村居民点，并发现不同区位农村居民点的空间形态、人均建设用地指标、村民经济收入结构和村民对基础设施配套满意度方面存在显著差异。叶艳妹、吴次芳（1998）根据整治模式的不同，将农村居民点划分为农村城镇化型、自然村缩并型、中心村内调型。

2.2.2　在形态演变与变化驱动研究方面

田光进（2003）、陈红宇（2004）、姜广辉（2005）、孙华生（2007）等先后对不同尺度的农村居民点布局及变化问题进行了分析；董春

（2005）、姜广辉（2006）、刘仙桃（2009）则在此基础上对农村居民点分布与地理因子的相关关系进行了探讨；这些研究显示，农村居民点利用和演变具有显著的阶段性特征。此外，姜广辉（2007）、曹子剑（2008）将研究延伸至农村居民点内部，认为区位特征决定了农村居民点内部结构差异。而龙花楼等（2005，2006，2007）利用长江沿线样带的 TM 数据，采用横向对比的方法证实了农村宅基地扩展和转型的理论假设。在变化驱动力研究方面，胡贤辉等（2007）对引起农村居民点用地规模变化的社会经济驱动因子进行了定量研究；杨益民（2008）用对比法和相关分析法分析不同区域社会经济因素对农村居民点用地规模变化的影响；姜广辉等（2007）则使用 Logistic 回归模型从空间角度深入分析了农村居民点变化的内部和外部驱动力。龙花楼，刘彦随（2009）基于区域经济社会与自然条件的差异性决定差异化的空心村类型这一原理，划分了空心村演化类型，并从经济、自然、社会文化及制度与管理四个方面分析了空心村演化的驱动机制；另外，刘彦随（2007）以沿海地区城市化快速发展的区域特色为背景，从农业产业与就业结构变化的角度，分析了乡村转型特征及其情景，认为城乡差异决定着农村地域类型的复杂性及其发展模式的多样性，并提出新农村建设须遵循区域差异性与乡村转型发展规律，因地制宜、科学规划、分区推进。

2.2.3　农村居民点整治的理论研究

中国自 1996 年开始实行农村居民点整治的理论方面研究，逐渐形成了包括农村居民点整治的概念、理论依据和主要内容等研究体系。在概念方面，学者们较一致的观点认为：农村居民点整治是通过调整产权、运用工程技术手段，将农村闲置、废旧等用地情况进行整理改造、归并或者再利用，集中布局农村农民点，集约用地，改善农民生产、生活条件和农村生态环境的活动（鹿心社，1997；王万茂，1997；陈美球、吴次芳，1999；陈百明，2000；张占录，2006）。对农村居民点整治理论依据方面，学者们从系统理论、地租理论、区位理论、产权理论、土地经济学理论、城乡一体化理论、可持续发展理论等角度分析了农村居民点整治的理论内涵，使农村居民点整治实践有理可依，有据可循，有利于农村居民点整治实践目标和方向的把握（严金明，1998；周广生，2003；高燕，2005）。关于农村居民点整治的内容，学者们将农村居民点整治与经济社会发展、生态环境效应、系统工程理论以及可持续发展等内容相联系，并认为："通过土地整理实现耕地总量动态平衡，同时注重生态环境的保护，并因地制宜实施土地整理工程以实现土地资源的可持续利用"（王万茂，2001；刘友兆，2001；陈良，2003；窦敬丽，张凤荣，2008）。

农村居民点用地整治不是依据农村的内生性动力而开展，而是受政策性引导、经济发展水平、社会发展进程、自然生态条件等多方面因素的影响。目前农村居民点用地整治大有一拥而上之趋势，这种情况下，若没有厘清农村居民点用地整治的动力与阻力，该战略性举措必将导致盲目性（姜广辉，2006）。因此，农村居民点用地整治必须首先分析其现实的驱动力，把握内生性和外生性因素对农村居民点用地整治的作用。当前对农村居民点用地整治驱动力的研究或对单项的社会、经济等因素的调查分析（张军民，2003；刘福海，朱启臻，2006；章波，黄贤金，2006）或综合多种因素的静态定性分析（周滔，2003；张占录，杨庆媛，2005；谷晓坤，2007；余劲，2008；刘勇，2008）或者采用纵向的时间序列数据进行数量研究的层面（李晓刚，2006；郎义华，2007；周飞，2008），而从空间角度进行分析（摆万奇，2004），通过区域横向差异对比进行研究的较少，在一较短时间尺度内，时间序列数据的使用往往很难反映区域自然因素的变化，往往掩盖自然的差异对农村居民点用地变化的限制性作用，而空间横向对比则可以显示区域自然条件的差异，这在自然条件差异较大的地区尤为适用。在总结诸多学者研究成果的基础上，胡贤辉（2006）将农村居民点用地变化的主要驱动力划分为外部动力和内部动力两个层次；Abercrombie（1993）曾论述道：城乡规划应在仔细研究对象本身以及外部关系的基础上，按其自然发展趋势加以引导。

2.2.4 农村居民点整治潜力研究

科学、合理地估算农村居民点整治增加耕地潜力是国家制定农村居民点整治战略部署、开展农村居民点整治工作的前提和依据（李宪文，

2004)。目前,关于农用地整理潜力的研究已较为成熟,由于我国农村居民点用地整治还处于起步和试点阶段,农村居民点整治潜力的理论与方法研究相对滞后(陈美球,1999;严金明,2000;杨庆媛,2003;张正峰,2007),对于现行政策法规的有效实施、制度完善以及农村居民点用地整治规划拟定均缺乏有力的支撑,引起了学术界的广泛关注。目前关于农村居民点整治潜力研究主要包括潜力的内涵、潜力测算方法以及潜力等级划分等方面。

首先对农村居民点整治潜力的内涵研究,一般认为农村居民点整治潜力是通过对工程技术等手段对农村居民点进行整理,或迁村并点,或宅基地复垦等,可以增加耕地、其他农用地及建设用地的面积(张正峰,2002,2003;吴小红,叶燕妹,2006;赵雪泰,2009)。也有学者综合农林经济生产力水平提高和乡村生存条件改善的角度,认为农村居民点用地整理潜力的内涵为增加可利用土地面积的潜力、农村部落优化的潜力、改善生态环境的潜力、实现土地增值的潜力等(张正峰,2002;孙钰霞,2003;周滔,2004)。但是由于操作比较复杂,基于该内涵的整治潜力测算没有广泛的推广,在国家政策标准层面还是采用了前者,并将整理潜力划分为理论潜力和现实潜力。

在对农村居民点整治潜力内涵认识的基础上,一些学者提出了潜力测算的方法,概括起来可以分为标准法、闲置率法、规划法、农户意愿调查法、遥感判读法以及多因素评价法等。标准法主要包括以人均宅基地用地或户均宅基地用地为标准,依据人均居民点用地现状和规划期末农村人口,匡算出农村居民点整治潜力,是《县级土地开发整理规划编制要点》中推荐的测算方法,应用比较广泛(吴小红,2006;罗士军,2000;丁学智,2001;胡道儒,1999);闲置率法是依据对测算区域内典型样点农村居民点内部闲置土地面积的调查,获取土地闲置率,以此测算农村居民点整治潜力(贾玫,1999);规划法是以土地利用总体规划和城镇体系总体规划确定的农村居民点用地标准,计算整理潜力(刘筱非,2004;麻战洪,2007);农户意愿调查法是对测算区域内农户的拆迁与安置意愿面积进行调查,并认为这部分潜力几乎都可转化为现实潜力(陈荣清,张凤荣,2008;孔雪松,2010);遥感判读法是基于高分辨率遥感影像(分辨率0.25m)与农户意愿调查,判读农村内部土地利用类型与现状,从居住用地潜力和非居住用地挖潜两方面测算更加可实现的潜力（朱晓华、刘彦随，2010）。多因素评价法主要是通过建立评价指标体系，常见的方法包括"自然——经济——社会"指标评价法（李宪文，2004；宋伟，2008；石诗源，2009；曹秀玲，2009）、"内生潜力——外生潜力"指标评价法（周滔，杨庆媛，2004）、"状态——响应——效益"指标评价法（孙钰霞，2004）、"分区——分模式——分标准"三分法（林坚，2007；阎东浩，2004）以及从整治潜力来源（潘元庆，2007）、潜力释放难度（陈荣清，2008）、增加耕地系数（Dou J L，2007；朱玉碧，2006；刘咏莲，2004；沈燕，2008）等方面构建评价体系测算整理潜力或划分潜力等级。这些方法从不同的角度考虑了综合条件对整理潜力的影响，测算结果比较符合现实，可以为农村居民点用地整治潜力测算提供新思路。

2.2.5　农村居民点整治评价与分区研究

目前对农村居民点整治评价和分区研究的相对较少，一般以行政区为评价单元，利用多因素综合评价法进行。如利用系统理论，从整理潜力、经济条件、社会状况和生态环境 4 个方面进行的农村居民点整治适宜性评价（高燕，2004）；借鉴土地适宜性评价的模糊综合评判方法，提出农村居民点整治的递阶模糊评价（林爱文，2006）；利用 GIS 空间分析功能和数学模型进行的农村居民点整治布局评价（韩荣青，2008）；利用 PSR 模型进行的农村居民点整治全面评价（孙淳，2010）；利用农村居民点整治与农村社会经济之间的动态耦合规律，提出的农村居民点整治的空间分区（高小琛，2011）；从自然条件、区域经济实力和整理迫切度进行农村居民点整治分区（刘玉、刘彦随，2010，2011）；耦合综合限制程度评价系统和居民点用地发展压力评价系统，利用多因素加乘复合算法和对比分析法进行北京市农村居民点整治时空配置研究（关小克、张凤荣，2011）；采用实地调查、多因素综合评价和 K 值聚类法进行的农村居民点整治分区（周丁扬、安萍莉，2011）以及利用适宜性评价结果，按照"规模效益""先易后难"原则进行农村居民点整治时空配置（陈旭晨，2011）研究等。这些研究在农村居民点实行因地制宜和分区规划整理进行了较好的探索，为农村土地整治规划的编制提供了可借鉴参考。

2.2.6　农村居民点整治模式的研究

许多学者结合农村居民点用地整治潜力和分布特征，根据所掌握的标准，提出了一些调整模式。如根据居民点所处的地域特征不同，将农村居民点整治分为自然村缩并型、中心村内调型、异地迁移型和农村城镇化型（叶燕妹，1998）；依据整理资金筹集、组织方式和具体操作等方面，归并出公寓化或社区化、村庄整体变迁异地改造、缩并自然村建设中心村和村庄内部用地改造控制型（高燕，2004）；依据不同的整理目标和内容，将其分为迁弃式、归并式、包入式和征用式（杨庆媛，2003），从山地丘陵区实际特征，提出政府对新村统一规划，供给道路等基础设施，引导农民集中建房的"政府引导型"整理模式（杨庆媛，2004）；通过划分农村居民点整治类型区，根据区域特征提出相应的整理模式（关小克、张凤荣，2010）；基于"三集中"政策导向，针对区域性的一些尝试与做法，总结出具有典型特征的农村居民点整治模式，并对模式效应进行评价（谷晓坤，2010）；还有学者通过实地调查，从迁村腾退、土地置换等角度对农村居民点整治的模式类型进行探讨，并获初步结论（赵哲远，1998；章大梁，2000；张保华，2002；高建华，2003；廖赤眉，2004；来璐，2009）。

2.2.7　城乡建设用地增减挂钩研究

自 2004 年城乡建设用地增减挂钩政策出台后，国内很多学者对该政策的相关问题进行研究，概括起来主要包括挂钩政策的理论内涵与可行性分析、挂钩潜力研究以及挂钩规划研究等。

在挂钩政策的理论方面，张宇（2006）、苏高华（2008）、郭万春（2008）等对城乡建设用地增减挂政策的出台背景、实施意义和内涵等问题进行了解读；高瑞琪（2008）、李旺君（2009）、朱琳（2010）、易小燕（2011）等对挂钩实施的可行性和必要性、挂钩政策的优势和挂钩政策中的存在的问题和隐患进行分析的基础上，提出完善城乡建设用地增减挂钩对策建议。此外，吕月珍（2009）以农户参与的意愿为视角，通过调查农民的拆迁意愿和补偿意愿，分析城乡建设用地增减挂钩实行的关键性影响因素，并提出相应的调控对策。

在挂钩潜力测算方面，学者们从不同的角度进行了相关研究，如买晓森（2008）从城镇建设用地增加量预测和农村居民点用地整理潜力分析两方面测度城乡建设用地增减挂钩潜力；罗蕊（2010）对不同农村居民点建设用地标准与达到的水平方面，分析可以满足城镇建设用地需求量情况；任平（2010）从农村土地资源集约利用及空间配置的视角分析了增减挂钩的潜力；还有学者将城乡建设用地增加挂钩作为农村居民点用地整理潜力释放的一种途径，探讨潜力释放过程中资金和政策因素、运作模式和效益评价等（李占军，2007；林建平，2008；贺艳华，2008；徐卫东，2009）。

在挂钩规划研究方面，周小平等（2010）利用级差区域指数，建立挂钩供需能力评价体系，探讨如何科学挂钩项目区；谭韧骠（2009）应用实物期权法，通过分析增减挂钩项目区效益情况，讨论挂钩指标的可行性；王洋（2011）利用适宜性评价理论，在分别对挂钩拆旧与建新项目区进行适宜性分析的基础上，通过挂钩拆旧建新适宜区分模式组合探讨挂钩规划分区；曲衍波、张凤荣等（2011）在分析农村居民点整治潜力和城镇建设用地净需求量的基础上，建立挂钩能力指数模型，进行挂钩分区研究，谢宁（2011）等也采用该方法对潜江市城乡建设用地增减挂钩规划进行了研究。

2.3 研究评述与启示

关于农村居民点利用与整治研究国内学术界从不同角度进行了多方面的探讨，并在理论和方法上做出了大量的实践性研究。但在城乡转型发展背景下，农村性质正朝着多元化方向发展，农村居民点整治也面临着更大的复杂性与挑战性，必须在总结经验的基础上，做更深入的探讨和研究。

首先，中国农村居民点整治尚缺乏系统的综合性研究。因为政府部门自身的任务要求，使得目前由土地管理部门推动的土地整治，主要着眼于集约节约用地，以便置换指标和占补平衡，缺乏与新农村建设、村—镇—城空间体系以及耕地—建设用地—生态用地复合体系等研究的衔接与综合考虑；同时，对影响农村居民点整治的社会经济发展水平、农村建设与空间演化、区域自然环境影响以及城乡互动等现实问题的综合考虑欠缺，造成农村居民点整治的战略与方向不明，不利于城乡建设的可持续发展。

其次，农村居民点整治的理论与方法体系有待健全。目前，关于农村居民点整治研究涉及的方面比较广泛，但这些研究人云亦云，各有所见，一致性和可操作较差。特别指出的是，农村居民点整治潜力的内涵和计算方法还没有形成统一、科学的理论体系；农村居民点整治的规划布局缺少因地制宜和分类有序的原则，"划等级—分类型—定时序"的时空配置研究体系尚未建立；农村居民点整治模式趋于简单化和静态化，忽略村—村联系、村—镇联系以及公众参与的重要性，缺乏建立一套集"地域差异—功能主导—问题制约—农户意愿"一体化的整治模式理论框架与识别方法；而关于城乡建设用地增减挂钩政策的空间化及其在城乡用地布局优化中的应用性研究更少。

最后，农村居民点整治的尺度、技术与保障措施还需继续探索。在研究尺度上，以国家层面或区域大尺度的整理分区和发展方向研究较多，以微小尺度的农村居民点地块、整理项目区等作为研究对象的研究较少；在农村居民点整治方案或可行性分析中，定性的文字描述较多，缺少基于"3S"技术、数理统计分析等空间量化分析，造成对现实指导依据性不够强；此外，对农村居民点整治实施过程中的具体问题具体分析不到位，在融资方式、运作方式、技术规范、公众参与、法律保障等方面缺少多样化、灵活性的政策措施。

在中国城乡转型发展新时期下，作为破解日趋严峻的"三农"问题和日益凸显的城乡差距的重要手段，农村居民点整治研究成为土地科学、地理学、社会学以及经济学等多领域前沿研究的重要命题。因此，针对当前农村居民点整治理论与方法系统研究的相对不足，明确农村居民点整治的宏观背景、内容体系、系统方法，梳理一定时期农村居民点整治的理论脉络，诊断农村居民点整治的适宜性与局限性，构建集农村居民点整治潜力分析、时空配置、典型模式以及城乡用地增减挂钩与布局优化为一体的系统研究框架，可以为我国农村居民点整治实践规划与决策提供专业理论支撑。

第3章　农村居民点整治的理论基础

农村居民点是广大农村地区的一种重要土地利用类型，表征了农村人地关系地域系统的构成要素及其相互作用，具有基本的土地属性和系统性、地域性、多样性、复杂性等特点。而农村居民点整治是对土地以及相关的人口、资本等系统要素进行优化和调整的过程，目标是实现农村居民点的可持续利用与农村地区的可持续发展，本章将从系统学理论、城乡发展理论、生态位理论、"木桶"理论、土地地租理论以及相关概念等方面进行理解与认识。

3.1　基础理论

3.1.1　系统学理论

农村居民点整治涉及自然、经济、社会、环境与生态等诸多方面，彼此之间存在着广泛的、多层次的相互联系与作用，涵盖各项要素的若干系统。系统学理论从系统的角度揭示了客观事物与现象之间的共同本质和内在规律性，对农村居民点整治研究具有重要的指导意义。

1. 系统论的基本内容

系统是指"相互联系的诸要素的综合体"，具有整理性、结构性、等级性、目的性和环境依存性等特征（冯·贝塔朗菲，1987）。系统论是关于系统的科学，它将研究对象看成是一个由诸多因素有机体组成的整体，它强调系统的性质和规律存在于全部要素的相互联系和相互作用之中，各组成成分独立的特征和活动的简单加和不能反映系统的整体面貌；它主张从研究对象的整体性和全局性进行考察，反对孤立研究其中任何部分或仅仅从个别方面思考和解决问题；它重视系统和环境间的物质、能量和信息交换，强调系统和环境的相互联系与作用，并在一定条件下可以相互转化。系统论的关键不在于系统本身，而是把事物放到其更大的系统中整体把握的思想，对于农村居民点整治而言，必须有一个整体和全局的系统观念，既考虑农村居民点整治系统的内部要素，还要考虑其外部因素，要把其放到大的土地系统中去把握与实现。如，不能只从政府或企业对建设用地需求的角度开展农村居民点整治、强迫农民上楼，而忽视农户的行为和意愿，还要考虑保证农民宅基地、农村基础设施和公共服务设施建设，并为农村集体经济发展保留空间；不能一味地追求补充耕地数量上的动态平衡，还应该考虑整理区域的生态环境条件对整理后的耕地质量和可耕作性的影响；也不能仅从资金的角度考虑农村居民点整治的难易程度，因为有效的配套政策、土地整治规划以及关键性工程技术也是农村居民点整治的重要组成要素。我们要从系统与要素之间，要素与要素之间，系统与外部环境之间的相互联系，遵循系统整体性与动态发展性要求，为认识、调控、改造农村居民点提供最优方案，达到系统整体优化的目的。

2. 农村居民点整治系统

农村居民点整治系统是在一定社会经济条件下和特定时间范围内，将一定地域内土地整理工程与农村生产条件、农民生活水平和农业生态环境等要素的改变相结合，形成具有特定功能的有机整体，包括具有一定特征的土地单元、具有一定功能的土地利用方式及相应的土地整治方式三项基本要素。其中土地单元是一个由气候、地貌、土壤、水文及人类生产活动、生活居住等种种结果所构成的自然—社会—经济复合体，是农村居民点整治行为的客体和整治结果的载体。土地利用方式是在给定的自然、社会、经济背景下，按照人类活动的需要加以划定和描述的土地利用类型，包括农民住宅地、村内道路及村办企业用地、村民管理机构用地、村内各项服务设施用地等。土地单元和土地利用方式结合构成了农村居民点用地系统，这种系统不同于一般的土地利用系统，从目前来看它是一种利用率和产出率不高的低度集约的土地利用系统，导致低效的原因是因为在土地利用过程中存在的诸如用地闲置、布局散乱、规模不一、发展随意等问题。土地整治方式正是针对农村居民点用地系统中存在的这些问题而采取的活动，它通过政策制度、物质、资金、劳动力和工程技术投入，对土地单元布局和空间结构进行优化，并配合公共基础设施的完善和生态环境的保护，使农村居民点用地由低效、分散向高效、集聚的方向发展，同时这种土地整治方式还与农村居民点整治系统所在的外部环境发生联系。农村居民点整治系统的构成可用图 3 – 1表示。

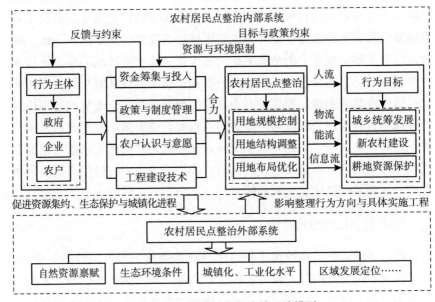

图 3 – 1　农村居民点整治的系统模型

资料来源：笔者根据研究内容编制。

3. 农村居民点整治系统的构成要素

农村居民点整治的行为客体——待整治的农村居民点。土地整理过程中所采取的各项措施均是针对待整理土地，待整理土地一般是在利用过程中存在限制性因素的、已经不适应当前社会经济发展的土地或目前利用基本合理但存在潜在不利因素的土地（张正峰，2010）。就农村居民点用地来说，一般存在建筑容积率低、人均用地量超标、分布散乱、村内道路、供电、供水、通讯等基础设施不健全等问题，从而导致农村居民生产、生活水平差。通过农村居民点整治的一系列措施，提高其利用率，改善农村居民的生活条件，使土地利用结构与方式变得更加合理。

农村居民点整治的行为主体——农村居民点整治的受益者与参与者。行为主体可以是政府机构、农村集体经济组织、农户，也可以是企业。不同的经济社会发展地区，行为主体也不尽相同。对于区位条件要求较高、开发潜力大、开发价值高的城中村，其整治的行为主体一般包括政府、企业和农户，政府主要在其中起到监督、引导、协调、调控的职能，不直接参与农村居民点整治的具体运作；企业作为项目的承担者和利益主体，进行拆迁赔偿、安置、开发、建设等工作；农户作为直接受益者，获得了经济补偿、改善了生活条件。对区位要求不高的城外村，其整治的行为主体一般为政府、村集体和农户，主要是由于宅基地整理开发成本高，企业从中获取的利润较低，实行市场化整理方式的可行性很小，这样政府就成为这些地区整理行为的实施主体，统一制定拆迁安置、补偿、土地分配等政策，这种情况下，村集体和农户也可以根据整治项目需要进行投资和投力，成为项目的受益者和参与者。

农村居民点整治的影响者——资金、政策、意愿、技术与外部环境。农村居民点整治是一项复杂的系统工程，在实施过程中受诸多因素影响。第一，农村居民点整治是一项扩大再生产形成新的固定资产和生产力的投资建设活动，是一个典型的经济行为，所以资金是农村居民点整治系统外来投入的重要形式，其来源通常是 3 个部分：国家、企业和个人。第二，农村居民点整治也是一项制度安排和政策导向的公益性社会活动，受政策和行为主体的意愿等影响也比较大，目前涉及农村居民点整治的政策主要有城乡建设用地增减挂钩、新农村建设、城乡统筹等；行为主体的意愿影响主要包括政府意愿和农户意愿，前者将农村居民点看做是新增建设用地的重要来源，希望通过农村居民点整治腾退出更多的土地用来建设，而后者将农村居民点视为其生活和生产的根本保障，如果其基本需求得不到满足，两个行为主体间的利益博弈也会对农村居民点整治的推进产生很大影响。第三，任何土地整理系统的演化都是在运行科技手段，技术贯穿于农村居民点整治的全过程，如进行村庄建设用地规模改造工程、村庄公共设施配套工程、土地平整工程、农田水利工程等等涉及的建筑物改造技术、平整土地技术和排灌渠系统技术等。第四,外部环境是指农村居民点整治外部系统,直接或间接影响农村居民点整治行为的自然因素和经济社会因素,外部环境与农村居民点整治行为之间存在互为影响的关系,外部环境的差异直接会影响农村居民点整治行为的方向与具体实施工程,如在生态脆弱地区,农村居民点整治应以保护生态环境为主,实行生态迁移工程;而在城乡结合部或交通沿线地区,农村居民点整治应以城镇化和优势产业发展为主,实行集约化的村镇建设工程;另外,农村居民点整治行为会直接或间接影响外部环境,如拆迁或控制农村居民点规模、优化居民点用地结构与布局,有助于促进区域城镇化、工业化进程,增加耕地面积,改善农民生活水平,实现农村社会稳定;当然整治过程中的一些生物、工程等措施,也会对区域水资源、土壤、生物等环境要素产生有利或有害影响。

3.1.2 统筹城乡发展理论

农村居民点整治是推进城乡一体化发展的重要抓手,涉及城乡人口、经济、资源以及环境等诸多要素的流通与配置。统筹城乡发展理论把城市建设和乡村经济、社会发展作为整体统一规划,统筹考虑,把城市和农村存在的问题即相互关系综合考虑,协调解决。利用这种统筹的思想可以很好的指导农村居民点整治研究的顺利开展。

1. 统筹城乡发展理论的内容

统筹城乡发展理论,最初源于恩格斯的《共产主义理论》的"城乡融合"的概念,他指出"通过消除旧的分工,进行生产教育、变换工种、共同享受大家创造出来的福利,以及城乡的融合,使全体成员的才能得到全面的发展"(马克思和恩格斯,1960)。针对中国长期存在的城乡二元结构体制及其带来的不良后果,党的十六大把统筹城乡发展作为一种新的战略思想和发展思路。这种新的理念跳出了传统的就农业论农业、就农村论农村的禁锢,是站在国民经济和社会发展全局的高度研究和解决"三农"问题,改变了传统的重城镇、轻农村的"城乡分治"行为,把城镇与农村经济社会发展作为整体进行统一规划,把城镇和农村存在的问题及其互动关系综合起来统一解决(郭翔宇,2004;颜华,2005)。

统筹城乡发展的内涵随着学术界的探讨不断发展、丰富（陈锡文，2004；顾益康，2003；郭翔宇，2004；刘奇，2003；路明，2005；林凌，2007），含义受到了一致肯定，即根据目前中国的经济综合实力和社会各种矛盾的综合情况，以科学发展观为指导，把农村经济与社会发展纳入整个国民经济与社会发展全局之中与城市发展进行统一规划、综合考虑，把解决"三农"问题放在优先位置，通过对国民收入分配格局和重大经济政策的调整，加大对农村的倾斜，支持农业发展，创造非农就业机会，提高农民人力资本，帮助农民增收，并通过法律、政策等方面予以保障，最终实现城乡经济、社会、文化等方面的一体化发展。其实质是解决"三农"问题，促进二元经济结构向现代社会经济结构转变。现代城市发展理论也表明，城市的发展起源于农村，而城市发展又终结于农村，城乡统筹发展已经成为处理城市与农村关系，明确农村发展方向的重要理念（刘彦随，2011）。而农村居民点作为农村第二、第三产业活动和农民居住生活的载体，它的建设与整理是改善农村生产和生活环境、实现村容整洁、促进城乡统筹发展的重要内容（欧名豪，2007）。所以，在农村加速转型发展时期，以统筹城乡发展理念作为本书研究的理论指导，更加符合时代的特征和要求。

2. 农村居民点整治与统筹城乡发展的耦合关系

推进新农村建设成为统筹城乡发展的关键和突破口，而农村居民点整治是新农村建设的必然选择，新农村建设平台将城乡统筹发展与农村居民点整治有机衔接。虽然农村居民点整治与城乡统筹发展属不同的概念，但两者之间有着相辅相成的关系，农村居民点整治的有效实施有利于城乡统筹发展，同时，城乡统筹发展又对农村居民点整治提供相应的支撑与更大的空间，两者的耦合关系可用图 3 - 2 表示。

农村居民点整治的主要内容与措施包括村庄闲置地/废弃地复垦，农民住宅拆迁与设计、农村道路建设、农业基础设施建设、农村公共服务设施建设、农村绿地系统建设及土地权属调整等方面，这些措施的具体功能可以概括为增加耕地面积、提升综合产能、集约土地利用、改善生产条件、提高生活水平、优化生态环境、增强人口素质和维护社会稳定等；农村居民点整治措施的实施，使农村居民点整治功能得以实现，其结果就是农村居民点整治的功效。而统筹城乡发展可以从经济、社会、

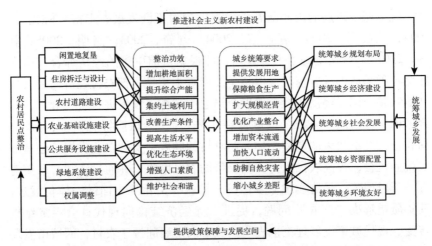

图 3－2　农村居民点整治与统筹城乡发展的耦合关系框架

资料来源：笔者根据研究内容编制。

资源、环境和规划等方面引申得到其基本要求包括：提供企业用地，发展农村工业；保障粮食生产，调整农业结构；扩大规模经营，提高生产效益；优化产业整合，促进农民就业；增加资本流通，完善市场建设；加快人口流动，提高农民素质；防御自然灾害，优化居住环境；缩小城乡差距，增进社会和谐；等等。

3. 农村居民点整治促进城乡统筹发展

分析发现，农村居民点整治的功效与城乡统筹发展的要求具有高度一致性，也就是说城乡统筹发展的要求内容许多能够通过农村居民点整治实现：通过改善低效、无序和粗放的村庄闲置地/废弃地，合理配置土地，增加有效耕地面积，可以提供城镇建设和农村第二、第三产业发展的用地需要，还可以促进资本和劳动力流动，优化城乡规划布局和资源配置；通过修建道路，完善农业基础设施建设，可以改善生产条件，提高农民技能，保障粮食生产；通过农村宅基地拆迁与设计、增强农村基础设施配套建设，可以改善农民生活条件，将散居的农户向城镇或中心村集中，在实现节约集约用地的同时，还可以扩大规模经营、促进产业整合集聚、增加农民就业与受教育机会，进而提高农民素质、增加农民收入，缩小城乡差距；通过土地权属调整，可以改善土地关系，提高农民参与意识与能力，促进发展农村民主，维护社会和谐；通过村容村貌建设，改善农村绿地系统，可以优化农村生态，防御自然灾害，增进城乡环境友好发展。

4. 统筹城乡发展对农村居民点整治的要求

长期以来，我国城乡差别明显，而且随着社会经济的发展，这种差别还在继续扩大。首先，我国城乡土地利用差别明显，城镇经济发展迅速对土地需求量增大，建设用地指标不足，而农村居民点用地却存在严重浪费，整理潜力大，造成了城乡建设用地的不平衡，对此应充分发挥农村居民点整治的作用，发挥土地资源与资产的双重作用，变粗放无序利用为节约集约利用，实现城乡土地资源的统一配置和优化配置。其次，城市和乡村、工业和农业是互相依赖和相互促进的两个方面，城市化与工业化的过程中，城市的发展，工业的运行需求大量的土地、农产品、资金和劳力等生产要素；同样农村的进步和农业的发展也需要大量的先进科学技术、工业产品和资金等生产要素，来改变农村面貌，改善农民生活，推动农业发展。因此，当前的农村居民点整治，要用统筹城乡发展的思路和办法，调整农村的产业结构，提高农业的规模化和现代化，改善农业的基本生产条件，不断提高农业综合生产能力，促进农村第二、第三产业发展，提高农民收入，发挥优势互补，实现城市对农村及工业对农业的反哺，促进城市与乡村、工业与农业的良性互动，实现城乡统筹发展。与此同时，通过改善农业的基本生产条件，不断提高农业综合生产能力。

综合可见，通过农村居民点整治可以实现农村"三增"：增地、增产、增效，进而可以实现新农村建设的"五促"：促进生产发展、促进生活富裕、促进村容整洁、促进乡风文明、促进管理民主，最终也就实现了城乡统筹发展。这样一来，农民收入得到提高，集体经济更加雄厚，农民参与意识与参与能力更强，主动开展农村居民点整治的积极性得以调动，连同在这过程中制定的有效政策保障，为农村居民点整治的发展带来了更大的空间。

3.1.3 生态位理论

生态位的概念最早由美国学者格林尼尔（J. Grinell, 1917）首先提出，其把群落中的生物所处的地位和所起的作用，抽象的定义为生态位，主要指物理空间。之后哈钦森（Hutchinson GE，1957）利用数学上的点集理论，提出多维体积生态位，即把生态位看成是一个生物单位（个体、种群或物种）生存条件的总集合体，他指出如果每个可度量的环境特征都作为 N 维空间的一个坐标给出，那么生物单元的生态位可以定义为该 N 维空间的一个区域，在表征生物单元的生态位的 N 维空间区域内，各点处生物单元的适宜度不同，在区域内临近边界点处这种适宜程度明显降低（Hutchinson G E，1957）。而"生态元"的引入使生态位的概念更加具体化和深入化，其是指在"社会—经济—自然"复合生态系统中进行生态过程的功能单位，既可以是不同的生物组织层次（如生物群落、种群或个体等），也可以是不同的功能单元（如城市、乡村、企业、农户等）（李君，2010）。总的来看，生态位是生物与环境之间关系的某种定性或定量的描述（钱辉，2006），其基本思想有两点：第一，生态位理论研究生物种群在生态系统中的空间位置、功能和作用；第二，生态位理论反映了生态系统的客观存在，它是生态系统结构中的一种秩序和安排。生态位理论不仅广泛地应用于自然生态系统，而且对于社会生态系统同样具有重要意义。近年来，随着生态位概念的不断拓展，生态位理论已经被经济学、社会学、城市规划学、地理学等学科借用，其理论含义正在不断拓展（曲衍波，2010）。

农村居民点本不属于生态学研究的范畴，但从生态学的角度看农村居民点的组织功能结构，即农村居民点作为农民生存、生产、生活、繁衍、发展的基本地理单元，既有社会组织功能，也有生产功能，是乡村居民与周围环境进行物质、能量、信息交换的重要区域单元（陈国阶，2004），反映了农村居民点在区域中占据的多维空间资源以及在国民经济系统中的作用，说明农村居民点也是自然—经济—社会复合系统的区域空间载体，同样存在产生、发展、演变或消亡的过程，完全具有生态位的特征。农村居民点生态位，也称为乡村聚落生态位，表达了基于农村居民点空间特性和环境资源空间特性互动的客观关系，是农村居民点内部结构与外在环境互动适应后所形成的一种客观状态和共存均衡状态（李君，2010），包含了农村居民点向人类提供的或可被利用的自然因素（如地质、地貌、气候、水文等）和经济社会因素（如生产条件、生活条件以及各种社会关系）的总和。

　　结合农村居民点整治的内容，生态位理论在农村居民点整治类型、农村产业结构优化与持续发展以及城乡协调发展等方面具有较强的理论指导。

　　首先，根据生态位理论，农村居民点在多维生态空间中都有其理想的生态位，而每一种环境因素又给其提供了现实生态位，一般来讲，农村居民点的现实生态位和理想生态位之间也存在着一定的差距，即生态位势，当这种位势的存在促使农村居民点中的生态单元（如乡镇企业、农户等）去不断地寻求、占有和拓展良好的发展空间，那么这种农村居民点就适宜保留发展；当农村居民点中的各种生态单元对系统内资源利用的强度超过其所能提供的阈值时，这时系统的平衡便会被破坏，各种各样的问题和矛盾便会产生，如农村空心化、农村无序扩张、耕地撂荒和生态破坏等，那么这种农村居民点就需要进行整治。

　　其次，根据生态位适宜度理论，在农村"社会—经济—自然"互动发展过程中，根据资源供给条件的不同，利用生态位适宜度模型对资源现实情况和农村发展的现实之间进行合理比较和评价，可以合理衡量农村发展需求与资源供给条件，有利于充分利用农村地区各种资源，协调各农村发展所面临的经济、社会、自然之间的不同矛盾，实现农村发展的可持续性。

　　最后，基于生态位重叠和分离理论，作为不同居民点类型的城镇和农村，二者无论是在地域空间和社会经济空间融合发展过程中，既存在紧密的联系，同时也互相制约和影响。城乡的协调发展是两个不同特质的经济社会单元和人类聚落空间在一个相互依存的区域范围内谋求融合发展、协调共生的过程，其发展必将涉及特定地域范围的社会经济、空间结构、生态环境等诸多矛盾（胡春雷，2004；王勇，2002）。从复合生态系统的角度来看，城乡之间资源环境并不是无限丰富，二者在扩充发展的过程中，必然会产生重叠，重叠又引起竞争，城乡交界处矛盾尤为突出，如城镇发展过度受到重视，农村发展却受到挤压，造成城乡产业发展、基础设施配置等失衡。同时，还应该正确认识城市和乡村之间存在的差距，因为适当的差异可以导致共存生态位的分离，降低生态单元之间的竞争强度，而这一点往往在强调城乡融合的过程中容易被忽视，如城乡经济社会空间结构二元分离的状况导致二者在要素和市场两方面还存在明显的低水平过度竞争的矛盾，严重阻碍城乡区际系统运作的效率、效益。因此，在现实资源有限的条件下，适度引导城乡之间形成错位（自然资源位和市场位）的竞争，避免城乡之间的融合过程中造成的重叠"竞争"，可以形成更加有序的分工协作，提高城乡之间的联系（李君，2010）。

3.1.4 "木桶效应"理论

"木桶效应"（Wooden buckets effect），最早来源于经济学中的概念，是指一只桶能盛多少水，取决于桶壁那块最矮的、而不是最高的木板。其中，木桶中有一块板最高，但装水的高度总是不可能达到高板的高度，即个体最优，并不能达到总体最优，称之为"高板效应"；木桶中只要有一块板最矮，装水水平只能达到矮板高度，即个体薄弱，影响和制约总体水平，称之为"矮板效应"；即便木桶中每块板的高度一样，但各板块之间有缝隙，结合不紧密，这个桶，也会渗水、漏水，即个体之间配合不好，也影响和制约总体水平，称之为"疏板效应"（刘春燕，2005）。

与此相应的一个理论就是最小因素限制律理论，该理论最初用分析作物生长过程中外界生态因子对其影响。李比希（Liebig，1840）定律认为，生物的生长发育需要各种基本物质，在"稳定状态"下，当某种基本物质的可被利用量接近所需临界量时，这种物质将成为一个限制因素。英国的布莱克曼（Blanck Man，1905）将其发展为"最小因子限制律"理论，用以说明基本生态因素之间存在着相互联系，相互制约的关系，即生物的生存和繁殖依赖于环境条件的综合作用，但其中必有一种或少数几种是限制生物生存和繁殖的决定因素，这些关键因素即限制因子（郭松玲，2001）。后来该理论成为测算农业生产潜力的理论基础，依据该原理，根据作物生长过程中的限制性因素及其类别，将农用地粮食生产能力划分为光温储备生产能力、自然禀赋生产能力、经济限制生产能力和农户经营生产能力4个层次（郭力娜，2010）。

区域自然、经济、社会、生态、政策等要素对农村居民点整治，尤其是农村居民点综合整治潜力释放的约束作用，也可以用类似概念来反映。由于影响农村居民点整治的因素较多，在进行农村居民点整治潜力估算过程中，也可根据实践中的限制性因素对潜力进行层次划分，如大部分农村居民点是通过占用优质耕地产生的，在理论上是可以转为耕地的，但仍有许多农村居民点用地受地下水埋深、土壤污染、盐渍化程度等自然因素的影响而不适合复垦为耕地，这些因素就成为农村居民点整治潜力的自然限制性因素；同时农村居民点整治还是一个典型的经济和社会行为，需要在经济上可行，这又产生了诸如资金投入、政府和民众支持度等经济社会限制性的概念；此外，农村居民点整治还受政策导向和生态安全等因素限制，又具有政策和生态方面的限制性因素。可见，农村居民点整治是一个涵盖多方面的复杂的系统工程，其潜力的释放也就存在诸多限制性因素，因此，在采用标准法测算出农村居民点整治理论潜力的基础上，经自然、生态、经济、社会、政策、农户等限制性因素进行修正后，最终可以得到最易实现的现实潜力。

3.1.5　土地供需与地租理论

土地的供给是指可利用土地的供给，包括自然供给和经济供给，土地自然供给是指大自然提供给人类可供利用的各类土地资源，它包括已利用的土地资源和未来一段时间里可供利用的土地资源；经济供给主要来源于可利用土地的内部挖潜和布局的优化，具有一定弹性。土地需求，就是人类为了生存和发展利用土地进行各种生产和消费活动的需求（M. 歌德伯戈，1990；野口悠纪，1997）。一般情况下，土地也遵循普通商品的供求规律：地价上升，则供给增加，需求下降；地价下降，则供给减少，需求增加（毕宝德，2001）。随着社会生产力水平的提高，土地需求尤其是建设用地的需求呈现一种扩张的趋势。而在建设用地总量控制下，加上农村居民点长期以来呈现不减反增的趋势，大大限制了在快速城镇化进程中城市性用地的发展，这从供求理论角度看，农村居民点的低效利用在一定程度上影响了土地的有效供给，也是地价上涨的一个重要原因。若要改变有效供地减少的趋势，增加劳动和资本的生存率，需要盘活农村土地市场，建立农村居民点和城镇建设用地沟通的桥梁，而城乡建设用地增减挂钩政策能有效盘活农村建设用地，提高城镇建设用地的有效供给。

马克思在研究和继承古典地租理论基础上，创立了科学的地租理论体系，并指出："土地价格无非是出租土地的资本化的收入"，该地租体系由级差地租、绝对地租与垄断地租组成（马克思，恩格斯，1960）。关于级差地租，马克思指出级差地租是经营较优土地的农业资本家所获得的、并最终归土地所有者占用的超额利润。级差地租产生的原因是由于土地有限而产生的经营垄断，在土地所有权存在的条件下，这部分超额利润就要转化为级差地租，归土地所有者。级差地租因形成条件的不同而分为级差地租Ⅰ和级差地租Ⅱ，级差地租Ⅰ的形成条件是土地位置和土地肥力的差异；级差地租Ⅱ形成的条件是在同一块土地上连续投资产生的劳动率的提高，级差地租Ⅱ的实体是追加投资带来的超额利润。在两者的关系上，级差地租Ⅰ是级差地租Ⅱ的前提和基础。

土地供需理论与马克思的级差地租理论，为分析农村居民点整治，尤其是有关城乡建设用地增减挂钩的研究提供了重要的理论依据。城乡建设用地增减挂钩主要以促进城乡建设用地合理布局、加快城乡统筹为目标，其核心任务是确定挂钩的规模及其时空安排。因此，按照土地供需理论，建立城镇建设用地（挂钩需求区域）与农村居民点（挂钩供给区域）之间合理的对应关系是挂钩的关键（周小平，2010）。其中，挂钩需求区域是指重点发展的城镇建设区，而挂钩供给区域是指挖掘农村建设用地整理潜力、提供城镇建设用地指标的区域，如何在空间上实现两者之间的挂钩关系主要取决于效益最大化，其中最主要的经济效益则来源于土地的级差收益，这也是挂钩政策提出的理论依据和经济效益实现的基础，即级差地租较低的地区不适宜作为建设用地，即便是农村居民点，在供给区域可以将级差地租较低区域的农村建设用地优先整理复垦为耕地，而在需求区域将级差地租较高的地区优先安排建新区，由此可将需求区域的高地租区和供给区域的低地租区进行逐级关联，科学指导挂钩项目区的实施。

3.2 主要概念

3.2.1 农村居民点

居民点，又称为聚落，是人们为了生产和生活而聚居和建筑物、构筑物、生产资料集中配置的场所。它既是一种空间系统，又是一种复杂的社会、文化现象，是在特定的地理环境和社会经济发展过程中，人类活动与自然相互作用的结果；它不仅包含支持聚落存在的自然环境，也包含人们改造过程中的人工环境，同时还包括居民与居民之间的各种关联关系，是人们社会空间结构的基本组成形式（姜广辉、张凤荣，2007）。城市是由乡村演化而来的，高度集中与相对分散是二者区别的本质特征，因此居民点又是城市、城镇和乡村的总称（马佳、张安录，2008）。

　　农村居民点作为一个地域概念，它的存在是与城市、建制镇相对的（高尚德，1987）。而作为一个土地管理上的地类概念，农村居民点具有狭义与广义之分，狭义的农村居民点，是指《土地利用现状分类》（国标）中建设用地二级分类下的农村宅基地（地类代码072），是村民用于所建住房以及与居住生活有关的建筑物和设施用地，包括农民居住区内的主房用地、附房用地以及晒场、庭院、宅旁绿地、围墙、道路等用地，是农村居民点的缩影；广义的农村居民点不仅只有生活居住功能，而且是与城市、建制镇具有相似的多功能性，是指《全国土地分类》（过渡期间适用）中建设用地三级分类下的农村居民点（地类代码203），具有农村建设用地的含义，包括由农村宅基地、村民管理机构用地、服务设施用地、工商企业用地、公园绿地以及闲置用地等组成，是一个具有生活功能、生产功能、存储功能、公共服务功能、休闲功能、教育功能、示范功能等的土地利用综合体。

　　本研究所指的农村居民点是涵盖农村宅基地、村内道路、村内服务设施、村内绿地以及废弃地等广义上的农村居民点。

3.2.2　农村居民点集约利用

　　土地集约化通常作为一个经济范畴进行研究，是指在土地上合理增加物质与劳动收入，提高土地收益的经营方式。就城市土地而言，其集约利用的理论本质是追求经济效益的最大化，即依靠先进的科技手段和现代化管理方法，降低物质和资源消耗，优化生产要素配置，实现高效的经济产出。而国家或地区层面上，土地集约利用更多的是追求社会效益和长远利益的综合。然而，农村居民点用地具有一定的特殊性，它是一个涉及经济、建筑、人口、环境等多方面要素的复合体，无法用单纯的经济学概念涵盖。从新农村建设与和谐社会构建的宗旨来看，农村居民点集约利用的目标不仅仅追求经济效益的最大化，而是建立在节约资源利用和降低物质消耗的基础上，追求社会、经济和生态多目标综合效益。

所以，本研究将农村居民点集约化内涵理解为：按照资源节约利用和国土空间格局优化的原则，控制农村居民点用地规模，优化农村居民点结构布局，提高农村居民点要素投入，构筑生态文明下的宜居环境。这与新农村建设和农村居民点整治的最终目标相吻合。因此，本研究将农村居民点集约化内涵归结到强度和效用两个方面，强度体现农村居民点要素投入，包括农村居民点规模、结构和布局等要素；效用描述要素作用的反映，表征农村居民点的产出，涉及农村居民点生产、生活和生态效益，进而建立农村居民点集约化测度模型，识别农村居民点集约利用模式，并通过诊断不同模式农村居民点集约化障碍因素，提出合理化调控途径。

3.2.3 农村居民点整治

土地整治的定义是，在一定区域范围内，依据土地利用总体规划，通过经济、行政、法律和技术等手段，综合整治田、水、路、林、村，以增加有效的耕地面积并提高土地质量和土地的利用率，改善生活生产条件和生态环境的活动。农村居民点整治作为农村土地整治的一项重要内容，被认为是补充耕地、提高土地集约利用、推进新农村建设以及城乡一体化发展的重要抓手，很多学者从不同的角度对农村居民点整治的概念作出了阐释，"仁者见仁，智者见智"。较为一致地认为：在一定的社会经济条件下，针对农村居民点用地散乱、无序的状况，运用工程技术，调整土地产权，通过村庄改造、归并和再利用，对其空间结构和布局实施优化，并配合公共基础设施建设，提高农村居民点土地利用强度，促进农村居民点集聚、有序发展，是一项改善农民生产、生活条件和农村生态环境的综合工程（陈百明，陈美球，1999）。该内涵主要包含了两个主要方面：一是从宏观角度对农村居民点的数量和布局进行调整；二是从微观角度对农村居民点结构、功能、生态环境综合治理的过程。与农村居民点整治功能定位来看还有所不同，有关整理补充耕地、促进农村经济社会进步以及城乡一体化发展方面未提及。农村居民点整治并不是一项单纯的技术工程，涉及许多相关领域和学科，还需要认真研究农村居民点的内涵和外延，结合多学科多领域来寻找规律和理论指导，用完善的理论来指导整理实践工作。

基于此，本研究将农村居民点整治的内涵扩展为：以统筹城乡发展为指导，针对耕地资源不足、农村居民点用地粗放以及城乡资源配置不合理的状况，在一定的经济社会和工程技术条件下，通过调整原有宅基地再利用、迁村并址、城中村改造、扩大中心村发展、下山脱贫等措施，并配合农村公共基础设施改造、农村生态环境改良、农田水利生产设施建设和乡村优势产业配套设施建设，提高农村居民点土地利用强度，优化农村居民点结构功能和布局，适当补充耕地与产业用地资源，改善农村生产与农民生活条件，促进农业现代化与乡村新型产业发展，实现农民增收与城乡一体化发展的系统性工程。它是包含农村居民点整治战略、农村居民点整治潜力、农村居民点整治类型、农村居民点整治优先度、农村居民点整治模式以及城乡建设用地增减挂钩的系统性研究概念。

3.2.4　城乡建设用地增减挂钩

《城乡建设用地增减挂钩试点管理办法》第二条本办法所称城乡建设用地增减挂钩（简称"增减挂钩"）指依据土地利用总体规划，将若干拟整理复垦为耕地的农村建设用地地块（即拆旧地块）和拟用于城镇建设的地块（即建新地块）等面积共同组成建新拆旧项目区（简称"项目区"），通过建新拆旧和土地整理复垦等措施，在保证项目区内各类土地面积平衡的基础上，最终实现增加耕地有效面积，提高耕地质量，节约集约利用建设用地，城乡用地布局更合理的目标。

3.2.5　县（区）概念

县（区）域是县（区）的行政区划内的地域和空间，有中心城区、小城镇和广大的农村腹地，是城乡结合最紧密的单元，是整个社会经济的基础环节，是统筹城乡发展的最佳结合点，也是实现城乡统筹的关键所在（江坚，2011）。县（区）域既是基本的行政单元，又是社会经济功能比较完整的地域单元，具有相对独立的完整体系，非常具有典型性。因此，本书选取具有典型县（区）特征的北京市平谷区作为研究的案例区。

农村居民点整治条件篇

第4章 研究区概况

平谷区隶属北京市，地处京津冀交界处，区位条件优越，受首都发展的辐射影响，平谷区的社会经济得到快速发展，具有明显的都市郊区特征。同时，平谷区具有首都"后花园"之称，也是距离北京城区最远的郊区之一，生态保护对其社会经济发展具有一定的局限性，一般农区发展的特征十分明显。因此，平谷区具有快速城镇化和郊区化发展的共同特征，以此开展农村土地利用问题研究具有典型性和代表性。

4.1 自然地理环境

4.1.1 区位特征

平谷区是北京市远郊区县之一；位于北纬 40°02′ 至 40°22′，东经 116°55′21″ 至 117°24′07″ 之间；地处北京东部的京津冀三省市的交界处，北临密云，西接顺义，东毗兴隆、蓟县，南与三河接壤。全区南北约 38.5 千米，东西约 40.25 千米，现状土地总面积 948.35 平方千米。距北京市区、首都机场和天津港的距离仅为 70 千米、40 千米和 130 千米。随着区域性对外交通系统不断完善，平谷将凭借区位优势，参与区域协作的优势十分明显。《北京城市总体规划（2004 ~ 2020 年）》对平谷区未来发展的定位是：北京市东部发展带上重要节点、十一个新城之一，是京津发展走廊上的重要通道和具有口岸功能的综合物流中心和引导北京圈层结构向廊道结构调整的关键（见图 4 - 1）。

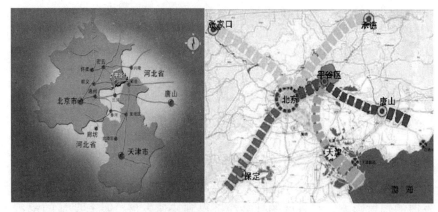

图 4 - 1 平谷区地理位置图

资料来源：笔者根据百度图片整理编制。

4.1.2 自然环境条件

平谷区位于华北平原北部，山区属燕山山脉南翼；中生代燕山期的构造运动形成了平谷区域内地形的基本轮廓，即东北高西南低的基本地貌形态。平谷区北、东、南三面环山，西部和西南部为泃河、洳河冲积平原，约占全区面积的30%，这里地势平坦，土层深厚，热量和降水较丰富，是全区粮食、蔬菜的主要生产基地。东北、北部为中山地带，地貌形态为岭谷相间，山峰陡峻，林木覆盖度大，景色优美，适宜于发展林业和旅游业。在南部、西南部的冲积平原和东北、北部的中山地带之间为低山丘陵区，这里坡度和缓，谷地开阔，热量资源也较丰富，适于发展果树，是全区果品生产基地。

平谷区属暖温带大陆性季风气候，具有一年四季季节分明的特点：冬季寒冷、干燥，春季干旱多风，夏季炎热多雨，秋季天高气爽，冬夏温差和昼夜温差都较大。平谷区年平均气温11.5摄氏度；年平均日照时数为2729.4小时，多年平均日照百分率为62%；平原区≥0℃的积温80%的保证率为4470℃，基本能满足粮食作物一年两熟的要求；多年平均无霜期190天。多年平均降水为615.5毫米，平原地区的降水在750毫米左右；平谷地区平均湿度差距大，一年内相对湿度有明显的低点和高点，春、夏和雨季到来之前湿度低；平谷区冬季盛行西北风，夏季盛行西南风，东北部山区有地区性小气候。

平谷区是独立的山间盆地水文地质单元区,其水系独立于北京市的其他水系,不受市工业发达地区工业污染的影响,尤以储量丰富的地下水资源更为出色,水质好、无污染、出露浅、易开采,年平均水资源总量为4.96亿立方米,饮用水源为深层地下水,属中性重碳酸盐钙镁型水,pH值7.7~8.0,总硬度在10.26~15.51,水温14℃,水质清洁。山区以基岩裂隙水为主,受降水入渗补给;平原区以第四系孔隙水为主,主要受降水入渗、河流渗漏、山区侧向及灌水回渗等因素补给。境内有河流20余条,属海河流域蓟运河水系,自东、北流向西南。每年3~5月为枯水期,8~10月为丰水期。主要河流为泃河,从东南入境,西南出境,汇集全区大小十余条常年河和季节河的地表水,包括泃河、小辛石寨河、金鸡河、将军关石河、黄松峪石河、北寨石河、鱼子山石河和镇罗营石河等。虽然平谷区水资源相对比较丰富,但是自1999年以来,平谷区遭遇了连续11年的干旱,泃河进水口水源被蓟县杨庄截潜工程拦截切断,地下水连年采超,水资源形势也非常严峻。

平谷区土壤主要有中山地带的棕壤、低山丘陵区的褐土和平原区的潮土三个土类,其中褐土和潮土是本区的主要土壤类型,占全区面积的98.4%。褐土主要沿山前在区内北、东、南呈环带状分布,是重要的农业土壤,土地利用原以粮食作物为主,现越来越多用来栽培果树,开发旅游经济;潮土主要分布在西部与南部的洪积、冲积平原的中、下部,地面微有起伏,是平谷区的重要农业基地。这种丰富多样的地貌造成的区域小气候和土壤差别,为平谷区土地资源利用的多样性发展提供了基础。

平谷区的植被属温带落叶、阔叶林区,植被区系以华北成分为主,复原植被为落叶阔叶林和湿性针叶林。由于地形地貌的多样性,平谷区的植被类型也十分丰富。山区及丘陵地区以天然植被为主,在四座楼、大华山、刘家店、镇罗营、金海湖等山区有小面积成片分布的天然森林。森林群落中以阔叶的栎、山杨和针叶的侧柏、油松为主,平原沟谷地带以杨、柳、槐树及果树等人工植被为主,村庄周围多种植杨柳树;平原地区的植被以人工栽培植物为主,粮食作物有小麦、玉米,间有水稻、高粱、大豆等。经济作物有蔬菜、棉花、花生、芝麻、烟草等。林木有杨、榆、柳、愧、椿及小面积的果园和苗圃等。

4.2 经济社会发展状况①

4.2.1 人口情况

（1）常住人口。到2015年底，全区常住人口42.3万人。其中，常住外来人口5.3万人，占常住人口的比重为12.5%。常住人口中，城镇人口23.3万人，占比为55.1%，比上年提高0.3个百分点。全区常住人口密度为445人/平方千米。"十二五"期间，全区常住人口增长保持稳定，常住人口年均增长0.3%。

（2）户籍人口。到2015年底，全区户籍人口40.1万人，比上年减少188人。其中农业人口18.5万人，非农业人口21.6万人，户籍人口出生率8.68‰，死亡率7.56‰，人口自然增长率1.12‰。户籍人口男女出生比例为103∶100。

4.2.2 经济增长情况

（1）地区生产总值。到2015年底，全区实现地区生产总值197.1亿元，比上年增长7.4%。其中，第一产业增加值18.7亿元，下降4.4%；第二产业增加值90.6亿元，增长2.9%；第三产业增加值87.7亿元，增长15.7%。人均地区生产总值达到46586元（按年平均汇率折合7479美元），比上年的43415元（按年平均汇率折合7067美元），增长7.3%。"十二五"期间，全区地区生产总值年均增长10.8%，低于"十一五"时期平均增速4.8个百分点，其中第一产业、第二产业和第三产业年均分别增长8.2%、10.6%和11.7%。三次产业结构由2010年的10.7∶46.5∶42.8，调整为2015年的9.5∶46.0∶44.5。

（2）地方财政收支。到2015年底，全区完成地方财政收入53.1亿元，比上年增长13.4%。其中，一般公共预算收入27.9亿元，增长

---

① 资料来源：本章经济社会数据均来自北京市平谷区统计信息网。

5.2%；政府性基金预算收入25.1亿元，增长24.3%。地方财政支出133.5亿元，比上年增长16.1%。其中，一般公共预算支出107.2亿元，增长28.8%，用于教育、农林水事务、社会保障和就业、医疗卫生与计划生育的支出分别为21.4亿元、14.3亿元、14.7亿元和7.4亿元，占一般公共预算支出的53.9%，分别增长53%、10%、28.4%和22.2%。"十二五"时期，一般公共预算收入和一般公共预算支出累计分别达到117.6亿元和401.9亿元，分别是"十一五"时期的2.4倍和2.2倍。

（3）税费收入。到2015年底，全区完成税费收入总额70.6亿元，比上年增长9.9%。其中：国税税收收入27.8亿元，增长6%，国内增值税和企业所得税两大主体税种分别为16.5亿元和10.2亿元，占国税税收收入的96.1%，分别增长3.8%和9.3%；地税税费收入42.8亿元，增长12.5%，营业税和企业所得税分别为14.2亿元和9.9亿元，占地税税费收入的56.2%，分别增长10.7%和8.9%。

（4）固定资产投资。到2015年底，全区完成全社会固定资产投资146.9亿元，下降9.7%。其中，基础设施投资24.5亿元，下降25.1%。按城乡划分，城镇固定资产投资91.5亿元，下降22.1%；农村固定资产投资55.4亿元，增长22.8%。按产业划分，第一产业投资2.9亿元，下降47.8%；第二产业投资22.9亿元，增长76%；第三产业投资121.1亿元，下降15.9%。"十二五"期间，全区累计完成全社会固定资产投资673.9亿元，是"十一五"时期的2.4倍，年均增长18.8%。

4.2.3 城乡建设情况

（1）道路建设。到2015年底，全区公路里程为1600.5千米。其中，区级以上公路里程569.2千米，占全区公路里程的35.6%。全区路网密度达到1.68公里/平方千米。

（2）公共交通。到2015年底，全区公共交通运营车辆数469辆，运营线路56条，运营线路长度2246千米，客运量3247万人次。出租车运营车辆数5383辆，客运量5134万人次。旅游运营客车182辆，客运量250万人次。

49

（3）电力设施。到 2015 年底，全区有 220 千伏变电站 1 座，110 千伏变电站 10 座，35 千伏变电站 5 座。配电变压器 2781 台，比上年末增加 29 台。路灯 1.3 万盏。全社会用电量为 13.3 亿千瓦时，增长 4.5%。

（4）市政市容。到 2015 年底，全区垃圾无害化处理场（厂）2 座，生活垃圾产生量为 11.7 万吨，全部进行无害化处理。集中供热面积 907.4 万平方米，集中供热户数 7.7 万户，年末燃气家庭用户 5.7 万户。公共厕所 535 个。

4.2.4　人民生活保障情况

（1）人民收入。到 2015 年底，全区居民人均可支配收入达到 28367 元，比上年增长 8.5%。其中，城镇居民人均可支配收入 35117 元，增长 8.5%，城镇居民人均生活消费支出 22519 元，增长 0.4%。农村居民人均可支配收入 20147 元，增长 8.5%，农村居民人均生活消费支出 14693 元，增长 5.8%。"十二五"时期，城镇居民人均可支配收入年均增长 10.7%，农村居民收入年均增长 11.7%。

（2）社会保障。到 2015 年底，全区养老、工伤、医疗、失业和生育保险扩面指标完成率分别为 101.2%、104%、103%、101.1% 和 100.8%。城乡居民养老保险续保率为 98%。企业退休人员基本养老金最低标准为 1609 元，增加 146 元。职工最低工资标准为 1720 元，增加 160 元。享受城乡居民最低生活保障人数 8233 人，减少 352 人。

4.2.5　资源与环境利用情况

（1）能源利用。到 2015 年底，全区能源消费总量为 113.40 万吨标准煤，同比增长 2.77%。其中，第一产业能源消费量 8.33 万吨标准煤，下降 0.81%；第二产业能源消费量 36.50 万吨标准煤，下降 6.19%；第三产业能源消费量 34.69 万吨标准煤，增长 8.86%；居民生活用能 33.88 万吨标准煤，同比增长 5.66%。万元地区生产总值能耗为 0.5757 吨标准煤（现价）。万元地区生产总值能耗下降为 4.59%（不变价）。

（2）水资源利用。到 2015 年底，全区用水量 9459.2 万立方米，同比增长 0.4%。其中，农业用水 4644.2 万立方米，下降 5.7%；工业用水 349.7 万立方米，下降 2.7%；居民生活用水 1616.8 万立方米，下降 7.3%。

（3）环境保护。到 2015 年底，全区污水处理量 2323 万立方米，比上年增长 4.5%。污水处理厂 8 座。污水处理能力达 9.4 万立方米/日，污水处理率 83%。主要污染物平均浓度：二氧化硫 13.3 微克/立方米，比上年下降 33.8%；二氧化氮 33.2 微克/立方米，下降 13.3%；可吸入颗粒物（PM10）100.3 微克/立方米，下降 2.2%，细颗粒物（PM2.5）78.8 微克/立方米，下降 5.3%

4.3　土地利用系统条件[①]

4.3.1　总体状况

根据平谷区 2015 年土地利用变更调查数据显示，全区土地总面积为 948.20 平方千米。按一级分类，农用地面积为 743 平方千米，占全区土地总面积的 78.36%；建设用地为 117.4 平方千米，占全区土地总面积的 13.18%；其他土地面积为 80.2 平方千米，占全区土地总面积的 8.46%。农用地是平谷区的主要地类，具有一般农区的土地利用特征。

从二级分类来看，首先是农用地中林地和园地所占较大，分别为 37.19% 和 26.26%；其次是耕地，占 13.01%；其他农用地面积最小，仅占 3.67%，在空间分布上，林地和园地主要分布在东部、中北部和和西北部的低山与丘陵地带，表明平谷区林木植被覆盖较好，与"生态涵养发展"的功能定位相吻合；耕地主要分布在中部和西南部的平原地区，与建设用地呈空间交错分布。建设用地中城乡建设用地、交通水利用地和其他建设用地所占比重依次减少，分别为 82.10%、15.94% 和 1.96%。其他土地中水域和自然保留地面积比重分别为 16.11% 和 83.89%，自然保留地面积较多，可以在保证生态安全和经济可行的条件下，进行合理利用（见图 4－2）。

---

① 资料来源：本书中土地利用数据均来自北京市平谷区土地利用变更调查和土地利用总体规划数据库。

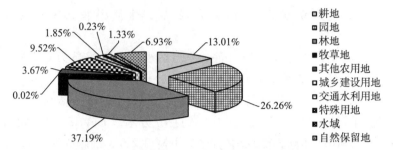

图 4 - 2　平谷区 2015 年主要地类面积比重统计

资料来源：笔者根据统计数据绘制。

在三级分类中，城乡建设用地包括城市、建制镇、农村居民点、采矿用地和其他独立建设用地，其中城市和建制镇分别占城乡建设用地的21.06% 和 22.38%，主要分布在新城集中建设区周边以及峪口、马坊和金海湖三个重点镇区范围，相对集聚；农村居民点比重最大，占城乡建设用地的 54.40%，空间分布呈"村村点火、户户冒烟"的特征，散布在平原地区和丘陵山区地势相对平坦地带，人均用地规模远远大于 140 平方米的国家最低标准，且存在着"小宅大院""空心村"等低效用地现象，土地集约利用程度有待提高，挖潜巨大；工矿用地和其他独立建设用地占城乡建设用地的 2.17%，面积较少，这也与平谷区"绿都"的美称相吻合（见图 4-3）。

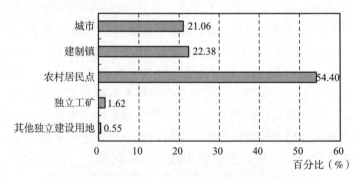

图 4 - 3　平谷区 2015 年城乡建设用地结构组成

资料来源：笔者根据统计数据编制。

4.3.2　建设用地与耕地利用状况

利用 1992 年、2015 年两期土地利用现状图，从数量结构和类型转换的角度对平谷区耕地和建设用地的变化情况进行定量分析。伴随着经济快速增长和建设用地增加，大量耕地被侵占，1992～2015 年，平谷区建设用地面积增加 3077.45 公顷，其中城乡建设用地增加 1138.17 公顷、交通水利用地增加 1939.28 公顷；而耕地面积减少 1.63×10^4 公顷，减少率为 57.48%，占全区土地面积的比例也由 30.14% 降至 12.82%。

从减少耕地和新增建设用地的类型转移（见图 4-4）可见，全区减少的耕地流向主要是园地、建设用地和林地，其中减少的耕地中 53.72% 转为园地、15.06% 转为林地，主要分布在区域北部的山地丘陵地区，有 20.85% 被建设用地占用，包括城乡建设用地占用 13.7%、交通水利设施占用 7.15%。全区增加建设用地中 73.55% 是来自耕地，其次是园地占 11.97%，其中增加的城乡建设用地中有 71.91% 源自耕地，12.01% 源自园地。平谷区耕地主要分布在中部和西南平原地区，而该区域又是平谷区新城建设发展区和工业经济发展带，一方面，在工业化、城镇化发展及人口增长等压力下，大量耕地被第二、第三产业侵占；另一方面，受比较利益驱使，在农用地内部耕地向经济效益高的园地转移。因此，协调经济发展与耕地保护间的矛盾，是平谷区经济发展中必须重视和解决的问题。

53

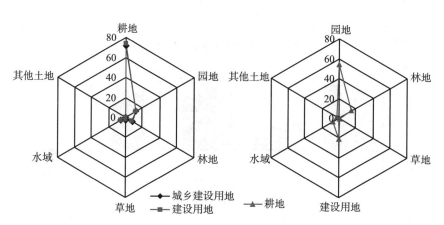

图 4-4　平谷区 1992～2015 年建设用地与耕地转移分析

资料来源：笔者根据计算结果编制。

按照平谷区土地利用总体规划（2006～2020 年）（简称"规划"）的要求，在规划期内要贯彻"十分珍惜、合理利用土地和切实保护耕地"的基本国策，严格控制新增建设用地对耕地的占用，到 2020 年平谷区耕地保有量为 11200 公顷；同时继续加大存量建设用地挖潜力度，优化建设用地空间布局，控制新增建设用地规模，不断提高节约集约用地水平，到 2020 年平谷区构建以新城和重点镇为辐射，以交通水利廊道为轴线，重点镇带动一般镇，小城镇带动农村的分工合理、高效有序的城乡居民点空间布局，建设用地总规模为 14400 公顷，其中城乡建设用地规模为 10400 公顷，交通、水利设施及特殊用地规模为 4000 公顷；同时还提出，到 2020 年全区新增建设用地规模 4800 公顷，其中占用耕地规模 2400 公顷。

将规划确定的各项任务和控制指标与现状土地利用规模对比来看（见图 4 - 5），建设用地现状规模与规划期内新增需求的总规模为 16056 公顷，超出规划控制指标 1656 公顷，而城乡建设用地现状规划与规划期内新增需求的总规模为 13517 公顷，超出规划控制指标 3117 公顷；对于耕地而言，现状规模扣除新增建设占用的总规模为 9720 公顷，低于规划任务量 1479 公顷。可见，未来平谷区经济社会发展中的建设用地需求与耕地保护的矛盾仍然十分严峻，加强存量建设用地挖潜和宜耕土地综合整治既是破解这一难题的首选，也是新一轮土地利用总体规划的重要研究课题。

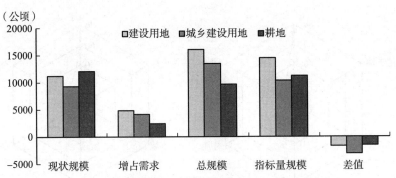

图 4 - 5 平谷区 2016 ~ 2020 年建设用地与耕地变化趋势
资料来源：笔者根据计算结果编制。

4.3.3 农村居民点利用状况

考虑地理环境对农村居民点布局的影响，将全区划分为平原、半山区和山区，从格局分布、用地强度和内部结构三个方面来刻画平谷区农村居民点现状特征（见表 4 - 1）。

表4—1 平谷区农村居民点用地基本特征

区域名称	基本情况					格局分布				用地强度				用地结构				
	乡镇面积/公顷	农村居民点规模/公顷	村庄个数/个	村庄户数	农村人口	居民点密度/个·公顷	居民点斑块数/块	平均斑块面积/块·公顷	分布指数/D	占城乡建设用地比重/%	户均用地规模/户·平方米	人均用地规模/人·平方米	强度指数/Q	居住用地比例/%	工商企业用地比例/%	公共管理与服务设施用地比例/%	闲置地比例/%	结构指数/G
平谷镇	3181.97	185.22	18	4585	12339	1.77	29	6.39	1.0048	11.32	403.97	150.11	1.0007	60.15	19.86	9.84	10.16	0.5788
马坊镇	3723.98	435.48	22	5605	16501	1.69	119	3.66	2.0186	87.61	776.95	263.92	1.7594	60.88	19.11	13.27	6.74	0.5707
马昌营镇	2861.40	324.77	17	4579	11695	1.68	69	4.71	1.9592	76.80	709.26	277.70	1.8513	74.33	16.97	6.55	2.16	0.4140
大兴庄镇	2473.51	321.59	18	5312	14924	1.37	62	5.19	2.2443	71.18	605.40	215.49	1.4366	67.34	17.02	5.70	9.94	0.5045
平原	12240.86	1267.06	75	20081	55459	1.63	279	4.54	1.7868	43.13	630.97	204.84	1.3656	65.41	18.22	9.44	6.93	0.4853
王辛庄镇	6276.03	587.3	21	9304	23324	2.99	119	4.94	1.6153	71.99	631.23	251.80	1.6787	78.48	8.64	3.37	9.51	0.3665
峪口镇	6404.66	441.4	20	9305	20142	3.20	96	4.60	1.1897	81.61	474.37	219.14	1.4609	60.29	24.38	8.50	6.83	0.5652
山东庄镇	4378.25	381.77	12	5155	17527	3.65	110	3.47	1.5052	79.55	740.58	217.82	1.4521	74.59	17.17	5.51	2.73	0.4104
金海湖镇	13294.27	564.62	28	8866	16851	4.75	287	1.97	0.7331	82.59	636.84	335.06	2.2337	79.23	10.16	5.34	5.27	0.3562
夏各庄镇	6067.28	406.01	15	7258	23768	4.04	105	3.87	1.1551	66.81	559.40	170.82	1.1388	63.57	20.94	7.57	7.92	0.5401
东高村镇	5590.96	462.27	22	9682	24465	2.54	125	3.70	1.4272	84.25	477.45	188.95	1.2597	55.44	6.33	33.57	4.65	0.5737
南独乐河镇	6953.88	454.17	13	6454	20011	5.35	221	2.06	1.1274	78.84	703.70	226.96	1.5131	72.08	15.17	3.82	8.93	0.4480
半山区	48965.32	3297.54	131	56024	146089	3.74	1063	3.10	1.1625	78.60	588.59	229.10	1.5273	67.87	13.78	11.93	6.43	0.5021

续表

区域名称	基本情况					格局分布				用地强度				用地结构				
	乡镇面积/公顷	农村居民点规模/公顷	村庄个数	村庄户数	农村人口	居民点密度/个·公顷	居民点斑块数	平均斑块面积/块·公顷	分布指数D	占城乡建设用地比重/%	户均用地规模/户·平方米	人均用地规模/人·平方米	强度指数Q	居住用地比例/%	工商企业用地比例/%	公共管理与服务设施用地比/%	闲置地比例/%	结构指数G
大华山镇	9676.81	281.85	20	6007	11815	4.84	126	2.24	0.5028	74.92	469.20	238.56	1.5904	70.74	9.63	7.58	12.05	0.4701
刘家店镇	3575.51	162.91	14	2818	6748	2.55	62	2.63	0.7865	74.22	578.11	241.41	1.6094	80.25	8.62	5.42	5.71	0.3423
镇罗营镇	8038.78	183.54	20	4383	6686	4.02	175	1.05	0.3941	74.08	418.75	274.52	1.8302	78.29	3.46	4.67	13.57	0.3653
黄松峪乡	6445.73	184.16	7	1893	5665	9.21	137	1.34	0.4932	85.28	972.85	325.09	2.1673	73.10	15.34	8.49	3.06	0.4339
熊儿寨乡	5892.08	116.87	8	1380	3540	7.37	98	1.19	0.3424	98.17	846.88	330.17	2.2011	84.76	6.20	6.13	2.91	0.2731
山区	33628.90	929.33	69	16481	34453	4.87	598	1.55	0.4770	78.80	563.88	264.51	1.7634	75.85	8.82	6.69	8.64	0.4049
全区	94835.08	5493.93	275	92586	236000	3.45	1940	2.83	1.0000	65.54	593.39	232.79	1.5519	68.45	14.12	10.55	6.88	0.4956

注：农村居民点分布指数：$D = (s_i / s_a) / (S_i / S_a)$，式中 D 为分布指数，$s_i$ 为各乡镇农村居民点总面积，S_i 为平谷区农村居民点总面积，s_a 为各乡镇土地总面积，S_a 为平谷区土地总面积，如果 $D > 1$，说明分布密度高于全区均值，相对集聚，如果 $D < 1$，说明分布密度低于全区均值，相对分散。农村居民点用地强度指数：$Q = r_i / R$，式中 r_i 为各农村居民点人均用地面积，R 为区域人均农村居民点面积标准（150 平方米/人），$Q > 1$ 说明农村居民点用地高于国家最低标准，具有整理潜力，值越大说明农村居民点用地强度越高，集约度越低，整理潜力越低。农村居民点内部用地结构指数：$G = 1 - \sum\limits_{j=1}^{n} x_j^2 / (\sum\limits_{j=1}^{n} x_j)^2$，式中 G 为结构指数，$x_j$ 为农村居民点内部不同用地类型的面积，j 农村居民点内部不同用地类型数量，G 值越大说明农村居民点内部结构类型越多，结构越复杂。

1. 农村居民点格局分布

全区 16 个乡镇农村居民点密度在 1.37～9.21 个/平方千米，平均密度为 3.45 个/平方千米，其中，居民点密度小于 3.0 个/平方千米的乡镇有 7 个，密度为 3.0～5.0 个/平方千米的乡镇有 6 个，密度大于 5.0 个/平方千米的乡镇有 3 个，密度最大的为黄松峪乡，密度最小的为大兴庄镇；在地貌类型上，居民点密度大小为：平原＜半山区＜山区。在斑块尺度上，全区包括 1940 个农村居民点斑块，平均斑块面积为 2.82 公顷，16 个乡镇农村居民点平均斑块面积为 1.05～6.39 公顷，其中斑块面积最大的为平谷镇，最小的为镇罗营镇，相应的地貌类型：山区＜半山区＜平原。全区农村居民点分布指数为 0.3424～2.2443，高于全区平均密度水平的乡镇有 10 个，以大兴庄镇和马坊镇最为密集；低于全区平均密度水平的乡镇有 6 个，以熊儿寨乡和镇罗营镇最为分散；在地貌类型上，山区＜半山区＜平原。这说明平谷区农村居民点呈插花状分布，村庄格局存在不同程度的破碎化，有的区域居民点相对密集，有的区域居民点分布稀疏，且不同区域存在明显的分布不平衡。

全区各乡镇的农村居民点规模差别较大，规模最大的金海湖镇为 564.62 公顷，最小的熊儿寨乡为 116.87 公顷；全区 275 个农村居民点，平均每个居民点 337 户，平均每户 2.55 人，其中小于 100 户的农村居民点有 41 个，占居民点总数的 15.02%，主要分布在山区，最小的居民点熊儿寨乡东长峪村仅 6 户，17 人；大于 1000 户的农村居民点有 14 个，占居民点总数的 5.13%，主要分布在平原区，最大的居民点东高村镇东高村有 2615 户，10920 人；居民点规模主要集中在 100～300 户，有 106 个居民点，占居民点总数的 38.83%；700～1000 户的农村居民点只有 12 个，占居民点总数的 4.40%，表现出明显的山区规模小与平原规模大的区域差异性。

2. 农村居民点用地强度

全区 16 个乡镇农村居民点用地占城乡建设用地比重在 11.32%～98.17%，除新城中心所在的平谷镇为 11.32% 外，其他各乡镇几乎都超出 70% 以上，山区和半山区明显高于平原，这与区位特征和建房管控情况有关，山区由于除去耕地的其他土地资源多，建房控制不严，经济收入较高的农民盖房占地多，规模扩展大；而平原地区城镇和耕地分布多，宅基地管控严格，虽然在城乡结合部出租房多，但都是院内搭建或挤占道路等建设，农村居民点规模扩展较小。

全区各乡镇户均农村居民点面积为403.97平方米/户~972.85平方米/户，其中户均面积最大的乡镇为黄松峪乡，户均面积最小的为平谷镇，平原>半山区>山区；各乡镇人均农村居民点面积为150.11~335.06平方米/人，全区各乡镇户均农村居民点面积为403.97平方米/户~972.85平方米/户，其中户均面积最大的乡镇为黄松峪乡，户均面积最小的乡镇为平谷镇，平原>半山区>山区；人均面积最大的乡镇为金海湖镇，户均面积最小的乡镇为平谷镇，对应的农村居民点用地强度指数全区均大于1，其中最高的金海湖镇为2.2337，最低的平谷镇为1.007，平原<半山区<山区，说明全区农村居民点用地普遍超出国家规定的最低限制，具有较大的整理潜力；但各镇不同居民点用地强度差别很大，山区受地貌影响，农村居民点分布散、户数少、人口少，户均和人均居民点面积偏大。

3. 农村居民点内部结构

按照土地功能，将农村居民点内部结构划分为居住用地（宅基地）、工商企业用地、公共管理与服务设施用地和闲置地。全区农村宅基地占居民点总面积的68.45%、工商企业用地占居民点总面积的14.12%、公共管理与服务设施用地占居民点总面积的10.55%、闲置地占居民点总面积的6.88%，农村居民点内部的宅基地是占地面积最多的类型；伴随着近年来"一村一品""一乡一品"的开发，平谷区农村居民点内部的工商企业用地有所增加，成为农村居民点内部用地的主要类型；但由于规划管理的失位和资金等其他生产要素配置分散，造成居民点内部出现了大量的闲置宅基地和废弃厂矿用地。按照《村镇规划标准》（GB50188—2007）来看，整体上农村居民点处于低度集约，农村居民点以提供农民居住为主要功能，与首都不同城市功能区的海淀区、顺义区相比，农村城镇化水平较低（曲衍波，2011）。

对不同地貌类型和各乡镇而言，平原区农村居民点内部居住用地比例低于半山区和山区，相应的工商企业用地比重高于半山区和山区，尤其是平谷镇、马坊镇、峪口镇、夏各庄镇和东高村镇明显高于其他乡镇，这主要受大都市辐射与扩散、交通优势的带动以及乡村工业化等多因素复合作用，农村非农产业发展迅猛，造成了工商企业用地的大幅增加。而在公共管理与服务设施用地比例方面，半山区＞平原＞山区，闲置地为半山区＜平原＜山区，对应的农村居民点结构指数也为半山区＞平原＞山区，主要是平谷的半山区是平原区和山区的过渡地带，兼具山区和平原区的自然与人文特征，农村居民点用地具有平原和山区的双重特色，在某种意义上起到城乡纽带和经济中心的传递作用，产业活动诉求高、强度大，农村居民点承担着多样功能，从而使内部结构呈现多样化；平原区临近新城，受城市辐射的影响较大，某些经济活动依托城市，相对半山区而言，居民点功能多样性较弱，用地结构相对简单；而山区，人们的经济活动以小农经济为主，产业活动诉求低，农村居民点功能单一，用地结构简单。

4. 农村居民点利用的主要问题

农村建设规划滞后，用地布局零散。平谷区农村居民点整体上表现为平原地区分布稠密，山区分布零星；平原区居民点一般分布在公路、农村道路或河流的两侧，成行列状或条状分布，相对集中，人口密度较大；半山区居民点大多呈块状依山区地形分布或坐落在比较平缓的坡地，一般以人口集中的中心村落沿几条山沟向四周放射；而山区的居民点基本分布在"两山夹一沟"或"两坎夹一沟"里，其布局和方向依地形而定，分布零散，极不规范。这既不符合于新农村建设的初衷，也不利于道路网络及其他配套基础设施的规划和建设。

农村居民点集约化程度较低，土地资源浪费。从现状农村居民点用地情况看，平谷区城乡建设用地结构表现出明显的郊区型特点，农村居民点用地面积大、比重高。由于缺乏村庄布局规划和住宅设计，农民住宅多为松散零乱的独院式平房住宅，占地面积大；院与院、户与户之间距离长短不一；村庄内市政设施及公建设施缺乏、服务功能半径小，造成生产、生活污水不经处理就地排放，农村的落后面貌基本未得到改变。同时，为了增加收入，在村庄周围无序开办镇村级企业，由于规划管理的失位和缺乏和有效的资金支持与市场流通，往往出现企业用地与居住用地的交错分布，这种土地利用格局不利于村级企业的专业化和规划化经营，并造成农村居民点加速向外扩张，大量耕地资源转为农村建设用地，土地资源浪费严重。

农村居民点用地严重超标，整理潜力较大。根据国家《村镇规划标准》（GB50188—2007）要求，人均村镇建设用地指标应在140平方米以内，而平谷区人均农村建设用地为232.79平方米/人，其中人均用地量最高的金海湖镇大335.06平方米/人，严重超过国家或地方规定的用地标准。特别是户均宅基地占地面积大，平谷区户均用地面积为593.39平方米，高于北京市郊区县的平均值，几乎是北京市规定标准的3倍，有的农村居民点户均用地达到0.1公顷以上，远远超过宅基地的用地标准（0.03公顷/户）。另外，由于中国户籍制度的影响，在快速城镇化过程中，大量农村人口拥进城镇，同时占有城镇住宅用地和农村宅基地，"两栖"占地造成了农村住宅的闲置，大量偏远山区的旧居民点形成空心村，农村土地利用率低下，综合整治潜力较大。

农村居民点用地结构不合理，功能相对单一。随着首都中心城区人口和产业的向外迁移，平谷区村镇企业增多，农村建设用地结构与功能发生变化。但是，与北京市平均水平（姜广辉，2008）相比，表现出宅基地比例高、工商企业用地比重低、公共管理与服务设施用地比例低和闲置地比重高的特点，农村居民点功能以生活居住为主，具有典型的乡村性。在平谷区域范围内，随着核心区辐射力度的增强，新城、重点镇及工业发达地区的部分农村居民点用地结构相对均衡，功能相对多样性；但大部分区域因为区位条件限制，缺乏投资项目，工商企业用地规模较小，使得这些地区难以摆脱原来的传统农村发展模式，农村居民点仍是以农业为主要产业活动的劳动者就业和居住的聚居区，导致农村公共管理与服务设施建设滞后、闲置地面积增多，居民点功能单一。

4.4 小　　结

平谷区生态环境优美，具有一般农区的土地利用特点。随着经济社会发展，建设用地需求与耕地保护的矛盾十分严峻。受自然地理条件和规划制度等因素影响，平谷区农村居民点存在着地域分布不平衡、用地规模超标、空间布局零散、用地结构不合理和功能相对单一等一系列问题。加快农村居民点集约利用和综合整治，对于解决区域土地供需矛盾和促进土地节约集约利用至关重要。

"十二五"时期以来，平谷区已经处于工业化阶段后期和城市化进程加速阶段，城镇化的快速发展对城镇体系的发展演变和土地利用的空间格局将产生很大影响，中心城区和重点城镇的地区辐射范围不断扩大，基础服务设施不断完善，文化科研体育旅游设施用地不断上升，在经济实力和社会发展方面有能力也利于推进区域农村居民点整治活动。

第5章 乡村转型发展及其城乡协调效应

　　转型是对当代中国时代背景的高度浓缩。尤其在 1978 年以来，中国经历了 25 年持续快速发展之后，以 2003 年人均国民生产总值达到 1000 美元为标志，实现了从低收入国家向中等收入国家的转型，并正在面临着由初步建立市场经济体制向完善市场经济体制转变的关键时期。作为深化政治体制改革和完善市场经济体制的重要要求，作为"形成城乡经济社会发展一体化新格局"重要战略部署的核心内容，中国农村发展也面临着重大"转型"。随着快速城市化和工业化的推进，中国的农耕经济开始接受工业的革命性改造，乡村地域结构与功能在发生着深刻的变化，农村经济产业结构、社会结构和城乡空间结构赖以生长和延续的根基开始动摇，农村正经历着由传统式发展向现代化发展的全面快速转型（Zeng Juxin，1995；姜广辉，2007）。因此，选取"乡村转型发展"作为本研究的时间跨度，通过分析改革开放以来研究区农村经济社会转型与土地利用转型的过程及其协调度，剖析乡村转型发展过程中所遇到的诸多问题，使研究内容更加具有针对性。

5.1 乡村转型发展态势

5.1.1 乡村转型发展的理论假设

1. 理论背景

　　乡村转型发展是实现农村传统产业、就业方式与消费结构的转变，以及由过去城乡隔离的社会结构转向构建和谐社会过程的统一，其实质是推进工农关系与城乡关系的根本转变（刘彦随，2007）。乡村转型发展一般包括社会转型发展和经济转型发展，涉及农村人口、经济、社会、土地、文化、景观等方面（龙花楼，2006）。我国区域发展不平衡性极为突出，各地区有着不同的发展条件，也面临着不同的发展任务（蔡运龙，1999；李善同，2001），无论是在农村社会转型还是在农村经济转型的过程中都存在着明显的区域差异（Heilig G K，2003；李秀彬，1999），如何理解某区域乡村转型发展所处的转型阶段，并选择适宜于当地条件的农村发展模式与路径是当前乡村转型发展的主要问题，但由于农村问题的广泛性、多样性和复杂性，全面、综合的人地关系理论的缺位成为解决问题的最根本性障碍。通常情况下，经验可以表明一些经济和社会规律，如实证研究表明的环境库兹涅茨曲线假说（Dinda S，2004；钟茂初，2005）、人口和城市化发展的"S"型曲线以及许多地理现象的距离衰减曲线等（Northam R M，1979；李秀彬，2002）都为许多环境和发展等问题研究提供了理论依据。另外，国内外学者结合不同国情或区域特征，从时空尺度对农村发展过程中的不同方面进行了总结，并提出或构建了相应的农村发展基础理论，如关于农业发展的舒尔茨理论、梅勒理论、速水佑次郎理论，关于农村产业结论演变的库兹涅茨结构变动理论、刘易斯城乡二元经济理论、钱纳里标准产业结构模型，关于城乡一体化的霍华德"田园城市"理论、麦基的亚洲城乡关系理论以及我国的城乡统筹发展理论，以及与乡村转型发展有关的区域持续发展理论、人地和谐发展理论与制度变迁理论等。可见，乡村转型发展涉及的范围甚广，上述的理论对于我国乡村转型发展具有较强的指导意义，但迫于我国农村发展的特殊性，需要寻求一种综合的方法，来对经济社会和自然环境变化的时间尺度和历史背景进行整合。

乡村地理学作为地理学的分支，是研究农村资源、生态、社会、经济和文化现象及其与周边城市之间相互作用关系的科学，是自然科学与社会科学的桥梁，依靠其独特的地理视角，通过运用地理技术对世界进行动态观察、综合研究和空间表达（蔡运龙，2004；重新发现地理学委员会编，2002），最能满足乡村转型发展的理论需要。根据乡村地理学的理论：发生在各种类型和各种尺度的区域中的过程必然产生一定的土地利用形态，即农村社会经济转型期间，城市化与工业化极大程度的改变了农村居民点形态与演变进程，而农村居民点形态在时空上的变化（农村土地利用转型）

又会影响到自然生态和经济社会发展的进程，二者能否同步是乡村转型能否健康发展的关键。所以，在目前我国城乡一体化发展背景下，面对农村经济社会发展不平衡、农村土地严重浪费等问题，农村经济社会转型与农村土地利用转型成为我国乡村转型发展研究的两个主要方面，两者密切联系、必须同时考虑，这样将有助于完善乡村转型发展研究的概念化和理论化。

2. 理论假设与内容

农村经济社会转型的根本是依托有利的农村外部环境和丰富的农村自然资源，使原有的传统产业结构得到调整，农民就业方式得到转变，收入与消费结构得到优化，生活水平得到持续提高，最终实现城乡经济与社会的一体化发展。而农村土地利用转型则是对应一定的农村经济社会发展阶段，通过相应的政策、资金、技术等投入，农村土地利用形态（这里主要指农村居民点用地）发展转变，由低效、粗放利用转向高效、集约利用，从而促进城乡建设用地结构与功能的优化与升级，实现城乡互动的空间发展格局。经济的发展和政治决策往往是土地利用变化的主要影响因素，这就决定了农村经济社会转型与土地利用转型之间的相互关系，即经济社会发展是乡村转型的核心，土地利用转型则是农村经济社会发展的基础，社会经济发展和土地利用变化之间的关系是动态的，具有时空联动性，这就造成乡村转型发展需要一个长期的酝酿与运作过程。

改革开放以来，中国的农村发展具有明显的阶段性，是一个在制度需求和制度供给的博弈中形成的由彼此相互连接的线段组成的曲线（刘兵，2010）。遵循这基本特征，根据制度经济学的制度变迁原理，参考国内外近代区域经济社会发展理论（陆大道，1999；方创琳，1999；陈国阶，2004）与龙花楼等提出的农村宅基地转型理论（龙花楼，2002；龙花楼，2006；刘彦随，2006），构建乡村转型发展的理论假设。首先，从反映区域农村经济社会形态与结构的质变特征中选取农村产业结构、劳动力就业结构、人口城乡结构和农民收支水平，作为农村经济社会转型发展的表征因素，这些因素既是农村工业化、市场化、城镇化和社会生产力水平发展到一定阶段的结果，也是导致农村经济社会变迁的最重要因素；随着经济社会的发展，建设用地总量将会增加，而农村建设用地在建设用地总量中的比重将会随着农村人口比例、经济社会发展水平以及生态环境条件的不同而发展变化，所以选取农村建设用地占建设用地比重作为农村土地利用转型的表征指标，按照经济学研究抓住主要矛盾的思路、方法和数据口径一致的要求，根据土地利用分类标准，农村建设用地界定为农村居民点用地，建设用地界定为城乡建设用地（包括城镇、农村居民点和独立工矿），与第二、第三产业的产出相对应。据此，提出中国乡村转型发展的理论假设：乡村转型发展由农村经济社会转型和农村土地利用转型双轮驱动，用"X"型逻辑斯蒂曲线（见图5－1）进行表征；随着制度的变革与体制的推新，农村经济社会转型呈逻辑斯蒂方程曲线特征，从均贫性、同构化的低级阶段向共富性、异构化的高级阶段演进，最后趋向经济社会城乡一体化的稳定状态；而随着农村经济社会的发展，农村土地利用转型呈反逻辑斯蒂方程曲线特征，农村居民点用地占城乡建设用地的比重将由高逐渐降低，直到趋向于一个固定值；当农村经济社会转型与农村土地利用转型（简称"两型"）变化趋向同步，农村处于健康、持续的转型发展状态，否则农村发展将处于亚健康、不持续的发展阶段。

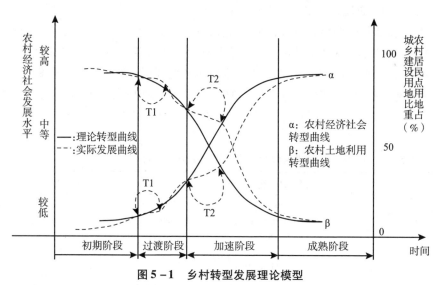

图5－1　乡村转型发展理论模型

资料来源：笔者根据研究内容绘制。

在现实的区域发展过程中，农村经济社会发展和土地利用变化并非与典型的逻辑斯蒂方程（理论转型曲线）相吻合，而是呈现出多段逻辑斯蒂组合的螺旋—波浪式前进的发展态势，这是因为转型的过程具有"时滞效应"，即农村受到政策、资金等外因刺激后，其自身变化机制的内因有一个反应的时间差（即图5－1中T1与T2）。

5.1.2 乡村转型发展的阶段划分

基于上面的乡村转型发展理论基础与假设可知，乡村转型发展的本质在于农村系统内部产业、就业方式、收入与消费结构、人口结构的变化，以及由此带来的土地利用方式的转变，而两个转变的同步则是乡村转型健康发展的关键。因此，对乡村转型发展阶段的划分需从这几项因素的结构变化着手，在判别"两型"阶段特征的基础上，系统分析农村综合转型变化。

1."两型"阶段特征识别

结合目前区域转型发展阶段的相关划分标准（陈锡文，2008；张新光，2006；项继权，2009），以政策与制度因素为划分阶段的背景参考，以农村产业结构与农民收支水平作为判别农村经济发展阶段的生产力和经济发展程度（陈国阶，2004；韩俊，2008），以劳动力就业结构和人口城乡结构作为判别农村社会发展阶段的生产关系和社会进步程度（李跃，2004；刘奇，2007），以城乡土地利用结构作为判别农村土地利用转型阶段的土地集约利用程度（蔡运龙，2001；龙花楼，2006），根据不同因素的构成与变化特征（见表5-1），划分农村经济社会转型和农村土地利用转型阶段。

表5-1 "两型"发展阶段划分基本特征

转型阶段	经济社会转型特征				土地利用转型特征
	农村产业结构	农民收入结构	农业劳动力就业结构	人口城乡结构	城乡建设用地结构
初期阶段	I > II > III	农业收入为主	纯农业	城镇化率低于25%，缓慢增长	农村居民点占城乡建设用地的主导，相对稳定
过渡阶段	II > I > III	非农收入显著增加	农业主导，农工兼具	城镇化率25%~50%，较快增长	农村居民点占城乡建设用地的主导，缓慢减少
加速阶段	II > III > I	非农收入占主导	非农主导	城镇化率50%~75%，较快增长	农村居民点不占城乡建设用地的主导
成熟阶段	III > II > I	非农收入	非农业	城镇化率高于75%，快速增长	农村居民点不占城乡建设用地的主导，相对稳定

注：I、II、III分别表示农村第一产业、第二产业和第三产业的总产值比重。

2. 农村综合转型阶段划分

基于"两型"特征的分析，分别从农村产业结构、农民收入结构、农业劳动力就业结构、人口城乡结构以及城乡建设用地结构方面，选取具有代表性的特征指标，构建乡村转型发展评价指标体系（见表5-2），利用综合转型度指数（式5-1、式5-2）划分乡村转型发展的整体阶段，利用转型协调度指数（式5-3）分析"两型"转变的同步性，具体过程如下。

表5-2 农村综合转型评价指标体系

转型类型	指标	计算方法	指标权重	指标说明
经济社会转型	农村产业结构变化	农村第二、第三产业产值占总产值比重	0.224	正向指标
	农村劳动力就业结构变化	农村第二、第三产业就业人口占总劳动力的比重	0.218	正向指标
	农民收入结构变化	农民非农业收入占总收入的比重	0.190	正向指标
	农村人口变化	非农人口占总人口比重	0.227	正向指标
	农业内部生产结构变化	粮食作物种植面积占总播种面积的比重	0.141	逆向指标
土地利用转型	城乡建设用地结构变化	农村居民点占城乡建设用地的比重	—	逆向指标

针对"粮食作物种植面积占总播种面积的比重"指标，笔者认为在谋求农村经济社会发展的前提下，收益率更高的经济作物（如蔬菜、瓜果等）对粮食种植面积的挤占程度越高，农村的经济收益相应越高，表征农业内部结构调整及其对农村经济转型的推动程度越大。

$$F(x) = \sum_{i=1}^{m} w_i \times f_i$$

$$G(y) = \sum_{i=1}^{n} p_i \times g_i \qquad （式5-1）$$

式中 f_i 与 g_i 分别代表农村经济社会转型度和农村土地利用转型度评价指标分值；w_i 和 p_i 分别为其权重；m 和 n 为对应的指标数量；

67

F(x) 与 G(y) 分别为农村经济社会转型度指数和农村土地利用转型度指数。

$$T = \alpha \times F(x) + \beta \times G(y) \qquad (式5-2)$$

式中 T 为农村综合转型度指数，α 与 β 分别为"两型"的转型度系数，考虑"两型"是农村实现综合转型必不可少的两个方面，在乡村转型发展中具有同样重要的作用，所以设 α = β = 0.5。

$$C = \left\{ \frac{F(x) \times G(y)}{[(F(x) + G(y))/2]^2} \right\}^K \qquad (式5-3)$$

式中 C 是"两型"协调度指数，K 一般为 [2，5] 之间的整数系数，由于本研究分析是两个系统之间的协调关系，取 K = 2。

5.1.3 平谷区乡村转型发展的基本态势[①]

1. 农村产业结构变化

改革开放以来，平谷区城市化、工业化水平迅速提升，农村经济取得了较快的发展。1978~2009 年，平谷区农村三次产业结构由80.34∶17.95∶1.71 变为 15.06∶52.16∶32.78，农村第一产业产值比重下降了 65.28%，第二、第三产业产值比重相应上升 34.21% 和31.07%，第二产业成为农村地区经济的主导，农村经济由农业向第二、三业逐步转型。从平谷区农村产业结构变化的时间序列来看（见图5-2），存在 3 个关键节点，即 1985 年、1995 年和 2006 年，按照"两型"发展阶段划分标准，农村产业结构转型可分为三个阶段：1978~1985 年为农村产业转型的初级阶段，这一阶段是家庭联产承包责任制的推行提高了农民生产的积极性和生产经营的自主权，农、副、工的小农经济格局开始形成，农村第二产业比重逐渐增加，相应的第一产业比重开始降低，两产比重趋于均衡。1986~2005 年为农村产业转型的过渡阶段，这一阶段受改革重心变化的左右影响，先后经历了农村产业的徘徊发展和快速回升阶段，其中，1986~1995 年出现了农村第一产业和第二产业的互补式徘徊转型，基于初级阶段体制转型的时滞效应和经济体制重

---

① 资料来源：本章数据均来自北京市平谷区 1918~2016 年统计年鉴。

心从农村转向城市的宏观体制环境的影响，农村产值转型表现出农村工业产值比重从 1986 年的 55.12% 增至 1992 年的 68.69% 又降至 1995 年的 47.34%、相应的农村农业产值从 1986 年的 38.08% 降至 1992 年的 26.87% 又增至 1995 年的 44.54% 的变化过程；1996~2005 年，随着国家对"三农"问题的重新重视和相关制度的推新，初步农村几乎陷于停顿的被动局面，农村工业开始复苏，第二产业比重快速提升，由 49.20% 增至 67.72%，相应的农村第一产业比重从 42.40% 降至 21.23%。2006 年至今为农村产业转型的加速阶段，这一阶段中"建设社会主义新农村"，粮食直补、全面取消农业税等系列惠农政策先后出台，极大地推动了农村发展的全面转型，平谷区农村工业保持较高水平稳定发展，农村第三产业快速提升、产值比重超过第一产业，呈现出第二产业 > 第三产业 > 第一产业的农村产业结构特征。

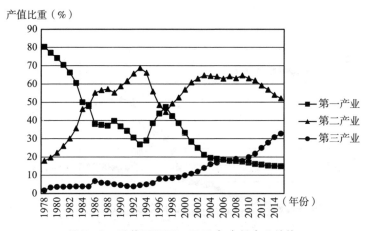

图 5-2 平谷区 1978~2015 年农村产业结构

资料来源：笔者根据统计数据绘制。

由于城市化的快速推进，农用地资源被建设占用严重，加之农业比较利益低下，平谷区大量耕地被调整为果园，使得全区农作物播种面积从 1978 年的 4.45×10^4 公顷减至 2015 年的 1.31×10^4 公顷，而相应的果园面积从 1978 年的 0.24×10^4 公顷增至 2015 年的 2.16×10^4 公顷。从农业种植结构变化来看（图 5-3），平谷区农业种植以粮食作物和蔬菜为主，两项播种面积之和基本维持在总播种面积的 90% 以上，虽然平谷区种植业内部结构调整一直在持续，但棉花、油料、瓜类和饲料等经济作物和其他作物的播种面积很少超过10%，也呈现出明显的阶段性特征，1978~1985年，基本上是以粮食作物为主的单一型结构，其种植面积比重保持在80%以上，其他经营水平较低；1986~1995年，实施逐步调减粮食和棉花播种面积，大力发展蔬菜与瓜果类等经济作物，蔬菜播种面积逐步增加，10年间从5.40%增加到18.40%；1996~2004年大幅度调整种植业内部结构，蔬菜播种面积快速增加，相应的粮食作物的播种面积迅速减少，前者种植面积比重从19.21%增加到50.62%，后者则从79.70%降至41.65%；2005~2009年以来，粮食种植实行直接补贴后，粮食作物播种面积得到迅速回升，蔬菜种植面积则明显下降；自2010年北京市启动"菜篮子工程"以来，作为首都中心城区蔬菜的主要供给地，平谷区的蔬菜种植面积又开始回升，相应的粮食作物种植面积有所减少，但仍占据农业种植的主导。

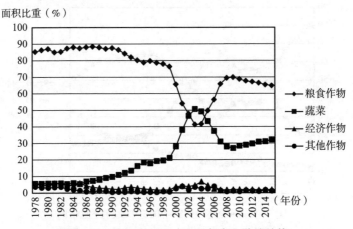

图5-3 平谷区1978~2015年农业种植结构

资料来源：笔者根据统计数据绘制。

2. 农村人口与劳动力就业变化

1978~2015年，平谷区总人口从32万人增加至41万人，其中农业人口减少约12万人，非农业人口增加约20万人，非农业人口占总人口比例（人口城镇化率）从1978年的6.66%变化为2015年的53.86%，年均增加1.34%。在农业人口中劳动力人数从1978年的13.7万人增至

2015 年的 18.65 万人，其中从事非农劳动的人口比重增幅 49.71%，年均增加 1.42%，高于人口城镇化率，这也说明在大量户籍人口城镇化过程中，还有很大一部分农村劳动力的就业范围跨出了第一产业，伸展到第二、第三产业，所以就业城镇化率（（非农业人口 + 从事非农劳动的农业人口）/总人口）从 1978 年的 15.72% 增至 2015 年的 74.94%，其中 1986 年就业城镇化率开始超过 25%，2004 年开始超过 50%。按照"两型"发展阶段划分标准，1978~1985 年为城乡人口转型的初级阶段；1986~2004 年为过渡转型阶段，2005 年至今为加速转型阶段（见图 5-4）。

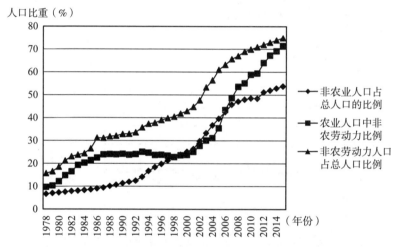

图 5-4　平谷区 1978~2015 年农村人口结构与变化

资料来源：笔者根据统计数据绘制。

随着人民公社制度被彻底废除，相应的社队企业变为乡镇企业，加上农业产业结构调整和国家对私人企业的限制放宽，大量的非农就业岗位不断被创造出来，农民开始兴办企业，从事工业、建筑、运输、商业等经济活动，农村劳动力就业结构从单一农业就业结构转为多元化就业结构。统计表明，平谷区 1978~2015 年农村劳动力数量从 13.7 万人增加至 18.65 万人，其中非农业劳动力比重从 9.71% 增至 71.46%；从农村劳动力从业结构（图 5-5）来看，第一、第二、第三产业农村劳动力从业人员比重，从 1978 年的 78.69：20.02：1.29 变为 2015 年的 28.876∶35.76∶35.37；按照"两型"发展阶段划分标准，1985 年和 2005 年同样是农村劳动力变化的两个转折点，1978～1985 年为劳动力就业转型的初期阶段，农业劳动力以从事农业为主，在第三产业分配份额中占 50% 以上；1986～2005 年为劳动力就业转型的过渡阶段，从事第一产业劳动力比重稳定在 45%～50%，从事第二产业劳动力比重维持在 35%～45%，从事第三产业劳动力比重在 15% 左右，呈现出农业主导、农工兼具的就业特征；2006 年以来为劳动力就业转型的加速阶段，第一产业劳动力比重下降，第二产业和第三产业劳动力比重上升，且第二、第三产业劳动力比重超过第一产业劳动力比重，第三产业劳动力比重接近于第二产业劳动力比重，基本呈"第三产业均衡"的非农业主导、农工兼具的就业特征。

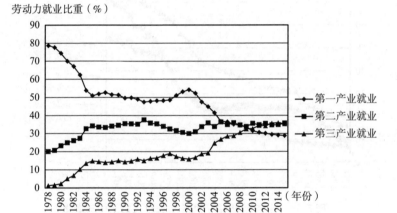

图 5－5　平谷区 1978～2015 年农村劳动力就业结构

资料来源：笔者根据统计数据绘制。

3. 农民收支结构变化

农民收入主要由工资性收入、家庭经营收入、财产性收入与转移性收入四部分组成（见图 5－6），其中家庭经营收入包括家庭第一产业收入、第二产业收入和第三产业收入。改革开放以来，随着区域产业结构调整和宏观经济形式的变化，平谷区农民人均纯收入与消费支出不断提高，其中人均收入由 1978 年的 240 元增加到 2015 年的 20147 元，增长了 90 倍、年均增长 18.5%，相应的人均消费支出从 1978 年的 185 元增至 2015 年的 14693 元，增长了近 80 倍、年均增长 16.2%，均高于全国平均水平。但农民实际收入的变化除名义收入的变化外还受到通货膨胀和相关价格因素的影响，需要从农民收入构成的变化来反映农民收入的综合情况。由图 5-5 可知，平谷区农民家庭经营的第一产业收入在农民纯收入中主要地位逐渐丧失，其比重在波动中下降，从 1978 年的85.65% 下降至 2015 年的 21%；工资性收入在农民纯收入中的地位则逐渐上升到主导地位，由于农民劳动力外出打工、加之工业园区建设吸收部分农业剩余劳动力，促使农业劳动力逐渐向第二、第三产业转移，造成人均工资性收入不断增加，其所占比重在 1978 ~ 2015 年从 10.45% 增加到55.87%；家庭经营的第二、第三产业收入对农民纯收入的贡献起步较晚，从 1998 年开始显著增加，到 2005 年其所占比重达到最高点的 20%，随后虽然其总量在增加，但所占比重一直在 10% 左右波动；财产性与转移性收入从 1978 年的 1.2% 增长到 2015 年的 12.07%，但整体上在农民收入中所占份额在 4% 左右，近两年受国家支农政策、北京市整体转移支付强度增大以及农民收入增加等因素影响，转移性与财产性收入开始逐渐增加。

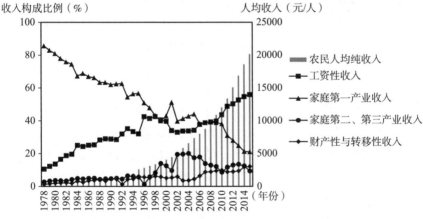

图 5-6　平谷区 1978 ~ 2015 年农民收入及构成情况

资料来源：笔者根据统计数据绘制。

同理于农村纯收入结构变化，平谷区农民消费支出结构也表现出形似的特征；由图 5-7 可知，生活消费支出在农村消费支出中占据主要地位，其比重在 1978 ~ 2015 年虽然呈波动式缓慢降低，但一直保持在60% 以上；生产消费支出占农民消费支出的比重居第二位，其变化与生活消费支出基本上呈互补的态势，从1978年的8.56%增加到2015年的24.15%，尤其是农机具购置补贴、"家电下乡"补贴和"万村千乡市场工程"等政策的实施直接拉动了农村生产内需与消费；财产性与转移性支出占农民消费支出总量的比重基本上趋于稳定，但支出总量，尤其是财产性支出还是不断增加，也说明随着农民收入的提高，农民对外投资和财产租赁等投入也有所增加。

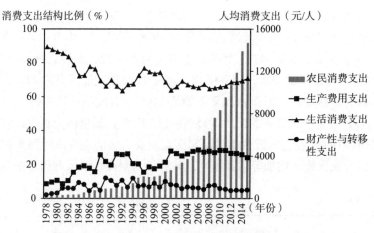

图5-7　平谷区1978~2015年农民支出及构成情况

资料来源：笔者根据统计数据绘制。

按照"两型"发展阶段划分标准，1985年和2005年同样也是农民收支变化的两个转折点，占据主要地位的农民收入与支出结构呈现"互补"的变化态势。1978~1985年，农民纯收入与消费支出增产缓慢且相对较低，农民家庭经营收入与生活消费支出有所降低，而农民工资性收入与生产费用不断提升；1986~2005年，农民纯收入与消费支出稳定增长，农民家庭经营收入与生活消费呈波动式降低，相应的农民工资性收入与生产费用呈波动式上升；2006年至今，农民纯收入与生活消费快速增长，其中消费结构趋于平稳；收入结构中工资性收入和财产性与转移性收入比重稳定增长，家庭经营性收入比重逐渐减少。

4. 农村居民点用地变化

改革开放以来，随着农民经济的长足发展，农民收入水平明显提高，随之农民改善或增加住房的需求日益强烈，在 20 世纪 80 年代中期和 2010 年，我国农村地区普遍经历了建房高潮，农民居住条件明显改善，农村居民点用地面积也随着增加。受数据限制，本节基于 1992 以来的平谷区土地台账数据，利用简单的指数平滑和移动平均方法进行 1978～1992 年农民居民点用地面积模拟，形成 1978～2015 年的农村居民点面积变化曲线。由图 5－8 可见，改革开放以来，平谷区农村居民点用地规模从 6356.76 公顷变化为 2015 年的 6644.76 公顷，期间增加了 287.91 公顷，年均增加 7.78 公顷。其中，1996 年以前，伴随着 80 年代中期以来的建房高潮，加上缺乏整体规划，建房随意性较大，农村居民点不断扩大，1978～1996 年平谷区农村居民点用地增加 238.19 公顷，年均增加 13.23 公顷；由于建设用地盲目扩张导致大量耕地资源流失，国家开始加大了对建设用地的管理力度，并于 1994 年颁布实施了《基本农田保护条例》，建设乱占耕地现象得到有效遏制，但大量农村居民点用地被城镇占用，导致从 1997～2003 年平谷区农村居民点用地有减无增，7 年期间农村居民点用地共减少 32.37 公顷；随着新农村建设的启动以及农村经济社会转型的不断加速，2004～2010 年以来，平谷区快速推进新农村建设，但在这过程存在旧村与新村并存的现象，而农村第二产业和第三产业的发展也带动了农村建设用地的增加，导致全区农村居民点用地快速增加，近 7 年间共增加用地 149.22 公顷，年均增加 21.31 公顷，随后新村逐步建成并投入使用，相应的旧村开始拆除，带动农村居民点整体规模不断下降。

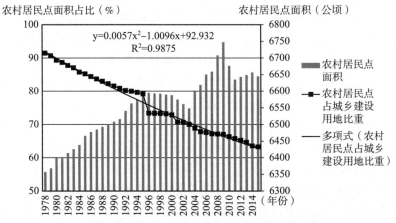

图 5－8　平谷区 1978～2015 年农村居民点用地变化情况

资料来源：笔者根据统计数据绘制。

从农村居民点用地占城乡建设用地比重来看，由于城镇化和工业化的发展与带动，加速了平谷区城镇建设用地和独立工矿用地的增量，虽然在一定程度上也带动了农村居民点用地的扩张，但农村居民点用地所占城乡建设用地比重则有所下降，从1978年的91.43%降至2015年63.24%，年均减少0.76%，虽然减少速度较慢，也表明了平谷区城乡土地利用结构在进行不断的转型；从其变化曲线（见图5-8）可以看出，1995年和2004年是农村居民点用地转型的两个转折点，1995年以前农村居民点用地占城乡建设用地比重较高，维持在80%左右；1996~2004年农村居民点用地比重呈梯度降低，12年间降低5%；2005年以来农村居民点用地比重变化呈缓慢式下降，10年间降低了3%左右，且仍占据城乡建设用地的主导。从农村土地利用转型特征标准来看，目前平谷区农村土地利用仍处于过渡转型期，距离加速转型还有一段距离。

5. 乡村转型发展的总体特征

按照农村综合转型评价指标体系，计算得出"两型"转型度指数、综合转型度指数以及"两型"协调度指数（见图5-9），对于农村经济社会转型度指数（F(x)）具有两个典型的时点，即1985年和2005年，其对应F(x)分别为40和60左右，相应的可以划分为转型初级阶段（1978~1985年）、过渡阶段（1986~2005年）和加速阶段（2006年至今），即目前平谷区农村经济社会转型处于加速转型期。对于农村土地利用转型度指数（G(x)）也具有两个明显的时点，即1996年和2005年，其对应G(x)分别为80和67，按照农村土地利用转型特征标准，平谷区农村居民点用地一直占据城乡建设用地的主导，且降低速度缓慢，因此目前平谷区农村土地利用转型仍处于过渡转型阶段。

综合来看，在2012年农村社会经济转型指数与土地利用转型指数实现交叉，呈现明显的加速转型特征；但从农村"两型"协调度指数（C）来看，也具有两个转型结点，即1985年和1996年，1985年之前的C值逐渐降低，1986~1996年的C值呈缓慢增加，而1997年以后C值又呈缓慢降低之势，说明1978年以后平谷区乡村转型发展具有一定的波动性和明显的不协调性，原因即是农村土地利用转型滞后于农村经济社会转型。基于上述分析，并结合前文各单项因素的变化过程，概括平谷区乡村转型发展的总体特征如表5-3所示。

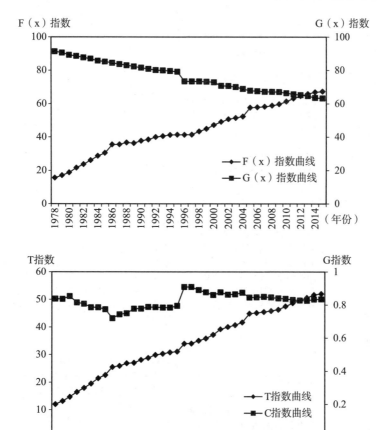

图5-9　平谷区农村转型发展评价结果

资料来源：笔者根据统计数据绘制。

表5-3　　　　　　　　平谷区乡村转型发展总体态势

转型阶段	时间	政策背景	乡村转型发展态势
初级阶段	1978~1985年	1979年《中共中央关于加快农业发展若干问题的决定》确立了"包产到户"的经营体制；1982~1986年的连续5个"中央一号"文件促进了农民生产经营自主权和自主择业权	农、副、工综合发展的小农经济格局基本形成。粮食生产是农业产值的主要来源，农村工业开始发展；农村劳动力仍以农业为主，城镇化率增幅较大；家庭第一产业收入是农民增收的决定因素，消费支出以食物性生活消费为主；农村居民点用地开始增加，稳定占据城乡建设用地的主导

转型阶段	时间	政策背景	乡村转型发展态势
过渡阶段	1986 ~ 1995 年	1987 年改革重点由农村转向城市，农产品统派购、统销制度取消，农村推行市场经济与村民自治制度；1990 年《乡村集体所有制企业条件》使得乡镇企业异军突起	农村产业结构徘徊式变化，农业内部结构逐步调整；农业就业仍占主体，工商业就业增加，城镇化水平提升较慢；工资性收入成为农民收入的新增长点，消费结构呈互补式波动变化；农村居民点用地继续增加，但占城乡建设比重开始降低
	1996 ~ 2005 年	1998 年的《中共中央关于农业和农村工作若干重大问题的决定》首次提出"三农"问题的重要性，以及 2001 年我国加入 WTO 将农业与农村置入国际贸易的背景下	农村工商业发展开始回升，蔬菜生产成为农业产值的新增长点；农民就业呈农业主导、工商兼具的稳定态势，城镇化率加快提高；工资性收入对农民收入的贡献超过家庭第一产业收入，消费结构仍以互补式波动变化为主；农村居民点用地出现负增长，占城乡建设用地比重缓慢降低
加速阶段	2006 年至今	2004 年中央提出新世纪以来的第一个关于三农的"中央一号"文件，以及随后的粮食直补、农机具购置补贴、全面取消农业税、推进新农村建设等一系列方针政策	农村第三产业产值超过第一产业，第二产业平稳、占主导，粮食生产大幅反弹，蔬菜种植逐渐降低；农民就业呈"第三产业均衡"态势，城镇化率快速提升；农民收入与消费支出显著增长，工资性收入和财产性与转移性收入比重稳定增加，消费构趋于平稳；农村居民点用地呈先增后降的波动式减少，占城乡建设用地比重继续降低，但仍占主导

资料来源：笔者根据收集资料整理编制。

5.2 乡村转型发展的城乡协调效应分析

　　城乡协调发展分析涉及城镇与乡村两个不同地域发展水平的比较，需要选择更加概括、直观、可比较的方面进行对比度量，以综合发展城乡经济、社会、资源等方面的协调发展程度。参考有关城乡统筹发展评价的指标与方法，本章通过城乡二元经济结构与劳动力效率变化、城乡生活水平变化以及城乡土地利用变化三个方面来分析平谷区乡村转型发展带来的城乡协调性特征。

5.2.1 城乡经济与劳动生产率变化

所谓"二元经济结构"主要是指在现实产业结构转型和工业化过程中，由于部门间生产率的差异、区域之间或区域内经济发展的不平衡等原因导致的两极分化现象（宋艳伟，2009）。由于二元经济结构体现为产值和劳动力在传统农业部门和现代部门之间的配置，而农村劳动生产率对二元经济结构具有影响作用，通过劳动力由传统农业部门向现代工业部门转移，使不同产业劳动生产率逐渐持平，可实现二元经济结构到城乡一体化的转变，如果农业部门劳动生产率低，则制约城乡一体化发展。因此分别采用二元经济结构系数（式5-4）和二元劳动生产率系数测度城乡经济差距变化（关小克，2011）。

$$DEC = \frac{\sqrt{Pa \times La}}{\sqrt{Pna \times Lna}} \qquad (式5-4)$$

式中 DEC 为二元经济结构系数，Pa 为农业产值比重，La 为农业劳动力比重，Pna 为非农产值比重，Lna 为非农劳动力比重。DEC 越小说明城乡经济结构差距越小，城乡一体化趋势越明显；反之，则为经济结构差异越大，二元结构越明显。

$$DLP = \frac{TPa/TPa}{TPn/TLn} \qquad (式5-5)$$

式中 DLP 为二元劳动生产率系数，TPa 为农业生产总值，TLa 为农业劳动力人数，TPn 为非农也生产总值，TLn 为非农劳动力总数。DLP 越小说明农业与非农业部门的劳动成产率差别越大，即二元性越强，反之亦然。

从图5-10可以看出，1978~2015年平谷区城乡二元经济结构系数从1.48减低至0.27，其变化过程与乡村转型发展具有较好的耦合性，在1985年、1995和2005年具有明显的变化，说明平谷区的农村经济转型整体上促进了城乡一体化发展。从二元劳动生产率来看，出现了明显的周期性波动变化：1978~1985年乡村转型发展的初期，二元劳动力系数逐渐增加，表明这一时期二元结构有所弱化，农业部门劳动生产率相对非农提高较快；1986~2005年乡村转型发展的过渡阶段，二元结构系数出现了波动局势，表明市场经济、国家农业政策等制度变迁对农村劳动生产率产生了显著影响；2006 年以来，以区位与资源优势为主的工业和旅游业发展，有效推动了平谷区农村经济的发展，然而从这一时期的二元劳动生产率系数演变来看，其值处于较低的水平，表明资源开发进一步拉大了农业与非农业的生产效率，农业劳动生产率的提高慢于非农业劳动生产，需要进一步依靠科技手段发展现代农业，并加大农业劳动力的转移力度，缩小农业与非农业劳动生产率的差距。

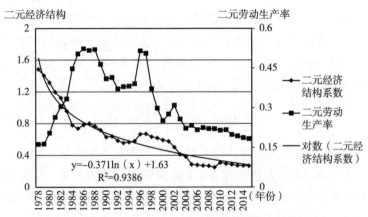

图 5 - 10　平谷区 1978 ~ 2015 年城乡经济差距情况

资料来源：笔者根据计算结果绘制。

5.2.2　城乡居民收入与消费变化

从居民生活水平与福利水平的角度来评价城乡差距的最优指标是城镇居民人口可支配收入、农村居民人均纯收入和居民消费水平。考虑本研究比较对象只有两个（城镇与农村），直接采取简单、直观的相对差距法分析城乡居民收入与消费情况。

从图 5 - 11 可以看出，改革开放以来，平谷区城乡居民收入差距的变化大体上经历了缓慢缩小——波动上升——急剧减少的过程，改革初期（1978 ~ 1984 年），城乡居民收入差距从 1.63 缩小到 1.56；20 世纪 80 年代中期到 21 世纪初期，城乡居民收入差距从 1.70 增至 2.19；2006 开始，城乡居民收入差距急剧缩小，降至 1.74 左右。然而总体上来看，城乡差距呈扩大之势，这与农业比较劳动生产率的偏低具有决定性的关系。与同期北京市平均水平比较来看，2015 年北京市城镇居民可支配收入与农民人均纯收入分别为 57275 元和 22310 元，而平谷区的城镇居民可支配收入与农民人均纯收入分别为 35117 元和 20147 元，说明平谷区城镇居民收入的增加幅度相比较慢，而农村居民收入基本相当。

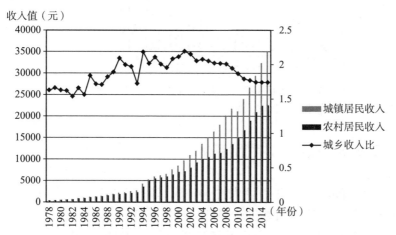

图 5 - 11　平谷区 1978 ～ 2015 年城乡居民收入差距的变动轨迹
资料来源：笔者根据统计数据绘制。

城乡居民消费水平差距变化轨迹的总体特征与城乡居民收入的变化轨迹基本相似，但是变动的幅度较大，呈缓慢缩小——波动上升——快速减少的过程；在 2000 年以后，有所差别——城乡居民消费水平的差距在这一年开始缩小早于城乡居民收入差距缩小的时间且缩小幅度更大（见图 5 - 12）；另外，总体上城乡消费水平的差距呈缩小之态，2015 年城乡消费水平比值为 1.53，比 1978 年（1.94）缩小了 0.41。与同期北京市平均水平比较分析来看，2015 年北京市城镇居民人均消费支出与农民人均消费支出分别为 38256 元和 17329 元，而平谷区的城镇居民人均消费支出与农民人均消费支出分别为 20147 元和 14693 元，同样说明平谷区城镇居民支出的增加幅度相比更慢，这与居民收入增长缓慢具有较大关系。

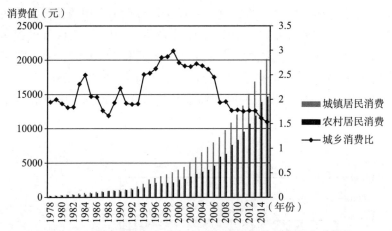

图 5 - 12　平谷区 1978 ~ 2015 年城乡居民消费差距的变动轨迹

资料来源：笔者根据统计数据绘制。

5.2.3　城乡土地利用变化

改革开放以来，平谷区农村人口从 1978 年的 34 万人降为 2015 年的 18.53 万人，城镇非农业人口则从 4.8 万增至 21.64 万人。虽然受城镇化和工业化的带动，全区城镇工矿用地在 1978 ~ 2015 年间增加了 1665.35 公顷，但人均城镇工矿用地到 2015 年（74.88 平方米/人）仍低于国家要求的人均 120 平方米/人的上限，相对比较集约。而随着农村劳动力的非农就业和就近城镇转移，农村人口不断减少，但人均农村居民点面积却在持续增大，从 1978 年的人均 192.21 平方米增加到 2015 年的人均 220.98 平方米，远远超出《村镇规划标准（GB50188—2007）》要求的人均 140 平方米的上限，并未实现农村人口转移与农村居民点用地减少相挂钩。可见，平谷区农村土地利用转型在一定程度上促进了城乡用地结构的优化，但对农村土地利用集约程度的改善并未发挥较好的效用，城乡建设用地现状仍以农村居民点等消费型用地为主体，农村居民点规模大、分布散、布局乱等问题仍然突出，今后挖掘农村用地潜力、加速农村土地利用转型和统筹城乡用地配置仍面临重大挑战（见图 5 - 13）。

按照农村建设用地人均 140 平方米的标准，可计算在 2015 年基础上平谷区农村居民点用地的理论整理潜力至少在 3000 公顷，按照平谷

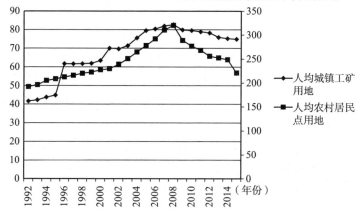

图 5 – 13 平谷区 1992 ~ 2015 年人均城乡建设用地的变动轨迹

资料来源：笔者根据统计数据绘制。

区新一轮土地利用总体规划确定新增建设用地规模，到 2020 年平谷区可实现新增城乡建设用地需求与农村存量建设用地挖潜的动态平衡。

5.2.4 城乡协调发展的趋势

1. 城乡经济社会发展的趋势

从政策和制度来看，在未来的发展进程中，决定城乡经济社会差距变化趋势的因素包括共同性和独有性两方面。从有利缩小城乡差距来看，构建和谐社会战略的实施、国家经济实力的增强为缩小城乡差距提供了更加有利的政策环境和物质支撑；而在建设社会主义新农村的过程中，国家对农业和农村发展的支持、农村生产生活条件的改善、农民子弟受教育机会的增加以及城镇化、工业化的推进为农村劳动力提供的非农就业机会和为种植业耕作规模扩大创造的空间为缩小城乡差距提供了更多可能。而不利于缩小城乡差距的主要因素是市场经济所具有的"嫌贫爱富"倾向，即在不受干预的情况下，市场运行通常会强化强者的优势，弱化弱者的地位；同时，随着农产品市场的逐步对外开放，农产品价格在很大程度上受制于国际市场价格的影响。所以，缩小城乡经济社会差距的根本路径在于不断通过城镇化和工业化，将农民吸引到非农产业和城镇，减少农村人口数量，增加人均耕地占有数量，提高农业劳动生产率。

从城乡差距对农村居民点整治的影响来讲，城乡差距越大，农村土地整治越容易，这是因为城乡差距越大，城市对农民的吸引力越大，破房陋舍整理成本越低；而随着城乡差距的缩小，农村生活质量不断提高，农民富裕了也就不还愿进城享受拥挤与污染，亮堂崭新的新房整理成本增高；另外，随着农村经济社会转型发展，农民对住房大拆大建，在 GDP 上有辉煌的记载，但没有实际上的财富积累，只能造成整治等待期间的土地和资金的"过程性浪费"（夏鸣，2008）。从上述平谷区城乡一体化发展的趋势分析来看，平谷区农村经济社会转型已经进入加速阶段，农村产业结构、农民就业结构、城乡人口结构以及农村收入与消费结构均呈良好的发展态势且趋于稳定，但是与同期的北京市平均水平相比还相对缓慢，在有利缩小城乡差距的因素（动力）逐渐增多、不利于缩小城乡差距的因素（阻力）不断减少的背景下，近期动力与阻力可能处于势均力敌的状态，城乡差距将保持平稳的现状；而随着时间的推移，动力可能会大于阻力，城乡差距在中长期内可能缓慢下降。所以，在当前城乡发展状态下，平谷区开展农村居民点整治正当其时。

2. 城乡建设用地规模与结构变化的趋势

对 1978～2015 年序列数据进行模拟预测，根据这一动态趋势拟合结果，平谷区农村居民点用地占城乡建设用地的比重将持续下降，到 2020 年和 2030 年其比重分别为 49.52% 和 39.42%，将持续农村土地利用的加速转型以及与农村社会经济的耦合同步。

1978～2015 年，平谷区城乡建设用地的年增量平均为 86.76 公顷，考虑到平谷区正处于工业化、城市化快速发展时期，土地资源的非农化建设用地仍呈现惯性增长态势，在此情景下平谷区《新城规划（2005～2020 年）》和《新一轮土地利用总体规划（2006～2020 年）》中确定到 2020 年全区城镇化率达到 75%，农村人口降为 18.5 万人，城乡建设用地规模达到 10400 公顷。据此测算，到 2020 年平谷区农村居民点用地规模为 5824 公顷，人均农村居民点用地面积为 314.80 平方米/人，可见，按照现状农村土地利用之势，在农村人口非农化转移的同时，仍然没有带动人均农村居民点用地的显著减少，未来农村土地利用总体上仍是粗放与低效率的。也就说，按照国民经济发展的客观需求，平谷区未来城乡建设用地的年平均需求量实际上要低于目前的 86.76 公顷。因此，根据土地节约与集约利用的原则，限制粗放式建设用地的增量供给，加大推进新农村建设的村庄整治，积极进行农村闲置、低效用地等存量用地的整理和挖潜，成为未来平谷区加快城镇化与工业化进程、优化城乡建设用地结构与布局的根本途径。

5.3　小　　结

（1）在目前我国城乡一体化发展背景下，面对农村经济社会发展不平衡、农村土地严重浪费等问题，根据乡村地理学的理论，从农村经济社会转型与农村土地利用转型两个方面提出乡村转型发展的理论与假设。结合中国农村发展具有的阶段性特征，从反映区域农村经济社会形态与结构变化及其产生的农村土地利用变化的质变特征中选取相关指标，建立乡村转型度与转型协调度评价方法，并以北京市平谷区为例进行实证分析。这将有助于丰富乡村地理研究的理论与实践，完善乡村转型发展研究的概念化和理论化。

（2）在国家制度与政策对解决"三农"问题与促进城乡统筹发展中加大扶持力度的背景下，受北京市快速城市化与工业化发展的带动与辐射，地处都市郊区的平谷区结合当地条件，不断优化发展定位与功能结构，乡村转型发展呈良好的态势。受宏观政策不断推新的主导驱动，1978～2015 年平谷区乡村转型发展整体上可划分为三个主要阶段，即 1978～1985 年为转型初级阶段、1986～2005 年为转型过渡阶段、2006 年至今为转型加速阶段。从各特质指标特征和发展时间来看，当前平谷区乡村转型发展整体上处于加速转型的初级阶段，也是关键时期；从乡村转型发展的可持续性来看，平谷区农村综合转型呈持续性发展状态，但农村"两型"转变具有一定的不协调性，原因即是农村土地利用转型的滞后。

（3）平谷区开展农村居民点整治正当其时。一方面，从城乡差距对农村居民点整治的影响来讲，城乡差距越大，农村土地整治越容易，这是因为城乡差距越大，城市对农民的吸引力越大，破房陋舍整理成本越低；随着城乡差距的缩小，农村生活质量不断提高，农民富裕了也就不还愿进城享受拥挤与污染，亮堂崭新的新房整理成本增高；所以，在目前平谷区城乡经济社会差距的平稳现状，有利于农村居民点整治的开展，否则等待期间会造成土地和资金的过程性浪费。另一方面，平谷区建设用地需求与耕地保护、城乡建设用地结构配置还存在比较突出的矛盾，农村居民点也存在着用地强度大、分布零散和结构功能不合理等问题，经济发展与土地利用转型的要求亟须开展农村居民点整治。

（4）农村居民点整治是推进农村土地利用转型的主加速器。通过农村居民点整治，可以改善无序、低效的农村居民点用地状况，优化农村土地利用结构与村庄合理布局；也可以促进产业结构调整和基础设施配套，将散居的农民居住向城镇或中心村集中，使支离破碎的农田集中连片，在实现集约和节约用地。同时，农村经济社会的良好转型也为农村居民点整治带来可能，一方面农村人口的城镇化转移，使得农村地区的一些"农宅庭院"不再需要了，提供了巨大的整治潜力；另一方面，农村经济的发展、农民收入的提高以及消费观念的改变，为农村居民点整治的经济保障和可接受性提供了支撑。因此，在全面推进乡村转型和城乡一体化发展的新时期，加快农村居民点整治作为加快农村土地利用转型的主要手段，应因地因时制宜的尽快开展。

第6章 农村居民点集约利用特征

　　农村土地集约利用是战略机遇期缓解土地供需矛盾的重要途径，也是积极推进资源节约利用和国土空间格局优化的重要内容。农村居民点作为中国数亿农民聚居和生存发展的载体，是农村土地利用的重要组成部分，也是城乡一体化格局建设的关键要素和资源利用集约与否的具体表现。在多种因素影响下，中国农村居民点的建设与发展一直是自发性的，加之缺乏统一的科学规划，造成全国农村居民点规模膨胀至 0.16×10^{8} 公顷左右，其中闲置宅基地面积占到10%~15%，整体表现为自发、无序、空心、闲置、多宅等粗放式扩展，造成大量土地资源浪费。可以预见，随着区域经济社会改革的进一步深化以及未来农民需求的改变，农村居民点还将进一步分化与重构，如果不采取适当的干预和有效的引导，农村居民点的粗放利用风险将继续扩大，农村居民点集约利用成为亟待研究的课题。本章将按照集约化内涵进行评价要素归类，遵循"体系建立——模式识别——障碍诊断"的逻辑思维，建立农村居民点集约化测度体系，识别农村居民点集约化模式，揭示农村居民点集约化障碍因素，为农村居民点整治研究提供前提与依据。

6.1　农村居民点集约化测度方法

6.1.1　评价目标

　　农村居民点集约化测度与评价是制定农村居民点用地管理决策和开展农村居民点整治工程的科学依据，其目的在于实现农村居民点用地的合理优化配置，指导人类对农村居民点粗放利用行为进行适当干预，提高人类行为与农村居民点用地格局的相容性，进行农村居民点合理规划与建设，改善农村人居环境，推动农村可持续发展。其具体目标主要包括：

（1）摸清农村居民点的集约利用状况，确定农村居民点用地所处的集约状态、粗放状态还是过渡状态。

（2）考察农村居民点用地规模、结构、功能等因素与集约利用状态之间的关系，探讨农村居民点集约用地的影响因素，发掘农村居民点集约利用潜力，促进农村居民点用地在有效利用过程中形成合力的集约状态。

（3）为国土资源管理部门能够及时掌握农村居民点的利用状况，科学制定农村居民点集约利用管控的政策法规、调控措施和运行模式等提供理论依据。

6.1.2　评价指标体系建立

土地集约化通常作为一个经济范畴进行研究，是指在土地上合理增加物质与劳动收入，提高土地收益的经营方式。就城市土地而言，其集约利用的理论本质是追求经济效益的最大化，即依靠先进的科技手段和现代化管理方法，降低物质和资源消耗，优化生产要素配置，实现高效的经济产出。而国家或地区层面上，土地集约利用更多的是追求社会效益和长远利益的综合。然而，农村居民点用地具有一定的特殊性，它是一个涉及经济、建筑、人口、环境等多方面要素的复合体，无法用单纯的经济学概念涵盖。从新农村建设与和谐社会构建的宗旨来看，农村居民点集约利用的目标不仅仅追求经济效益的最大化，而是建立在节约资源利用和降低物质消耗的基础上，追求社会、经济和生态多目标综合效益。由此，将农村居民点集约利用的内涵理解为：按照资源节约利用和国土空间格局优化的原则，控制农村居民点用地规模，优化农村居民点结构布局，提高农村居民点要素投入，构筑生态文明下的宜居环境。这与新农村建设和农村居民点整治的最终目标相吻合。因此，将农村居民点集约化测度归结到强度和效用两个方面，强度主要体现农村居民点要素投入情况，包括农村居民点规模、结构和布局；效用则反映要素投入的作用结果，表征农村居民点的产出情况（廖志达，2008），涉及农村居民点生产、生活和生态效用。

其一，土地利用强度反映了区域土地利用投入情况，是人类为了满足其生存和发展的需要而改变土地生态系统的程度，一般来说，建设用地强度高于农用地强度，且规模越大、结构越复杂，强度越高（刘欢，2012）。对农村居民点而言，土地利用强度直接表现就是农村居民点规模，间接表现就是农村居民点用地结构和空间布局。因此，从农村居民点用地规模、用地结构和空间布局3个方面，按照综合性、层次性、区域性和指标非共线性、易量化性和操作简便性原则，选取农村居民点强度评价指标。其中，农村人口和户数越多，农村居民点用地规模越大，占用的农用地面积越多，土地利用强度越高，选取农村居民点面积、农村居民点平均斑块面积、农村居民点面积占比和人均农村居民点面积作为用地规模表征指标。农村居民点用地结构大体可分为住房用地（宅基地）、公共服务设施用地、工商企业用地、闲置土地，其中住房用地比例最高，是土地利用强度的直接体现；闲置土地反映了人为干扰的强度，其比例越高，表明新建占用农用地的可能性越大，土地利用强度就越高，因此分别选取各类用地占农村居民点面积比例作为用地结构表征指标。农村居民点空间布局通常反映农村居民点规整和集聚情况，间接的反映了技术上和管理上的投入，主要是村庄规划的编制和规划实施情况，可以认为农村居民点形状越规整，其空间布局越稳定，相应的技术投入越多，管理越科学，选取景观生态学的斑块密度、斑块形状指数、分维数和斑块平均最邻近指数等空间聚集度指标进行表征（曲衍波，2011）。所以，农村居民点用地整理的目标也就是通过一定的技术措施，减少农村居民点用地规模、合理配置农村居民点用地结构和优化农村居民点用地布局，实现土地集约利用。

其二，新农村建设提出"生产发展、生活富裕、生态文明"的基本要求，生产发展是新农村的物质基础，要达到生产发展的目的，就要激活生产力中的关键因素，并提高生产产出，即转移农村剩余劳动力，优化农村生产资源，扩大农村产业收益；生活富裕是新农村建设的核心目标，要达到生活宽裕的目标，就要开辟各种增收渠道，增加农民收入，建设与改善农民生活直接相关的基础设施；生态文明就是改善农民生存状态，包括建设舒适宜人的居住环境和减少环境污染、控制外部环

89

境的灾害性影响。此外，受首都中心城区功能辐射影响，北京郊区的农村居民点功能也呈现多样化特征，农村工商企业发展，居民就地就业和工资性收入提升；而居住空间围绕耕地和园地而建，也体现了传统乡村人与自然的和谐为价值取向，在一定程度上构成了农村的生态文明。因此，针对北京市郊区农村居民点用地的表现特征，也按照综合性、层次性、区域性以及指标非共线性、易量化性和操作简便性等原则，从生产、生活和生态3个方面选取农村居民点效用评价指标（见表6-1）。其中，生活效用侧重于居民生活质量的考虑，选取房屋建筑结构、楼房面积比例、公共服务设施完善度和道路质量4项指标表达农村住房条件的改善和居民生活便利程度；生产效用从"土地—人口—产业"综合的角度选取人均耕地面积、非农产业用地面积比例、村内就业人口比例、农民人均收入和集体经济产出5项指标用于表征农村居民点资源条件及其吸纳就业人口和产出效益水平；生态效用从"自然环境与生态设施"相结合的角度选择村域生态用地面积比例、污水处理率、垃圾处理率、能源使用率4项指标反映人工社会对农村的生态保育能力和环境保护与污染治理能力。

表6-1　　　　　　　　　　农村居民点集约利用评价指标体系

目标层	准则层	指标层	计算公式	参数说明与含义
农村居民点强度（T）	用地规模	农村居民点面积	A	A 指村域范围内农村居民点用地面积，平方米。
		平均斑块面积	MPS = A/N	MPS 指村域范围内农村居民点斑块的平均面积，平方米；N 指农村居民点斑块个数。
		农村居民点面积占比	ρ = A/R × 100%	ρ 指村域内农村居民点总面积占村域面积的比例，%；R 指村域总面积。
		人均农村居民点面积	PCL = A/P	PCL 指村域内每个人口对农村居民点的占用数，平方米/人；P 指村域内总人口数。
	用地结构	住宅用地比例	Pre = Are/A × 100%	Pre 指村域内宅基地面积占农村居民点面积的比例，%；Ar 指村域内宅基地面积。
		公共服务与管理用地比例	Ps = As/A × 100%	Ps 指村域内公共服务与公共管理用地面积占农村居民点面积的比例，%；As 指村域内公共服务与公共管理用地面积。

目标层	准则层	指标层	计算公式	参数说明与含义
农村居民点强度（T）	用地结构	道路用地比例	$Pro = Aro/A \times 100\%$	Pro 指村域内道路面积占农村居民点面积的比例，%；Aro 指村域内道路用地面积。
		公园绿地面积比例	$Pp = Ap/A \times 100\%$	Pp 指村域内公园绿地面积占农村居民点面积的比例，%；Ap 指村域内公园绿地用地面积。
		闲置地面积比例	$Pf = Af/A \times 100\%$	Pf 指村域内闲置用地面积占农村居民点面积的比例，%；Af 指村域内闲置用地面积。
	空间布局	居民点密度	$PD = N/A$	PD 指村域范围内每公顷的农村居民点个数。
		斑块形状指数	$S = 0.25P/\sqrt{A}$	P 为农村居民点斑块边界总长度，m；斑块形状指数反映农村居民点斑块形状复杂程度，指数越大，说明农村居民点斑块越不规整。
		斑块分维数	$FD = \dfrac{2\ln(P/4)}{\ln A}$	FD 表示景观形态的复杂性和稳定性，理论值为 1~2；FD=1 表示景观斑块的形状为正方形；FD=2 表示景观斑块的形状最复杂；FD=1.5 表示景观分布处于一种类似于布朗运动的随机状态，即最不稳定。
		斑块平均最邻近指数	$ANN = \dfrac{2\sqrt{\lambda}}{\dfrac{N}{\sum d_i}}$	ANN 通过平均距离和假设随机分布的期望平均距离进行比较，反映空间分布集聚或随机状态，ANN<1 说明空间集聚，而 ANN>1 则趋向于随机分布；di 为第 i 点与其最近邻点之间的距离；λ 为点的分布密度。
农村居民点效用（B）	生活效用	房屋建筑质量	$Qbc = Nm/Nb \times 100\%$	Qbc 指房屋建筑质量，%；Nm 为砖混结构房屋数量，Nb 为村域内房屋总数量。
		楼房数量比例	$Pbn = Nbn/Nh \times 100\%$	Pbn 指楼房数量比例，%；Nbn 为村域内居住楼房的户数，Nh 为村域农户总数量。
		公共服务设施完善度	$F = n/7 \times 100\%$	F 为设施完善度，%；n 指村庄内 7 种公共服务设施（包括供水系统、排水系统、垃圾处理设备、卫生室、学校、文化站、健身场所）拥有的种类数。
		道路质量	$RQ = Ahr/Aro \times 100\%$	RQ 指道路质量，%；Afr 为硬化农村道路面积。

目标层	准则层	指标层	计算公式	参数说明与含义
农村居民点效用（B）	生产效用	人均耕地面积	AC = Acl/P	AC 指人均耕地面积，Acl 为村域内耕地面积。
		第二、第三产业用地面积比例	Pi = Ai/A ×100%	Pi 指第二、第三产业用地面积比例，%；Ai 指村域内第二、第三产业用地的总面积。
		村内就业人口比例	PEP = Pe/P ×100%	PEP 指就业人口比例，%；Pe 为本村内就业人数。
		农民人均收入	PCI	PCI 指近 3a 本村农民人均收入，元/人。
		集体经济产出	EO	EO 指近 3a 本村经济总收入，万元。
	生态效用	生态用地面积比例	Pel = Ael/R ×100%	Pel 指生态用地面积比例，%；Ael 为村域内非建设用地和未利用土地的面积。
		污水处理率	Pwp = Nhwp/Nh ×100%	Pwp 指村域内污水处理率，%；Nhwp 为村域内污水集中处理的户数。
		生活垃圾处理率	Pgd = Nhgd/Nh ×100%	Pgd 指村域内垃圾处理率，%；Nhgd 为村域内生活垃圾集中处理的户数。
		能源使用率	Peu = Nheu/Nh ×100%	Peu 指村域内能源使用率，%；Nheu 为村域内液化气、太阳能新能源使用的户数。

6.1.3 评价指标权重计算

权重是衡量各项指标相对作用大小的具体量度，指标权重的合理与否直接影响后续评价结果的科学性、准确性和可靠性。当前评价指标权重确定方法有主观分析法和客观分析法，两种方法各有优劣。熵权法作为一种确定指标权重的客观方法，具有较强的数学理论依据，在社会经济研究领域得到广泛应用。因此，本研究利用主观与客观分析相结合的方法确定权重，首先采用熵权法，逐步计算各指标的熵值、差异性系数，得到各评价指标的初始权重；然后以初始权重为基础，咨询相关专家对个别指标权重进行调整，实现决策者主观判断与待评价对象信息的有机结合，确定各指标的最终权重（见表 6-2）。

表6-2 农村居民点集约利用评价的指标权重分值

农村居民点强度				农村居民点效用			
准则层	权重值	目标层	权重值	准则层	权重值	目标层	权重值
用地规模	0.433	农村居民点面积	0.0909	生活效用	0.436	房屋建筑质量	0.1395
		平均斑块面积	0.0909			楼房数量比例	0.0698
		农村居民点面积占比	0.1169			公共服务设施完善度	0.1308
		人均农村居民点面积	0.1342			道路质量	0.0959
用地结构	0.295	住宅用地比例	0.0679	生产效用	0.314	人均耕地面积	0.0628
		公共服务与管理用地比例	0.0531			第二、第三产业用地面积比例	0.0691
		道路用地比例	0.0472			村内就业人口比例	0.0440
		公园绿地面积比例	0.0413			农民人均收入	0.0879
		闲置地面积比例	0.0856			集体经济产出	0.0502
空间布局	0.372	居民点密度	0.1042	生态效用	0.250	生态用地面积比例	0.0550
		斑块形状指数	0.0595			污水处理率	0.0775
		斑块分维数	0.1190			生活垃圾处理率	0.0775
		斑块平均最邻近指数	0.0893			能源使用率	0.0400

1. 指标数据的标准化处理

根据评价指标的正负作用关系采用极差标准化法（式6-1、式6-2）消除量纲、数量级和正负作用关系的影响，将各指标数据值量化在0~1之间。

$$x_i' = \frac{x_i - x_{imin}}{x_{imax} - x_{imin}} \text{（正向指标）} \qquad \text{（式6-1）}$$

$$x_i' = \frac{x_{imax} - x_i}{x_{imax} - x_{imin}} \text{（正向指标）} \qquad \text{（式6-2）}$$

式中 x_i' 表示第 i 项指标的归一化值，x_i、x_{imax}、x_{imin} 分别为第 i 项评价指标的实际值、最大值和最小值。

2. 评价指标的熵值计算

$$e_i = -k \sum G_i \times \ln G_i \qquad \text{（式6-3）}$$

$$G_i = \frac{x_i'}{\sum x_i'} \qquad\qquad (式 6-4)$$

$$k = \frac{1}{\ln^n} \qquad\qquad (式 6-5)$$

式中 e_i 表示第 i 项指标的熵值，C_i、n 分别为第 i 项评价指标的综合标准化值和评价单元个数。

3. 评价指标的差异性系数与权重计算

$$d_i = 1 - e_i \qquad\qquad (式 6-6)$$

$$W_i = \frac{d_i}{\sum d_i} \qquad\qquad (式 6-7)$$

式中 W_i 表示第 i 项指标的权重，d_i 为第 i 项评价指标的差异系数。

6.1.4 评价指标标准化处理

迄今为止，农村居民点集约利用评价尚无统一的评判标准，处于不断地探索之中。农村居民点集约利用的评价标准包括绝对控制标准和相对控制标准，其中，绝对标准是由国家主管行政部门统一确定的标准，是通过农村居民点用地的演进规律及其与自然、社会、经济、政策等影响因素的相互关系来合理定位农村居民点的实际状况，从而确定一套在某个时期某个范围内的统一标准，其优点是容易进行横向及纵向的对比分析，确定是指标临界值确定比较困难；相对标准则不是由国家行政主管部门制定的统一标准，而是各地区根据自身的特点制定的具有针对某个方面的指标标准，划分自己的等级，只适用与某个特点区域的纵向对比分析，对于大范围的横向比较分析具有一定的约束，比较结果有待于进一步验证。

按照各指标含义和计算方法（见表 6-1）测算指标分值后，分别采用目标标准化（式 6-8）和极差标准化方法（式 6-9）对各项指标分值进行归一化处理。其中，各指标的标准值采用以下方法确定：

（1）国家和地方制定的各种技术规范及有关规程，如《村镇规划标准》（GB50188—2007）确定的用地结构比例、《北京市人民政府关于加强农村村民建房用地管理若干规定（修正）》确定的农村"三废"处理率等。

（2）采用理想化值作为比较标准，如闲置地面积比例。

（3）参考当地相关规划的合理技术指标，如农村居民点面积、建筑密度、道路质量等。

（4）参考相关计量模型的理论分值，如斑块形状指数、分维数和斑块最邻近平均距离指数等参照 Fragstas 软件中对各项指标的说明和理论最大值确定。

（5）经济效应指标，参考全国同类地区或当地某个时间段统计资料的具体代表性分值确定，如人均耕地面积、人均收入、经济产出等。

（6）缺乏国家、地方技术标准参照时，通过专家咨询和问卷调查等方式确定，如房屋建筑质量、楼房数量比例等。

$$x'_{ij} = \begin{cases} \dfrac{x_{ij}}{x_{i.mb}} & 正效应 \\[2ex] 1 - \dfrac{x_{ij}}{x_{i.mb}} & 负效应 \end{cases} \qquad （式6-8）$$

$$x'_{ij} = \begin{cases} (x_{ij} - x_{i.min})/(x_{i.max} - x_{i.min}) & 正效应 \\[1ex] (x_{i.max} - x_{ij})/(x_{i.max} - x_{i.min}) & 负效应 \end{cases} \qquad （式6-9）$$

式中：x'_{ij} 为指标归一化分值；x_{ij} 为指标现状分值；$x_{i.mb}$ 为指标目标分值；$x_{i.max}$ 为指标现状最大分值，$x_{i.min}$ 为指标现状最小分值。当采用（式3-8）标准化处理数据时，若 x'_{ij} 大于 1，其取值为 1。

6.1.5　农村居民点集约化测度模型

1. 农村居民点集约利用度计算模型

在分别计算农村居民点强度指数（T_i）与效用指数（B_i）的基础上，构建农村居民点集约度指数（P_i），如（式6-10）。

$$P_i = \frac{T_i}{B_i} = \frac{\left(\sum_{j=1}^{6} \omega_t Q'_{ij} \right)}{\left(\sum_{j=1}^{9} \omega_b G'_{ij} \right)} \qquad （式6-10）$$

式中：Q'_{ij} 与 G'_{ij} 分别为农村居民点强度指标和效用指标的标准化分值；ω_t 与 ω_b 分别为农村居民点强度指标和效用指标的权重。农村居民点集约度指数（P_i）反映了经济社会发展过程中农村居民点强度与效用之间的"脱钩"关系，当农村居民点投入强度高于产出效用时为相对脱钩，即粗放利用状态；当农村居民点投入强度低于产出效用时为绝对脱钩，即集约利用状态。

2. 农村居民点集约利用模式识别模型

对某一区域而言，农村居民点集约度有纵向和横向之分，纵向集约度主要用来分析区域不同时间段的农村居民点集约化程度的变化情况，可以建立变化率模型进行动态监测；横向集约度主要是对区域的各单元农村居民点集约程度进行比较，并针对各单元的差异进行类别划分，可以采用互斥性矩阵和坐标象限等方法进行识别（刘玉，2011）。

参考张文斌（2013）、李效顺（2008）和 Tapio（2005）等研究脱钩状态划分的弹性值，若集约度指数 $P_i \in (0, 0.8]$，表明农村居民点强度低、效用高，即产出大于投入，农村居民点处于绝对集约状态；若集约度指数 $P_i \in (0.8, 1.2]$，表明农村居民点投入产出基本均衡，农村居民点处于相对集约状态；若集约度指数 $P_i \in (1.2, +\infty]$，表明农村居民点投入强度大而产出效用低，农村居民点处于粗放甚至耗损状态。这说明大强度和高效用未必一定是集约利用，两者存在着边际效应，且单一采用脱钩状态划分的弹性值只能粗略划分出 3 种农村居民点利用模式，在农村居民点强度指数不同和效用指数相同的情况下，就会掩盖或夸大农村居民点强度指数和效用指数在所有样本中的可比性，容易产生农村居民点集约利用模式判别的模糊性，需要按照组合特征详细分解来确定。因此，本研究引入变异系数对农村居民点集约度指数进行修正，并结合弹性值从定量分析的角度进行集约化模式识别。

首先，计算各评价单元农村居民点强度指数均值（$\bar{T}$）、效用指数均值（$\bar{B}$）以及相对应的标准差 σ_T 和 σ_B。在此基础上，计算农村居民点强度变异系数（T_i'）和效用变异系数（B_i'），构建农村居民点集约度修正指数（P_i'）模型，如（式 6 – 11）～（式 6 – 15）所示。

$$\bar{T} = T_1 + T_2 + \cdots\cdots + T_n = \sum_{i=1i}^{n} T_i / n \qquad （式 6 – 11）$$

$$\bar{B} = B_1 + B_2 + \cdots\cdots + B_n = \sum_{i=1i}^{n} B_i / n \qquad （式 6 – 12）$$

$$\sigma_T = \sqrt{\sum_{i=1}^{n}(T_i - \bar{T})^2/(n-1)} \qquad （式6-13）$$

$$\sigma_B = \sqrt{\sum_{i=1}^{n}(B_i - \bar{B})^2/(n-1)} \qquad （式6-14）$$

$$P_i' = \frac{T_i'}{B_i'} = \frac{\left(\dfrac{T_i - \bar{T}}{\sigma_T}\right)}{\left(\dfrac{B_i - \bar{B}}{\sigma_B}\right)} \qquad （式6-15）$$

然后，考虑农村居民点强度变异系数和效用变异系数的正负取值和比值关系，结合脱钩理论弹性值（$P_1' = 0.8$，$P_2' = 1.2$），建立 $T_i'-B_i'$ 坐标图（见图6-1），按照"生态优先、集约次之、粗放再次和耗损最次"的基本原则以及集约由强到弱到衰退和粗放由弱到强到扩张的递进式衰减原则，对农村居民点集约利用模式进一步细分。

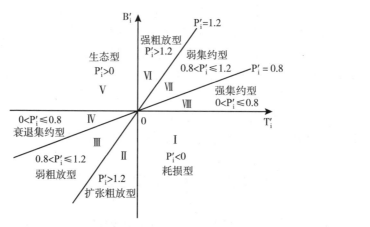

图6-1 农村居民点集约度修正系数坐标图

注：T_i' 为强度变异系数；B_i' 为效用变异系数；P_i' 为集约度修正指数。

资料来源：笔者根据研究内容绘制。

3. 农村居民点集约化障碍诊断模型

农村居民点集约化研究的目的，既在于对农村居民点现状水平进行评判，更重要的是寻找影响集约化的障碍因素，以便有针对性地为农村居民点整治和新农村建设等行为以及"城乡建设用地增减挂钩"等相关政策的落实提供科学依据，因此，对农村居民点集约利用进行病理诊断。为简化和清楚表达问题，引入"因子贡献度""指标偏离度"和"指标障碍度"参数，构建农村居民点集约化障碍诊断模型，如（式 6 – 16）：

$$A_i = D_i \times R_i / \sum_{k=1}^{n} (D_i \times R_i) \times 100\% \qquad （式 6 – 16）$$

式中：A_i 为指标障碍度，即单项因素对集约化综合水平的影响值，是障碍诊断的目标与结果，其分值大小排序可以确定农村居民点集约化障碍因素的主次关系和各障碍因素对集约利用的影响程度。D_i 为指标偏离度，即单项指标集约度评估值与 100% 之差，可以表达为 $D_i = 1 - x'_{ij}$；R_i 为因子贡献度，即单项因素对总体目标的影响程度，可直接采用农村居民点强度指标与效用指标的权重。

6.2 农村居民点用地强度分析

首先，按照全区地貌特征的不同，并沿袭当地普遍认可的划分方式，在不打破乡镇行政界限的前提下，把研究区分为平原、半山区和山区 3 种类型，其中平原区包括平谷镇、东高村镇、马坊镇、马昌营镇、大兴庄镇和王辛庄镇，半山区包括夏各庄镇、金海湖镇、山东庄镇、南独乐河镇和黄松峪乡；山区包括大华山镇、镇罗营镇、刘家店镇和熊儿寨乡，各区域面积分别约占辖区总面积的 1/3。在此基础上，对农村居民点强度和效用的各项指标分布情况进行统计分析。

6.2.1 农村居民点用地规模分析

平谷不同地貌类型的农村居民点用地规模特征基本统计情况如表 6 – 3 所示。可以发现，全区居民点用地规模超过 30 公顷的村庄占 19.42%，10 ~ 30 公顷的占 54.96%，不足 5 公顷占 9.09%，村域农村居民点用地规模差异显著。全区 81.40% 的居民点平均斑块面积不足 2 公顷，空间破碎化程度较为严重。农村居民点面积占比超过 10% 的村庄数量占全区的 44.63%，多位于自然—经济环境条件较好的平原和半山区，全区农村居民点用地在数量和规模上符合"平原区大而多，山区小而少"的规律，规模特征差异受地形地貌影响显著。农村居民点面积低于全国最低标准 140 平方米/人的数量仅有 7.58%，主要分布在平原地区；处于 140 ~ 232 平方米/人的农村居民点数量占据主导，占总数的 77. 51%，也是不同地貌类型区的主导居民点类型；大于 232 平方米/人的农村居民点数量占 14. 91%。可见，平谷区农村居民点存在严重的用地超标问题，并且在不同区域均十分显著。

表 6 - 3　　　　　　　　农村居民点用地规模指标分级统计

评价指标	分级标准	平原区	半山区	山区	总计
不同规模分级的农村居民点数量比例/%	<5 公顷	0.83	1.65	6.61	9.09
	5 ~ 10 公顷	5.37	3.72	7.44	16.53
	>10 ~ 30 公顷	29.75	15.7	9.5	54.96
	>30 公顷	9.92	8.68	0.83	19.42
不同平均斑块面积分级的农村居民点数量比例/%	<1 公顷	10.74	13.22	13.64	37.6
	1 ~ 2 公顷	21.9	13.22	8.68	43.8
	>2 公顷	13.22	3.31	2.07	18.6
不同面积占比分级的农村居民点数量比例/%	<5%	2.48	11.57	18.6	32.64
	5 ~ 10%	12.4	4.96	5.37	22.73
	>10%	30.99	13.22	0.41	44.63
不同人均农村居民点面积分解的农村居民点数量比例/%	<140 平方米/人	4.73	2.12	0.73	7.58
	>140 ~ 232 平方米/人	34.59	24.36	18.56	77.51
	>140 ~ 232 平方米/人	6.55	3.27	5.09	14.91

资料来源：笔者根据计算结果整理编制。

利用 Natural Breaks 方法将农村居民点用地规模特征指数分成 3 级（见图 6 - 2）。指数分值介于 0. 70 ~ 0. 94 的农村居民点，平用地规模为 35. 08 公顷，主要位于平谷城区周边的王辛庄、马昌营、东高村、大兴庄等乡镇，区域地形平坦、交通条件优越、经济发展水平高，为较大规模农村居民点的形成提供基础。而指数介于 0. 40 ~ 0. 70 的农村居民点，平均为 20. 43 公顷，规模中等，数量占到全区 48. 76%，分布范围广，在平原区围绕大规模村庄分布，而在山区则为乡村地域的中心。另外，指数低于 0. 40 的为小规模村落，平均为 8. 41 公顷，多位于平谷北部及东部山麓地带，受地形条件及耕地资源匮乏等多重因素限制，区域农村居民点狭小且稀疏。

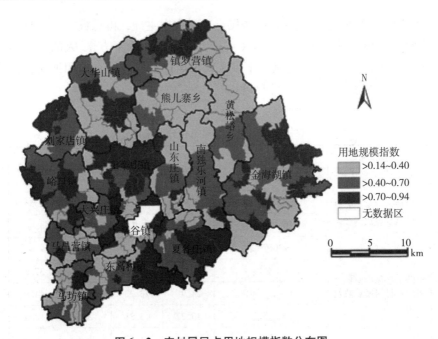

图 6 - 2 　农村居民点用地规模指数分布图

资料来源：笔者根据计算结果绘制。

6.2.2 　农村居民点内部结构分析

按照土地功能，参考《村镇规划标准》（GB50188—2007）中对村镇建设用地的标准设定，将农村居民点内部结构划分为居住用地（宅基地）、公共管理与服务设施用地、道路广场用地、公园绿地和闲置地。全区农村宅基地占居民点总面积的 70.99%、公共管理与服务设施用地占 7.19%、道路广场用地占 8.39%、公园绿地占 2.22%、闲置用地占 7%，农村居民点内部的宅基地占据主导，但略高于合理设定标准；其他几类用地均处于合理设定标准范围内，但偏于低水平状态；另外，由于规划管理的失位和资金等其他生产要素配置分散，造成居民点内部出现了大量的闲置宅基地和废弃厂矿用地，影响了农村居民点用地结构的合理化。按照《村镇规划标准》（GB50188—2007）来看，整体上农村居民点处于低度集约，农村居民点以提供农民居住为主要功能，与首都不同城市功能区的海淀区、顺义区相比，农村城镇化水平较低（曲衍波，2011）。

对不同地貌类型而言（见表 6 - 4），平原区农村居民点内部居住用

地比例低于半山区和山区，平原区居住用地比例多处于 55% ~ 70%，
而山区和半山区的居住用地比例多在 70% 以上。公共服务和公共管理
用地的比例表现出与居住用地相似的分布状态，平原地区的公共服务和
公共管理用地的比例多处于 6% ~ 12%，而山区和半山区多低于 6%；
道路广场用地面积比例变现为半山区 > 平原区 > 山区，半山区的道路广
场用地面积比例以低于 16% 为主，平原区则多数处于 9% ~ 16%，而山
区多低于 9%；公园绿地面积比例表现为山区 > 平原区 > 半山区，山区
的公园绿地面积比例多高于 4%，平原区多低于 2%，半山区多处于
2% ~ 4%；闲置用地面积比例表现为半山区 > 平原区 > 山区，三个地区
的均存在显著的农村居民点闲置用地。另外，除了以上用地外，农村居民
点内部还存在一定的产业用地，表现为平原高于半山区和山区，尤其是平
谷镇、马坊镇、峪口镇、夏各庄镇和东高村镇明显高于其他乡镇，这主要
受大都市辐射与扩散、交通优势的带动以及乡村工业化等多因素复合作
用，农村非农产业发展迅猛，造成了工商企业用地的大幅增加。

表 6 - 4　　　　　　　　农村居民点用地结构指标分级统计

评价指标	分级标准	平原区	半山区	山区	总计
不同居住用地占比分级的农村居民点数量比例/%	≤55	0.73	0	0	0.73
	>55 ~ 70	28.17	10.07	2.18	40.42
	>70	13.65	18.65	26.55	58.85
不同公共服务与公共管理用地占比分级的农村居民点数量比例/%	≤6	6.18	11.65	15.27	33.1
	>6 ~ 12	23.45	10.32	8.79	42.56
	>12	12.92	6.75	4.67	24.34
不同道路广场用地占比分级的农村居民点数量比例/%	≤9	11.34	14.32	18.76	44.42
	>9 ~ 16	28.66	13.67	9.97	52.3
	>16	2.55	0.73	0	3.28
不同公园绿地占比分级的农村居民点数量比例/%	≤2	22.65	7.86	5.75	36.26
	>2 ~ 4	13.28	11.21	8.34	32.83
	>4	6.62	9.65	14.64	30.91
不同闲置用地占比分级的农村居民点数量比例/%	0	4	2.55	1.09	7.64
	>0	38.55	26.17	27.64	92.36

资料来源：笔者根据计算结果整理编制。

用地结构指数分级结果显示（见图6-3）：介于0.94~0.97的农村居民点，其内部用地结构组合相对合理，主要分布在半山区的大华山、金海湖等乡镇，该区域是平谷的半山区是平原区和山区的过渡地带，兼具山区和平原区的自然与人文特征，农村居民点用地具有平原和山区的双重特色，在某种意义上起到城乡纽带和经济中心的传递作用，产业活动诉求高、强度大，农村居民点承担着多样功能，从而使内部结构呈现多样化；介于0.47~0.76的农村居民点主要分布在平原区，它们临近新城，受城市辐射的影响较大，某些经济活动依托城市，相对半山区而言，居民点功能多样性较弱，用地结构相对简单；而低于0.47的农村居民点在山区分布较大，人们的经济活动以小农经济为主，产业活动诉求低，农村居民点功能单一，用地结构简单。

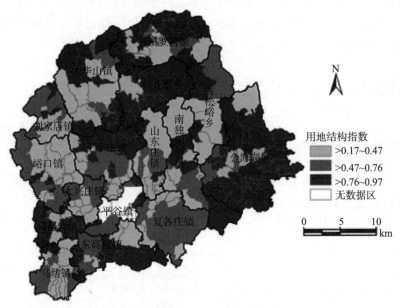

图6-3 农村居民点用地结构指数分布图

资料来源：笔者根据计算结果绘制。

6.2.3 农村居民点空间形态分析

总体来看，平谷区农村居民点分布密度为3.45个/公顷，从平原区到半山区再到山区，农村居民点密度依次为1.63、3.74和5.87，表现

为从平原到山区农村居民点分布更为零散。全区斑块形状指数介于
0.95 ~ 2.81，其中斑块形状指数大于 2 的村庄占 31.4%，说明区域村庄
空间形态特征差异较大，部分边界较不规则，复杂程度高。从分维数结
果来看，全区分维数介于 1.25 ~ 1.86，分维数接近 1.5 的居民点数量占
全区的 17.35%，表明该部分居民点边界复杂且空间发展态势不稳定。
另外，平均最邻近指数介于 0.26 ~ 2.68，其中数值大于 1.5 的农村居民
点数量占 35.54%，说明该部分居民点空间分布散蔓，缺乏有效集聚
（见表 6 - 5）。

表 6 - 5　　　　　　农村居民点空间形态指标分级统计

评价指标	分级标准	平原区	半山区	山区	总计
斑块密度分级的农村居民点数量比例/%	>1 ~3/个·hm⁻²	34.33	8.21	1.45	43.99
	>3 ~6/个·hm⁻²	11.54	18.09	7.5	37.13
	>6/个·hm⁻²	0	3.45	15.43	18.88
斑块形状指数分级的农村居民点数量比例/%	0.95 ~1.2	9.09	4.96	5.37	19.42
	>1.2 ~2.0	19.79	16.79	12.59	49.18
	>2.0 ~2.81	16.99	8	6.41	31.4
分维数分级的农村居民点数量比例/%	1.25 ~1.45	23.97	13.22	15.29	52.48
	>1.45 ~1.55	7.81	5.86	3.69	17.35
	>1.55 ~1.86	14.09	10.67	5.4	30.17
平均最邻近指数分级的农村居民点数量比例/%	0.26 ~1	18.41	14.02	10.54	42.97
	>1 ~1.5	11.57	4.96	4.96	21.49
	>1.5 ~2.68	15.89	10.77	8.89	35.54

资料来源：笔者根据计算结果整理编制。

形态特征指数分级结果显示（见图 6 - 4）：介于 0.68 ~ 0.92 的农
村居民点，空间形态较为规整，主要位于平原区的马昌营、大兴庄、王
辛庄、东高村及半山区的大华山等乡镇，区域农村居民点发育相对成
熟，多为块状或组团状，边界规则程度高，分布较为集中。相比之下，
指数介于 0.45 ~ 0.68 的农村居民点，形态规整程度一般，主要分布在
平原区的马坊，半山区的金海湖和夏各庄及山区的镇罗营等镇；一方

面，部分乡镇地势相对平坦，立地条件优越，农村居民点散布于耕地、园地等农业生产型地类之中，空间上缺乏有效集聚，用地功能混杂低效；另一方面，这些区域经济发展较好，乡镇工业和基础设施建设活动频繁，进一步导致了农村居民点边界的复杂性和不稳定性。另外，形态特征指数小于 0.45 的居民点，主要分布于东北部山区，特殊的地形条件导致其往往沿着道路与河流零星散布，斑块之间距离较大，空间联系多为不便。

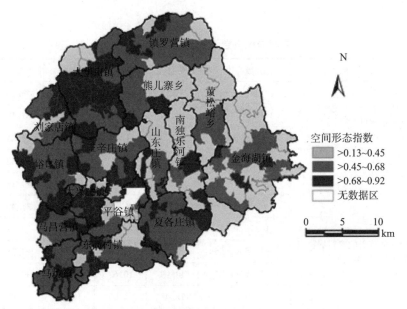

图 6－4　农村居民点用地空间形态分布图
资料来源：笔者根据计算结果绘制。

6.3　农村居民点用地效用分析

6.3.1　农村居民点生活效用分析

平谷区农村居民点内的房屋建筑质量分值为 76.54%，整体上以砖混结构为主，从平原区到半山区再到山区，房屋建筑质量逐渐降低，在

个别山区村庄房屋建筑为泥土结构的仍有较多；在楼房数量方面，全区
农村居民点内楼房数量占住房总面积的 18.76%，尤其是楼房数量比例
在 50% 以上的村庄几乎没有，平房为农村居民点的主要的居住形式，
楼房数量比例从平原到山区也是逐渐降低；农村居民点内的公共服务设
施配置完备度水平整体较高，全区平均量化分值为 70.34%，从平原到
山区的均以高配置为主；同时，平谷区农村道路质量也比较好，全区平
均量化分值为 91.45%，无论在平原还是山区均以高度硬化率为主（见
表 6 - 6）。

表 6 - 6　　　　　　　　农村居民点生活效用指标分级统计

评价指标	分级标准	平原区	半山区	山区	总计
不同房屋建筑质量分级的农村居民点数量比例/%	≤60	4.52	6.65	9.65	20.82
	>60 ~ 80	6.54	9.83	3.09	19.46
	>80	34.81	13.27	11.64	59.72
不同楼房数量比例分级的农村居民点数量比例/%	≤20	29.75	25.67	22.56	77.98
	>20 ~ 50	12.56	4.08	1.82	18.46
	>50	3.56	0	0	3.56
不同公共服务设施完善度分级的农村居民点数量比例/%	≤42.86	8.55	4.59	7.86	21
	>42.86 ~ 71.43	18.67	7.53	6.14	32.34
	>71.43	18.65	17.63	10.38	46.66
不同道路质量分级的农村居民点数量比例/%	≤60	5.39	3.14	4.87	13.4
	>60 ~ 90	11.83	8.96	4.19	24.98
	>90	28.65	17.65	15.32	61.62

资料来源：笔者根据计算结果整理编制。

105

综合生活效用指数分级结果显示（见图 6 - 5）：介于 0.62 ~ 0.87
的农村居民点，生活效用整体较高，主要位于西南部平原区的马坊、马
昌营、大兴庄、东高村及峪口等乡镇，区域经济发展水平相对较高，农
村居民点内的房屋建设质量较高，基础设施配套比较完善。相比之下，
指数介于 0.36 ~ 0.62 的农村居民点，生活效用一般，占据区域的主导，
广泛分布于丘陵地带的山东庄、南独乐河、夏各庄、金海湖、刘家店、

平原地区的平谷、王辛庄、大兴庄和山区的大华山、熊儿寨等乡镇；而生活效用指数小于 0.36 的农村居民点，主要分布于北部镇罗营、黄松峪和东部金海湖的山区，恶劣的地理条件和闭塞的交通条件，导致其房屋、基础设施和道路等建设相对落后。

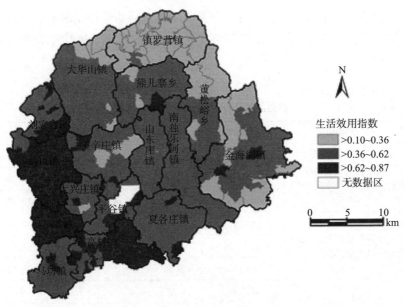

图 6-5　农村居民点用地的生活效用分布图
资料来源：笔者根据计算结果绘制。

6.3.2　农村居民点生产效用分析

平谷区人均耕地面积 1.36 亩/人，略低于全国平均水平，到明显高于北京市的平均水平，从平原区到半山区再到山区，人均耕地面积逐渐降低，这与土地利用的地形分异具有较大的关联；全区工业和第三产业的发展水平降低，产业用地面积比例均值为 6.84%，低于国家乡镇建设标准的最低值，从平原到山区存在较大差异，平原和半山区以中等水平为主，山区则以低等水平为主，除个别具有旅游资源的村庄外，大部分山区农村仍以传统农业发展为主；受产业用地规模偏低影响，全区村内就业人口比重也相对较低，不足总人口的 30%，大部分年轻人外出打工，部分中年劳动力以兼业为主，而留守老人的比重占 50% 以上，尤其是山区的这种现象更为明显；全区农民人均收入 15000 元左右，较全国平均水平偏高，但低于北京市的平均水平，有 32.29% 的村庄农民人均收入大于 20000 元，主要分布在平原地区，有 28.83% 的村庄农民人均收入小于 11000 元，在平原地区和半山区分布较多；全区农村集体经济收入均值为 16.58 万元，大于 20 万元的村庄只有 24.71%，主要分布在平原地区，小于 5 万元的村庄占 28.26%，在各地区均有分布（见表 6-7）。

表 6-7　　　　　　　　农村居民点生产效用指标分级统计

评价指标	分级标准	平原区	半山区	山区	总计
不同人均耕地面积分级的农村居民点数量比例/%	≤0.2 亩	3.06	6.65	7.78	17.49
	>0.2~1.4 亩	16.05	8.45	9.86	34.36
	>1.4 亩	26.76	14.65	6.74	48.15
不同产业用地面积比例分级的农村居民点数量比例/%	≤7	11.47	11.34	16.76	39.57
	>7~13	20.75	13.65	6.45	40.85
	>13	13.65	4.76	1.17	19.58
不同村内就业人口比例分级的农村居民点数量比例/%	≤30	10.77	7.21	4.95	22.93
	>30~60	15.33	9.76	11.87	36.96
	>60	19.77	12.78	7.56	40.11
不同农民人均收入分级的农村居民点数量比例/%	≤11000 元/人	12.43	10.65	5.75	28.83
	>11000~20000 元/人	17.77	9.35	11.76	38.88
	>20000 元/人	15.67	9.75	6.87	32.29
不同集体经济产出分级的农村居民点数量比例/%	≤5 万元	10.16	7.43	10.67	28.26
	>5 万~20 万元	16.74	18.65	11.64	47.03
	>20 万元	18.97	3.67	2.07	24.71

资料来源：笔者根据计算整理编制。

綜合生产效用指数分级结果显示（见图 6-6）：全区农村居民点的生产效用指数偏低，只有 0.38；介于 0.47~0.73 的农村居民点，生产效用水平整体较高，分布相对分散，在中心城区附近的平谷、东高村、夏各庄、山东庄等乡镇分布较多，一方面，平原地区的耕地资源比较丰富；另一方面，受中心城区辐射带动，周边村庄的产业得到一定发展，并吸引解决村民就业，村集体经济和农民收入水平得到提高。相比之下，指数介于 0.24～0.47 的农村居民点，生产效用一般，乡村产业资源和区位条件中等，呈放射状分布在高等别生产效用村庄的周边，王辛庄、大华山、熊儿寨等乡镇分布相对集中。而生产效用指数小于 0.24 的农村居民点，受自然环境和地理条件的影响，产业资源相对匮乏，生产效用降低，与生活效用分布相似，集中在北部镇罗营、黄松峪和东部金海湖的山区。

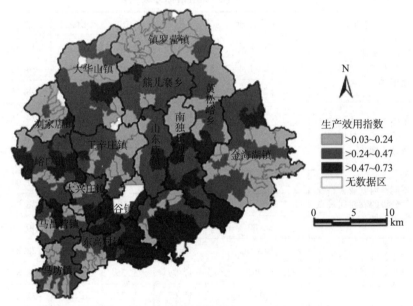

图 6 - 6　农村居民点用地的生产效用分布图

资料来源：笔者根据计算结果绘制。

6.3.3　农村居民点生态效用分析

平谷区村庄的生态用地面积比例在 60% 以上，生态环境整体较好，从平原区到半山区再到山区，村庄的生态用地面积比例逐渐增加，平原区以中度水平为主，半山区和山区则以高度水平为主，与地形分异高度吻合；全区农村污水处理率水平一般，且存在明显的地域差异，平原地区的污水处理率较高，半山区以中度处理率为主，山区的污水处理率整体上低于22%；全区生活垃圾处理率水平较高，处理率大于60%的村庄占81.7%，且从平原到山区均以高度处理率为主；全区农村的能源使用率以中等水平为主，50%的村庄能源使用率在40%～60%，只有30%的村庄能源使用率高于60%，在平原、半山区和山区均表现出相似的特征（见表6-8）。

表6-8　　　　　　　　农村居民点生态效用指标分级统计

评价指标	分级标准	平原区	半山区	山区	总计
不同生态用地面积比例的农村居民点数量比例/%	≤60	3.99	6.24	2.08	12.31
	>60～80	22.24	10.75	5.76	38.75
	>80	19.64	12.76	16.54	48.94
不同污水处理率分级的农村居民点数量比例/%	≤22	8.55	9.32	9.95	27.82
	>22～50	14.67	11.67	8.76	35.1
	>50	22.65	8.76	5.67	37.08
不同生活垃圾处理率分级的农村居民点数量比例/%	≤60	8.24	4.17	5.89	18.3
	>60～80	10.85	8.72	6.93	26.5
	>80	26.78	16.86	11.56	55.2
不同能源使用率分级的农村居民点数量比例/%	≤40	7.48	5.94	6.87	20.29
	>40～60	22.65	14.76	12.64	50.05
	>60	15.74	9.05	4.87	29.66

资料来源：笔者根据计算结果整理编制。

综合生态效用指数分级结果显示（见图6-7）：全区农村居民点的生态效用指数为0.54，处于中等水平，南部地区高于北部地区，西部地区由于东部地区；介于0.57～0.78的农村居民点，生态效用水平整体较高，自南向北呈带状，在平原地区的马坊、马昌营、东高村、平谷镇内广泛分布，在半山区和山区则在河谷地带分布集中，从另一个方面也说明了平谷区村域范围内生态用地比例的差异不大，山区林地多而平原耕地广；相比之下，指数介于0.33～0.57的农村居民点，生态效用水平一般，主要是受污水处理率的高低影响较大，也是呈放射状分布在高等别生产效用村庄的周边，在平原和半山区的各乡镇内均有分布。而生态效用指数小于 0.33 的农村居民点，生态用地面积较多，但经济发展水平制约，农村的生态基础设施建设较差，家庭环保设施推广与使用程度较低，导致生态效用水平有所降低。

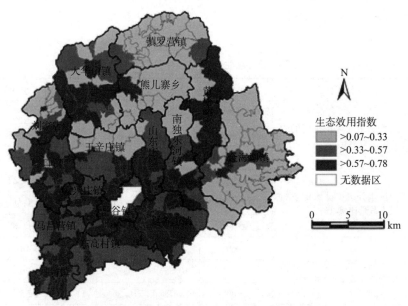

图 6-7　农村居民点用地的生态效用分布图
资料来源：笔者根据计算结果绘制。

6.4　农村居民点集约利用综合分析

6.4.1　农村居民点集约度等级分析

按照上述单因素分析，利用前文建立的评价方法，得到研究区 275 个行政村农村居民点强度、效用指数和集约度指数分别为 0.08～0.92、0.31～0.97 和 0.05～2.0。利用自然断点法（natural breaks），以 0.70 和 0.55 为临界值，划分农村居民点强度为高、中和低 3 个等级；同理，以 0.65 和 0.52 为临界值，划分农村居民点效用度为高、中和低 3 个等级；以 0.8 和 1.2 为弹性值，划分农村居民点集约度划分为高、中和

低 3 个等级。以乡镇为单元，统计各类型农村居民点数量如表 6 - 9
和图 6 - 8 所示。

表 6 - 9　　　平谷区农村居民点集约化等级的村庄数量汇总　　　单位: 个

乡镇名称	强度等级			效用等级			集约度等级		
	高	中	低	高	中	低	高	中	低
东高村镇	8	12	2	5	13	4	3	10	9
南独乐河镇	2	9	2	4	8	1	4	8	1
大华山镇	6	14	0	1	4	15	0	5	15
平谷镇	3	2	10	6	8	1	13	2	0
峪口镇	7	10	3	10	9	1	9	10	1
王辛庄镇	9	11	4	2	15	7	4	9	11
山东庄镇	4	5	3	2	9	1	2	8	2
刘家店镇	7	5	2	1	4	9	1	5	8
马昌营镇	5	8	4	5	12	0	3	10	4
大兴庄镇	5	10	3	2	12	4	1	7	10
夏各庄镇	6	6	3	3	11	1	2	10	3
镇罗营镇	8	11	2	0	1	20	0	2	19
熊儿寨乡	1	3	4	0	2	6	0	3	5
金海湖镇	13	10	5	0	8	20	1	6	21
黄松峪乡	1	3	4	1	3	4	5	2	1
马坊镇	3	12	5	3	15	2	3	14	3
全区	88	131	56	45	134	96	51	111	113

资料来源: 笔者根据计算结果整理编制。

　　结果显示，研究区农村居民点高、中、低强度等级的村庄个数分别
占 32.00%、47.64% 和 20.36%，整体以中等强度为主; 农村居民点
高、中、低等效用的村庄个数分别占 16.36%、48.73% 和 34.91%，整
体以中度效用为主; 农村居民点高度、中度和低度集约化村庄个数分别
占 18.55%、40.36% 和 41.09%，整体以低度和中度集约化为主，高度
集约化比例偏低，但空间分布相对比较集中。从各乡镇之间比较来看，

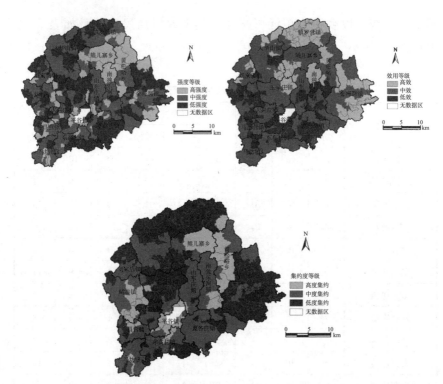

图6-8　平谷区农村居民点集约度等级分布图

资料来源：笔者根据计算结果绘制。

乡镇间差异较大，在利用强度方面，大多数乡镇农村居民点以中强度为主，刘家店镇和金海湖镇为高强度型，平谷镇、黄松峪乡和熊儿寨乡则为低强度型；在用地效用上，只有峪口镇农村居民点以高等级为主，大华山镇、刘家店镇、镇罗营镇、金海湖镇、黄松峪乡和熊儿寨乡为低等级类型，其余各乡镇以中度等级为主；综合集约度来看，平谷镇和黄松峪乡农村居民点以高度集约化为主，大华山镇、刘家店镇、镇罗营镇、金海湖镇、熊儿寨乡、王辛庄镇和大兴庄镇以低度集约化为主，其余各乡镇以中度集约化为主。

6.4.2　农村居民点集约利用模式分析

按照农村居民点集约度修正系数计算结果以及集约利用模式划分标

准，研究区 8 种农村居民点集约化模式的结果如表 6-10 和图 6-9 所示，具体内涵与特征如下：

生态型利用模式，是指农村居民点用地规模比较适宜、结构与布局相对合理，乡村产业发展良好、经济发达，农户生活水平明显提高，村庄生态环境宜居，整体上表现为用地强度低和效用高的特点，农村居民点绝对集约利用，是一种可持续发展模式。研究区该类型包括 62 个行政村，空间上集中分布在新城集中建设区、京平高速和密三高速沿线附近，以马坊镇、平谷镇、峪口镇和夏各庄镇内为多。

表 6-10　平谷区各乡镇不同农村居民点集约化模式的村庄个数汇总

乡镇名称	生态型	强集约型	弱集约型	衰退集约型	弱粗放型	强粗放型	扩张粗放型	耗损型
东高村镇	5	3	2	4	0	0	4	4
南独乐河镇	2	4	1	3	1	0	0	2
大华山镇	3	0	1	6	3	0	2	5
平谷镇	9	2	0	2	0	3	0	0
峪口镇	7	4	3	5	0	0	1	0
王辛庄镇	3	2	0	4	0	8	7	0
山东庄镇	5	0	5	0	1	0	0	1
刘家店镇	2	1	0	0	0	0	4	7
马昌营镇	4	2	3	0	1	5	0	2
大兴庄镇	2	0	9	0	3	0	0	4
夏各庄镇	7	3	4	0	0	0	0	1
镇罗营镇	0	0	0	3	2	0	0	15
熊儿寨乡	0	0	1	0	2	4	0	1
金海湖镇	0	5	0	2	6	0	1	14
黄松峪乡	0	0	0	4	0	1	3	0
马坊镇	13	3	0	0	2	0	1	1
全区	62	29	29	33	21	21	23	57

资料来源：笔者根据计算结果整理编制。

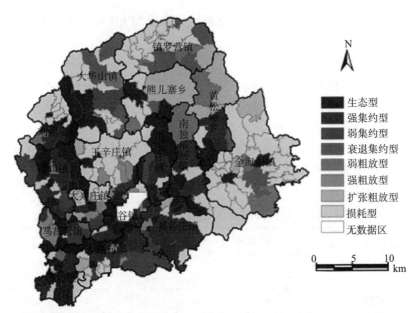

图6-9 平谷区农村居民点集约化模式分布图

资料来源：笔者根据计算结果绘制。

集约型利用模式，是指农村居民点效用相对强度而言略有优势，农村土地稍有粗犷，农村产业和经济发展相对发达的用地发展模式，整体上表现为相对集约的利用特征，相应的细划分为强集约、弱集约和衰退集约3种类型，空间上分布在中部和西部地势相对平坦的区域，与生态型农村居民点相聚。该类型农村居民点共计91个，其中强集约型29个行政村，以金海湖镇、峪口镇和南独乐河镇为多；弱集约型29个行政村，以大兴庄镇和山东庄镇为多；衰退集约型33个行政村，以大华山镇、峪口镇、王辛庄镇、东高村镇和黄松峪乡为多。

粗放型利用模式，是指农村居民点效用相对强度而言略有劣势，农村土地稍有集约，但农村产业和经济发展相对落后，经济增长靠扩大用地规模和增加投入而获得，多以传统乡村产业为主的用地模式；整体上表现为相对粗放利用的特征，相应的也可划分为弱粗放、强粗放和扩张粗放3种类型，空间上分布在中北部低山丘陵区域，布局相对分散。该类型农村居民点共计65个，其中弱粗放型包括21个行政村，以金海湖镇为主；强粗放型包括21个行政村，以王辛庄镇、马昌营镇和熊儿寨乡居多；扩张粗放型包括23个行政村，以王辛庄镇和刘家店镇为多。

耗损型利用模式，指农村居民点用地规模大、结构与布局不合理，乡村经济落后且生态环境损害严重，整体上表现为用地强度大、产出效用低的特点，农村居民点绝对粗放利用，是一种以资源损耗为主的不良发展模式。该类型农村居民点共计 57 个，空间上集中分布在东部和北部深山区，资源条件恶劣且以留守老人为主，农村发展动力严重不足，以镇罗营镇和金海湖镇内为多。

6.4.3　农村居民点集约度障碍分析

评价指标所表现出的梯度差异性，是影响不同区域农村居民点集约化的主要障碍，利用（式 6 - 16）计算得到各模式障碍因素均值（见表 6 - 11），各项指标对不同模式的作用程度具有明显的差异，作用强度处于 0.34% ~ 20.68%，从生态型到集约型再到粗放型和耗损型利用模式，各项指标表现出均衡性不显著到差异性显著的变化。因此，考虑农村居民点用地强度和效用评价指标数量和作用程度差异，设定指标障碍度分值大于 10% 为各项指标的显著性障碍标准，并计算得到不同障碍因素作为影响集约化因子的村庄个数（见表 6 - 12）。

表 6 - 11　平谷区不同农村居民点集约化模式障碍因子均值统计

评价指标	生态型	强集约型	弱集约型	衰退集约型	弱粗放型	强粗放型	扩张粗放型	耗损型
农村居民点面积	9.25	9.745	9.07	9.02	8.725	8.835	7.21	9.27
平均斑块面积	9.38	8.525	7.89	7.26	9.315	9.945	8.05	8.76
农村居民点面积占比	9.75	9.76	9.12	9.84	14.87	14.83	16.42	13.65
人均农村居民点面积	14.04	17.43	18.38	20.68	3.93	17.62	16.22	18.41
住宅用地比例	8.82	9.09	12.63	12.53	12.86	13.88	12.38	13.98
公共服务与管理用地比例	6.01	7.42	5.86	6.43	8.05	7.64	9.32	8.53
道路用地比例	3.01	4.53	5.01	3.53	2.67	3.31	3.75	4.02
公园绿地面积比例	2.45	3.16	3.75	3.75	3.11	3.53	2.47	1.43

评价指标	生态型	强集约型	弱集约型	衰退集约型	弱粗放型	强粗放型	扩张粗放型	耗损型
闲置地面积比例	7.81	8.35	7.56	8.12	8.8	6.94	6.77	7.53
居民点密度	8.42	6.34	4.85	5.36	5.69	2.49	2.91	2.03
斑块形状指数	5.52	3.54	2.04	1.65	0.55	0.87	1.05	0.95
斑块分维数	6.01	3.76	2.15	1.55	0.75	0.65	1.54	1.12
斑块平均最邻近指数	8.53	8.35	11.69	10.28	20.68	9.46	11.91	10.32
房屋建筑质量	6.36	6.61	6.16	3.58	4.2	6.51	10.79	6.64
楼房数量比例	6.67	6.43	4.87	5.87	4.98	3.76	2.14	4.22
公共服务设施完善度	9.77	9.48	11.39	12.7	12.19	12.42	12.14	15.45
道路质量	8.1	7.62	5.54	4.71	5.91	2.38	4.48	4.33
人均耕地面积	3.12	3.34	1.22	2.54	2.42	2.78	3.21	4.87
第二、第三产业用地面积比例	9.36	9.41	13.93	12.27	13.49	15.89	12.97	16
村内就业人口比例	9.11	9.06	14.93	16.32	12.45	16.05	13.91	14.52
农民人均收入	8.88	7.66	5.78	4.46	10.58	4.22	3.79	2.13
集体经济产出	9.42	10.43	11.15	15.35	12.94	16.46	17.17	14.38
生态用地面积比例	9.34	9.87	7.36	4.62	4.62	4.94	3.86	2.62
污水处理率	8.15	8.25	8.53	8.82	10.99	12.45	13.04	11.77
生活垃圾处理率	6.53	6.18	5.76	5.08	2.88	0.56	0.34	1.01
能源使用率	5.19	5.66	3.38	3.68	2.35	1.58	2.16	2.06

资料来源：笔者根据计算结果整理编制。

表 6-12　　　　不同障碍因子的作用分值与村庄个数

评价指标	个数	作用分值		
		最大值	最小值	平均值
农村居民点面积	21	20.31	3.12	8.77
平均斑块面积	26	21.45	4.53	8.39
农村居民点面积占比	83	34.54	8.76	13.66

续表

评价指标	个数	作用分值		
		最大值	最小值	平均值
人均农村居民点面积	132	40.12	11.54	15.59
住宅用地比例	76	31.23	6.76	12.65
公共服务与管理用地比例	28	22.04	2.54	6.78
道路用地比例	16	12.76	1.75	3.10
公园绿地面积比例	8	11.06	0.65	2.58
闲置地面积比例	34	22.15	4.75	7.99
居民点密度	29	20.86	2.98	4.76
斑块形状指数	15	11.06	0.65	1.65
斑块分维数	16	13.95	0.23	1.82
斑块平均最邻近指数	53	44.65	7.45	12.28
房屋建筑质量	22	16.07	3.88	5.73
楼房数量比例	30	14.12	1.97	4.62
公共服务设施完善度	61	33.07	7.94	12.82
道路质量	12	19.27	3.07	5.38
人均耕地面积	32	14.65	0.42	2.19
第二、第三产业用地面积比例	72	38.64	10.33	13.67
村内就业人口比例	53	37.23	9.07	14.04
农民人均收入	34	16.54	2.52	4.81
集体经济产出	49	36.53	8.56	13.79
生态用地面积比例	27	21.65	3.74	5.90
污水处理率	73	28.65	7.94	11.25
生活垃圾处理率	18	9.43	0.45	2.54
能源使用率	24	16.65	1.89	3.26

资料来源：笔者根据计算结果整理编制。

强度因素障碍诊断显示：农村居民点的强度因素对不同利用模式影响的整体趋势相似，但集约与粗放之间带有明显差异。具体来看，强度因素中的人均农村居民点面积、农村居民点面积占比、住房用地比例和斑块平均最邻近指数对强度障碍的贡献最大，受它们影响的村庄分别有132个、83个、76个和53个，其他指标虽然不是主导因素，但对个别地区农村居民点集约化影响也比较大，如闲置用地面积比例、公共服务与公共管理用地面积、农村居民点斑块面积与密度等指标的障碍度也在20%以上，不容小视，整体上农村居民点用地规模偏大、内部结构不合理、布局分散是集约化利用主要的障碍。从不同模式分析，生态型和强集约型利用模式的主导障碍因素只有人均农村居民点，其他各项指标障碍度均低于10%，障碍度值相对均衡；弱集约型和衰退集约型农村居民点集约化的主导障碍因素除了人均农村居民点指标外，还包括住宅用地面积比例指标；粗放型和耗损型农村居民点集约化障碍因素则包括人均居农村居民点面积、住宅用地面积比例和农村居民点面积占比3项指标，表现出不同类型农村居民点集约化障碍因素的差异性。

效用因素障碍诊断可知，整体上障碍农村居民点集约化的效用因素主要包括非农就业人口数、集体经济产出、工商企业用地比例、公共服务设施用地比例和污水处理率5项指标，即生产效用低、生活条件差是农村居民点发展的短板，受此5项因素影响的村庄分别有53个、49个、72个、61个、73个，部分村庄也受农民人均收入和房屋建筑质量因素制约。从不同模式类型来看，集约化利用的显著性障碍因素差异较大，生态型和强集约型利用模式没有显著的效用障碍因素，生产效用指标的分值相对较高，接近于障碍度标准；弱集约型和衰退集约型利用模式的显著性效用障碍因素主要体现在生产效用和生活效用方面，其中非农就业人口数、集体经济产出、工商企业用地比例、公共服务设施用地比例达到显著水平；粗放型和损耗型利用模式的显著性效用障碍因素较多，在生活效用、生产效用和生态效用方面具有体现。综合来看，平谷区农村生态环境整体良好，与生态涵养发展的功能定位相符；而农村经济发展和居民生活水平还偏低，传统乡村特征仍然显著。原因是平谷区地处北京远郊，政策和区位等因素限制了农村工业发展，而发展潜力较大的乡村旅游产业又处于起步阶段，相应基础设施改建和增建等工程也比较缓慢。

6.5　小　　结

遵循农村居民点具有的复杂性和特殊性，利用要素投入—产出理论和脱钩原理，将表现农村居民点土地利用特征的强度指标和新农村综合发展的效用指标相结合，作为农村居民点集约化测度和模式划分的依据，较目前常用的规模和人口为主要指标反映农村居民点现状的单指标体系来说具有一定的全面性，创新了农村居民点集约化的理论内涵，对于合理利用农村土地资源，促进农村经济社会与生态环境的协调发展十分有益。对于北京市平谷区而言，农村居民点的集约利用特征概括如下：

（1）平谷区农村居民点用地强度以中度和高度为主，用地效用以中度和低度为主，导致了全区农村居民点集约化水平整体上偏低，以中度和低度集约为主；各乡镇间差异也比较显著，除平谷镇和黄松峪乡整体上处于高度集约水平外，其他 14 个乡镇均处于中、低水平。划分出的 8 种农村居民点集约利用模式，生态型和耗损型占主导，在空间上分布特征也比较明显，前者主要分布在中部新城地区周边和西部主干交通沿线，后者则集中分布在东部和北部深山地区；处于集约与粗放之间的几种类型数量相当，个别乡镇特征明显，如马坊镇和平谷镇整体以生态型为主，金海湖镇和镇罗营镇整体以耗损型为主，大兴庄镇以弱集约型为主，王辛庄镇以扩张粗放型为主。对生态型居民点应引导该类村庄科学、快速发展；集约型居民点应优先开展存量土地挖潜和再利用，降低土地利用强度；粗放型居民点中，对资源丰富、发展潜力大的村庄，应充分挖掘和开发新型产业，带动村庄经济发展；对于资源匮乏、发展后劲不足的村庄，应开展拆村并点和社区化改造，提升居民生活和就业环境；耗损型居民点应因地制宜的引导搬迁。

（2）影响平谷区农村居民点集约化利用的障碍因子整体上比较明显，具体到各模式稍有差异。用地规模偏大、内部结构不合理、布局分散是农村居民点用地强度偏高的主要障碍，生产效用低、生活条件差是制约农村居民点发展的短板。中部和西南部平原地区生态型和集约型农村居民点集约化障碍因素主要是人均用地规模高，而北部和东部山地区的粗放型和耗损型农村居民点的集约化障碍因素较多，还包括内部结构乱、布局零散、非农就业机会少、农村经济基础差、人均收入低、公共服务设施落后以及生态环境恶劣等因素。因此，从降低用地强度与提升用地效用的角度，可以通过内涵挖潜、集约增长、生态均衡和持续发展等路径，有针对性地开展农村居民点整治活动。其中，内涵挖潜是在降低农村居民点用地强度基础上，尽量提高农村居民点用地效益，其本质是"盘活存量土地、挖掘经济潜力"，即通过农村居民点合理规划与设计，优化用地结构和空间布局，减少土地资源浪费，同时适度深挖乡村资源优势，发展环保产业，加强基础设施建设，提升土地利用效用，主要适用于指导高强度—低效用的耗损型、扩张粗放型、中强度—低效用的强粗放型和低强度—低效用的弱粗放型农村居民点用地，逐渐引导其向集约化发展。集约增长是适当降低农村居民点用地强度，大幅度提高农村居民点用地效益，其本质是"优化增量"，即大力发展乡村经济，优化产业结构，以最少的土地资源投入取得最大的产出效益，主要适用于指导中强度—中效用、高强度—高效用的衰退集约型农村居民点用地，逐渐将其调整为弱集约型和强集约型。生态均衡是稳定农村居民点用地效用，降低农村居民点用地强度，其本质是开展农村土地整治和环境保护，以适度减慢或缓慢提升经济发展速度为代价，严格控制村庄无序扩张，科学引导村庄集聚发展，改善生态环境和居住条件，促进农村土地资源节约利用，主要适用于指导中强度—高效用的弱集约型农村居民点用地。持续发展是继续降低农村居民点用地强度和提升用地效益，其本质是形成一种土地生态系统不断改良、人类生存环境不断改善、社会经济持续发展的良性循环系统，主要用于指导低强度—中效益的强集约型和低强度—高效益的生态型农村居民点用地，实现未来"人养地，地养人"的人与自然和谐发展的美好局面。

农村居民点整治路径篇

第7章 农村居民点整治战略分析

基于乡村转型发展的阶段性认识以及快速城市化和工业化背景下的城乡经济发展、居民生活水平以及城乡用地结构的变化态势和农村居民点利用过程中存在的非集约化问题，本章立足农村居民点整治的战略地位，研制农村居民点整治的指导思想、基本原则、战略框架与主要战术，进而明确农村居民点整治战略实施的动力和阻力，为农村居民点整治的全面实施指明方向。

7.1 农村居民点整治的战略选择

在目前平谷区城乡经济社会一体化良性发展的背景下，针对建设用地供不应求与耕地保护之间的矛盾、城乡建设用地结构持续失衡以及农村居民点用地粗放等问题，适时开展农村居民点整治是解决一系列土地利用问题的战略突破口。为此，需要研制农村居民点整治的战略任务和目标导向，推进城乡经济社会与空间结构的协调发展。

7.1.1 农村居民点整治的战略地位

1. 建设社会主义新农村的重要载体

根据我国"十一五"规划提出的社会主义新农村建设的宏伟目标和基本要求，农村居民点整治不仅可以改善的零散、无序、低效的农村居民点用地现状，营造优美的居住环境，还可以通过规划将散居于农地之间的农村居民点向城镇或中心村集聚，在实现农村土地集约利用的同时，能够促进农业的规模经营，而通过产业园区的建设，带动农村工业的集聚经营，能够提高其生产效率。因此，农村居民点整治实现了"三集中"的多重互进，也便于基础设施的分类建设，是社会主义新农村建设的必然选择。

2. 实现耕地总量动态平衡，保障粮食安全的重要途径

2004 年国务院下发的《国务院关于深化改革严格土地管理的决定》提出："城镇建设用地扩展必须与农村居民点缩减相挂钩，即通过农村居民点整理新增的耕地可以折抵建设用地占用耕地的指标"，这为耕地总量动态平衡开辟了一条新的途径。在我国耕地后备土地资源开发受到数量少、质量差、开垦难度大和生态环境脆弱等诸多因素限制的情况下，农村居民点整治一方面可以通过迁村并点、整治空心村挖潜出大量的闲置建设用地；另一方面可以通过规划减少人均用地标准，从而集约利用现有农村居民点用地；同时，农村居民点整治可以有效控制村庄的无序、低效外延扩张，达到保护耕地之目标（张红梅，2006；彭开丽，2007）。因此，农村居民点整治成为增加耕地面积、保持耕地总量动态平衡的重要途径。

3. 缩小城乡差距，实现城乡一体化发展的加速器

城乡一体化发展的基本特征是城乡经济上整体协调和城乡空间上整体协调，而城乡的空间整体协调是城乡经济整体协调的基础支撑（张红梅，2006）。要实现城乡空间上的整体协调，就必须调整农村居民点的现状结构与空间布局，否则，城乡间发达的基础设施、社会服务设施网络就难以实现，也就是城乡一体化失去了基础支撑。另外，我国目前还存在着城镇建设用地供应不足的巨大缺口，唯有通过农村居民点整治与土地置换，才可能解除工业化和城镇化发展的土地供给瓶颈，促进城乡统筹发展。

7.1.2 农村居民点整治的指导思想

基于统筹城乡发展战略部署，针对区域城乡一体化发展与土地利用特征，平谷区农村居民点整治应立足于城乡一体化发展视角，以耕地保

护与新农村建设为核心，按照土地集约节约利用的要求，尊重农村居民点演进的客观规律，坚持分类指导、有序协调的原则，从经济、社会、环境、生态、政策等相关因素全面着手，科学调控村镇建设用地、大力培育农村特色产业，不断完善农村居民点在生活居住、产业支撑、生态保护、景观优化、文化传承和行政管理等方面的复合功能，实现农村居民点布局合理、规模适中、结构优化、环境友好与文明和谐的目标，从而促进城乡土地资源优化配置，推动社会主义新农村建设和城乡统筹发展。

7.1.3 农村居民点整治的基本原则

1. 统筹城乡原则

充分发挥农村居民点整治在统筹城乡发展中的纽带作用，以农村居民点整治为突破口，通过构建城乡一体化的土地利用机制，逐步推动土地、劳动力、资金和信息等要素的城乡互动，促进城乡产业成功对接，以此破除城乡二元经济结构，达到城乡一体化建设的目标。

2. 规划衔接原则

农村居民点整治的顺利开展得益于科学的规划编制。遵循现有法律法规体系并依托高效的规划协调机制和组织机构进行全面协调是提高规划可操作性的重要途径。平谷区农村居民点整治应与地方颁布的土地规划、城市规划、产业规划、生态规划、交通规划、水利规划等与村庄建设密切相关的法律法规充分衔接，对不同利益主体规划意愿、不同部门专题规划思想和城、镇、村不同尺度规划之间的关系等方面进行有效衔接。

3. 分类指导原则

农村居民点整治要综合考虑居民点的自然资源与环境基础、区位条件、区域经济和产业水平、区域社会发展程度、区域政策与文化特色等因素的不同，明确差异化的整治导向。农村居民点发展演变的驱动力因区域差异、功能导向和问题制约等影响的不同也存在显著差异，只有顺应其发展演变的内在规律，因地制宜、分门别类地推进农村居民点整治，才能凸显地域特色，避免千篇一律。

4. 有序协调原则

村庄的形成需要漫长的历史过程，发展演变也有自身的规律性。处于不同发展阶段的农村居民点整治导向和模式各不相同，并涉及农村经济、社会的众多方面，具有长期性和复杂性。整治建设改变了农村居民点原有的发展轨迹，不合理的整治行为会造成农村系统功能紊乱，进而引发系列社会经济问题。因此，要因势利导，优先整治条件相对成熟的居民点。

5. 生态安全原则

农村居民点整治直接作用于乡村生态系统，对乡村及其所处区域生态系统可产生正负生态环境效应。平谷区属于首都生态涵养区，具有重要的水资源安全保障、生物多样性保护、动植物游憩和灾害规避与防护等生态功能。因此，为确保区域生态安全，农村居民点整治要充分考虑区域生态环境容量，严格避免对生态环境造成威胁；同时，还应制定合理的整治措施，推动乡村地域向生态文明方向发展。

6. 利益均衡原则

农村居民点整治从规划到实施需要政府、企业、集体经济组织和村民的广泛参与，是多元主体共同努力下的复杂的社会系统工程，其中农民是重要的主体，其农民的支撑是整治活动顺利开展的基本保障，充分尊重农民的意愿并保障其权益和生机至关重要。所以，应依照公平、公正、公开原则，构建起兼顾各方利益的长效机制，深入调查农民意愿，充分考虑弱势全体的权益，增强广大农民群众的支持和参与力度。

7.1.4 农村居民点整治的战略框架体系

随着人口的持续增长，以及区域城镇化和工业化的快速发展，推进新农村建设和城乡统筹发展尚面临着诸多现实问题。就平谷区而言，主要表现在：（1）农村城镇化过程走的是一条土地城镇化的歧途，导致平原地区大规模优质耕地资源被占用，虽然一定程度上实现了耕地占补平衡，但补充耕地重数量、轻质量，耕地生产能力锐减；（2）农村发展走的是偏重经济的单一化道路，村镇企业增加、大量农村劳动力资源转向城镇从事第二、第三产业，提高了农村建设用地的收益功能和农民的经济收入，但对服务设施建设的忽视和大量闲置地的存在，进一步加剧了农村居民点空心化和利用的粗放；（3）城乡一体化表现的是"城镇增人就增地、农村减人不减地"的城乡建设用地"双增"态势，这种态势造成了农村居民点规模大、城镇发展土地供给短缺瓶颈的问题，也构成了坚守耕地红线的巨大压力。可见，农村居民点整治与耕地保护、集约土地利用、新农村建设和城乡统筹发展等国家战略紧密相关，开展农村居民点整治，既有利于保障区域粮食安全、提高土地集约利用程度，也有利于促进新农村建设和城乡统筹发展（见图 7 - 1）。

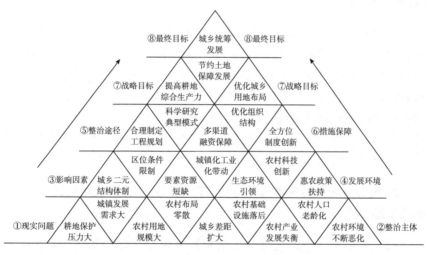

图 7 - 1　平谷区农村居民点整治战略框架体系

注：源自参考文献刘彦随（2011），有修改。

通过现实问题梳理、整治主体诊断、影响因素分析，立足农村居民点的自身条件和外部环境特征，构建农村居民点整治的主导模式，明确农村居民点整治的可行途径与保障措施，因地制宜地制定农村居民点整治的时空规划，是推进农村居民点整治的重要抓手。尤其是通过科学评价农村居民点整治潜力、选择多样化的农村居民点整治类型与模式、合理安排农村居民点整治的时序与布局，完善农村空间、组织、产业的多重整合，促进城乡生产要素的有序流动和城乡空间格局的优化重构，达到提升农村自我发展能力,实现"耕地产能提升—土地集约利用—新农村建设—城乡格局优化"的核心目标。

7.1.5 农村居民点整治的主要战术

结合研究区当前城乡一体化发展和农村居民点利用过程中存在的问题,在以城乡统筹发展为农村居民点整治最终战略目标,以提高耕地综合生产力、推进新农村建设以及优化城乡用地布局为核心战略目标,提出平谷区农村居民点整治的战略战术为:

1. 统筹耕地数量与质量,稳定提高整治后耕地综合生产力,确保区域粮食安全

落实耕地保护的基本国策,坚持藏粮于地的粮食安全战略,充分发挥农村居民点的"耕地后备资源"潜力作用,严格按照耕地占补数量与质量双平衡的要求,全面考虑农村居民点整治潜力释放因素,准确分析农村居民点整治的综合潜力与空间特征。结合退宅还耕工程,加强整治后耕地的农业基础设施建设,促进土地流转与土地规模经营,实现传统农业向现代农业的转变,走农业生产规模化、标准化、现代化的道路,不断提升耕地综合生产能力。

2. 统筹区域自然环境与社会经济发展,有序开展农村居民点整治,提高土地集约程度

以实现农村"生产发展、生活宽裕和生态文明"为切入点,了解农村居民点内在系统的物质属性和外部系统的空间特征,在此基础上揭示系统条件对农村居民点生存与发展的适宜性与限制性,明确差异化的整治导向,探寻农村居民点体系空间结构的整合优化与有序协同。适应农村人口和村庄数量逐步减少的趋势,识别需要撤并及保留的村庄,明确拟保留和重点整治的村庄,因地制宜的推进农村居民点整治建设,提高农村居民点利用效率。

3. 统筹政府需求与农户意愿,分类构建农村整治与发展模式,推进新农村建设

坚持新农村建设的基本要求和以人为本的原则,利用系统理论明晰农村居民点整治模式的内涵与形成机理，认清系统结构及其相互作用关系，构建一个层次结构分明、类型划分科学、要素组合合理的有机整体。依托区域丰富的农业生产资源、农村劳动力资源和土地资源，大力推进多样化的产业发展模式，通过加强领导组织与宣传舆论、创新多元融资方式与土地利用机制、优化用地空间整合与工程模式等途径，增强农村产业活力，稳定农民生活保障，改善农民居住环境，促进农村社会和谐。

4. 统筹土地供需与效益均衡，合理安排城乡建设用地增减挂钩，优化城乡用地布局

明确农村居民点整治与城镇发展建设之间的联动关系，科学预测城镇发展用地需求，利用供需平衡和级差地租理论建立城乡建设用地关联模型，统一配置城乡土地要素，构建村镇等级发展体系，优化城乡空间布局。充分发挥城乡土地资源优化配置作为城乡一体化发展的支撑作用，促进人口及土地等生产要素在城乡之间合理有序流动，使其成为一个等级职能结构协调有序、空间布局合理的有机整体，推进区域城乡一体化进程，实现城乡空间规划和城乡经济发展的整体协调。

129

7.2 平谷区农村居民点整治战略实施的可行性分析

7.2.1 农村居民点整治的动力分析

1. 政策推力为农村居民点整治提供了有效保证

在城乡统筹发展战略引导下，国家先后出台的关于城乡建设用地增减挂钩、农村土地整治政策文件，严格的耕地占补平衡政策要求和建设用地指标的有限性，为农村居民点整治的实行提供了最大的可行性；正在实施的农村宅基地确权发证政策，有助于明晰农村宅基地的产权特性和加快宅基地的市场化流转，为农村居民点整治的开展提供了良好的运作方式；连续出台的惠农政策对农业实行了有效的保护，并带动农村社会经济水平快速发展，农民文化素质与思想观念也得以提升，也为农村居民点整治的实施提供了政策保障。

受政策驱动，平谷区从促进农村产业发展和扩大农民非农就业，结合区位优势和生态资源优势，分别在山区和平原探索出不同的新农村建设模式，如山区以农民为主体的休闲旅游整治模式，如挂甲峪村、玻璃台村、将军关村、老泉口村和南宅村；而在平原则探讨出"田园式"村庄整治模式，以太平庄村为典型，通过对农村环境整治、农村生活基础设施和农村生产设施建设，推进新农村建设；与此同时，平谷区也是北京市首个"农村经济发展创新研究试验区"，本着"小村并入大村，农村向小城镇集中"的原则，全区275个村庄将逐步整合撤并，打造新型生产生活社区，实现土地专业化和规模化经营，促进农村居民点整治工作进程。

另外，统计显示，平谷区自2008年开展农地整理和未利用地开发以来，1998～2015年全区农地和未利用地开发整理总规模达10万亩，新增耕地面积近5万亩，到目前全区耕地后备资源已开发殆尽，农地整理和未利用地开发的潜力逐渐变小，开展整理的难度也日益增大。另外对全区的农村居民点整治潜力估算表明，全区农村整理可新增耕地面积在514.24公顷～1978.53公顷（曲衍波，2010），农村居民点的"耕地后备资源"潜力较大，可以大大缓解耕地占补平衡的压力。

2. 农村人口的减少为农村居民点整治提供了空间基础

随着城镇户籍制度管理"门槛降低"、劳动力市场化程度的提高和城市化进程的加速，农村劳动力流动规模扩大，更多的剩余农村劳动力流向城镇。图7-2表明，2015年平谷区农村人口为18.53万人，较1978年减少12万人，相应的城镇人口由1978年的2.1万人增长至21.63万人；在城镇人口比重上升、农村人口比重下降的同时，农村劳动力转移速度也明显加快，1978～2015年，全区转向城镇从事非农产业的劳动力数量由2.9万人增至13.24万人，占劳动力总数的比重增至了近50个百分点。按照这种变化规律预测，未来10年平谷区农村人口将减少10%以上，未来20年将减少20%以上。农村居住人口的减少，使农村居民点整治的潜力更大，通过农村居民点整治新增耕地，减少新增建设用地占用耕地更具有现实性。

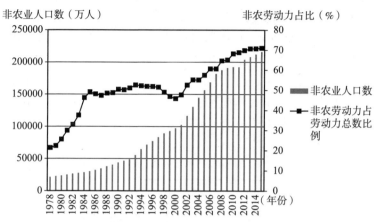

非农业人口数（万人）　　　　　　　　非农劳动力占比（%）

图例：
- 非农业人口数
- 非农劳动力占劳动力总数比例

图 7 – 2　平谷区 1978 ~ 2015 年农村人口与劳动力变化统计

资料来源：笔者根据统计数据整理编制。

3. 城镇扩展与农村经济转型发展为农村居民点整治提供了物质基础

农村居民点整治涉及房屋拆迁补偿、农田基础设施配套建设、新城镇、农村居民点建设和土地复垦，需要巨大的资金，是一个典型的经济行为，没有足够的经济支持，农村居民点的整理难以实施。

首先，从政府角度来看，城镇建设用地的扩展为各级政府带来了大量的土地收益，根据《新增建设用地土地有偿使用费收缴使用管理办法》中规定，新增建设用地有偿使用费 30% 上缴中央、70% 上缴地方政府，专项用于耕地开发整理；而《土地管理法》和《基本农田保护条例》又规定：非农业建设经批准占用耕地的，按照"占多少，垦多少"的原则，开垦与所占耕地数量和质量相当的耕地或按规定缴纳耕地开垦费，专款用于耕地开垦。按照规定，平谷区属于新增建设用地土地有偿使用费征收标准的九类区，每平方米征收 17 元，而耕地开垦费为 1.5 万元/亩，根据最新的《平谷区土地利用总体规划（2006 ~ 2020 年）》，到 2020 年，各类新增建设用地规模为 7.14 万亩，新增建设用地占用耕地为 3.11 万亩，这样全区可筹集整理资金近 10 亿元，平均每年可筹集 1 亿元，除部分用于农地整理外，大部分可用于农村居民点整治。

其次，随着北京市农村产业结构调整优惠政策的出台及平谷区对本地农业产业结构调整力度加大，平谷区农村产业结构不断优化，农民纯收入不断增加，相当部分农民具备新建或购置住房的经济能力；图 7 - 3 显示，平谷区农村第二、第三产业产值占农村社会总产值的比重，由改革开放初期的 20% 增加至 2015 年的 83%，相应的农民纯收入由 1978 年的 225 元/人增至 2015 年的 20147 元/人，农民收入与消费结构发生显著变化。另外，通过产业结构调整，农业生产专业分工，小工业、禽畜养殖从农村居民点中迁出，进入各自产业园区，为农业新村建设扫除了居住、工业生产、畜禽养殖混杂，难以实施居民点整治这一障碍，为农村居民点整治顺利实施创造了有利条件。

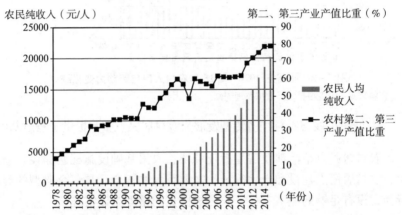

图 7 - 3 平谷区 1978～2015 年农村产业结构与农民收入变化统计

资料来源：笔者根据统计数据整理编制。

4. 优越的资源配置与农业现代化条件，为农村居民点整治提供了基本的生产和劳动条件

规模化经营和发展特色农业是农村农业发展和农地制度创新的基本趋势，这一过程中，丰富的农业资源、先进的生产条件和科学的组织模式是推进农业适度规模经营和优化产业结构的基本动力，也是开展农村居民点整治的基本条件。

第一，平谷区农业资源丰富，平谷区地处华北平原北端和燕山南麓交错地带，独特的地理位置，形成了"三分天下"的地貌格局，即平原、半山区和山区各占区域总面积的 1/3，在平原区人均耕地资源比较充裕，或者说人地矛盾不是特别尖锐，人均耕地面积为 1.20 亩；而半山区和山区分布着优质的园地资源，占全区土地面积的 30%，居北京市十个郊区县的第一位，丰富的农业资源为规模化经营和特色农业发展提供了基本条件，因此平谷区素有"中国大桃之乡"的美誉，是北京市最重要的副食品生产基地。

第二，农业机械化程度和农田水利化程度较高，截至 2015 年底，全区共有农业机械总动力 22.78 万千瓦，农机财产净值 2.6 亿元，其中小麦和玉米的生产过程机械化程度达到 92%、蔬菜生产总体机械化程度达到 65%、养殖业中的总体机械化程度为 50%；同期，全区有效灌溉面积达 2.4×10^4 公顷，配套机井 2302 眼，排灌装机总容量 11.8×10^4 千瓦，全区现有菜地的 60% 以上采用了管滴、喷灌或滴灌等节水灌溉方式，现代农业的基本形态已经形成。

第三，农业产业化经营和农业经营组织初步现代化，近年来，通过政府的扶持和企业自身的发展，平谷区的农业产业化发展势头良好，正大养殖基地、动物防疫体系、大桃增甜工程、设施蔬菜基地等一批"龙头"企业项目得到重点扶持，发挥龙头企业对现代化农业的带动作用，累计发展农民专业合作社 600 多家，带动农户近 4 万户，约占全区农户总数的 50%，农业生产经营者通过逐年培训，基本掌握了现代农业的生产、经营、管理知识，成为新型农民。另外，全区依托优势旅游资源，大力发展民俗旅游，到 2015 年第全区累计民俗旅游农户 3365 家，接待游客 443 万次，民俗旅游收入达 2.3 亿元。

7.2.2　农村居民点整治的阻力分析

1. 农村居民点整治的资金瓶颈

资金是农村居民点整治的首要障碍。农村居民点整治投资巨大，不论是政府还是企业、村集体从事农村居民点整治，资金不足都是主要限制因素，而目前平谷区已开展的农村居民点整治资金主要靠地方政府投入，资金来源比较单一；加之居民点整治后土地大部分用于农业耕作，资金回笼期长，这给本已捉襟见肘的地方财政带来了更大的压力。所以，为了减轻地方政府压力，同时推进全区农村居民点整治的全面开展，必须积极推行土地开发整理市场化运作，准许企业、集体或个人投资土地开发整理，吸收社会资金投入，探索多种融资方式。

首先政府按照区域发展定位，对农村居民点类型进行划分，对区位条件优越、经济发展迅速的农村地区，农民对高品质生活的追求必然会自发地推动农村居民点整治，这种情况下，政府可以联合企业与村集体共同开发，政府主动发动、详细规划、合理引导，企业或村集体为整理实施主体，逐步分期将村庄整体搬迁入城镇或在原地整体改造，在整理过程中企业或村集体投资、组织开发建设多层或联体村民住房、配套公共设施和基础设施，政府只给予优惠政策支持；对区位条件差、经济发展较为落后的农村地区，则需要通过政府的投资和技术上的扶持，也可以动员社会各界力量，以社会资助的形式作为农村居民点整治的融资渠道。

2. 村镇发展体系的规划滞后

村镇发展体系规划是农村居民点建设宏观调控的关键，农村居民点规划服从于村镇体系规划。受地形和农业生产资源影响，平谷区农村居民点演变的区域差异显著，平原地区呈现"摊大饼"的外扩形态，山区则呈现"村村点火、户户冒烟"的分散形态。由于种种原因，目前平谷区尚未建立完整的县域和镇域内的村镇发展体系规划，仅有的农村居民点规划也是因为问题突出而对部分中心村进行，一般村庄尚未进行。由于无规划可依，在长时期发展过程，势必造成大量耕地资源流失、村庄建设的杂、乱、脏等问题，而难以有序推进农村居民点整治。目前，正在进行的农村土地综合整治规划工作中已将农村居民点整治作为一项重要内容，所以，平谷区应结合本地实际，全面分析本地农村居民点整治的趋势，并借鉴已有经验，合理规划村镇发展体系与农村居民点整治类型和时序，制定完备的过渡政策，为农村居民点整治的实施创造条件。

3. 农村居民点整治的观念障碍

首先，从乡镇和村集体的干部来看，会更加侧重选新址建新村，而不愿对旧村进行改造和整理，这是因为旧村改造需要做长期的、艰苦细致的工作，不容易取得成绩，容易得罪人，而村庄外延既可以减少村委的工作量，还容易得到村民的欢迎和拥护。其次，从农民角度来讲，根深蒂固的宅基地私有观念和封建的风水地理观念一时难以扭转，加之旧村改造缺乏具体的法规支持与连续的政策保证，使这项工作处于随意和无序状态，无法持之以恒地坚持下去。同时，农民作为最直接的行为主体会从自身利益出发谋求利益最大化，虽然目前有一部分在外务工的农民已经通过自己的努力在城市中定居，但他们仍不愿放弃在农村的宅基地；而大批在农村居住的村民，都想拥有大的住宅和充裕的社会保障，农村居民点整治又不能满足他们的利益最大化要求，因此大多数人抵制农村居民点整治。所以，要改变这些观念，使农民迁出老宅，改变一户一宅的传统生活方式，还需要做大量的工作，如加强农村宅基地管理与整治政策的宣传；开展深入细致的农村调研，尊重农户对农村居民点整治的意愿，保障农民权利，制定切实可行的整改措施，消除他们的顾虑。

4. 农村居民点整治的立项管理与实施办法缺失

原来的土地整治立项主要以农用地和未利用地为对象，很少涉及农村居民点整治，相应的也就缺乏有效的管理与实施办法。针对农村居民点规模小、分布散的特点，不适合确立国家级、省级项目区，可以在项目管理上向小项目、基层倾斜，即以行政村为单元，拆除住房、恢复耕地需要农民联户、村委会、乡镇政府协调群众关系，共同完成农村居民点的整治工作；政府部门需要做好质量监督工作、按照国家确定的土地整理费用标准出资补偿，让农民联户、村委会、乡镇政府获得农村居民点整治的经济利益。一些集体经济力量雄厚的村庄，社会动员能力大，可以优先承担农村居民点整治的任务，政府不仅应该出资"回收"基层的农村居民点整治的耕地，甚至可以对可靠的基层垫付前期经费，以保证农村居民点整治工作的启动。

7.3　小　　结

面向城乡一体化发展和新农村建设的高层次战略举措，针对当前错综复杂的土地利用问题，应该研制指导农村居民点整治方向的战略目标，确定农村居民点整治的主要战术，充分发挥农村居民点整治的战略地位。受国家政策的引导和都市发展的辐射与带动，平谷区具备了推动农村居民点整治的条件与时机，但由于区域资源条件和经济社会发展的不平衡，又使得区域农村居民点整治的动力与阻力同在，这既是长时期的农村居民点用地演变结果，也是平谷区农业和农村发展的客观表现，只有将阻力降低至最小、将动力提高至最大，才能全面推进农村居民点整治的有序开展。

第8章 农村居民点整治潜力测算

科学、准确测算农村居民点整治潜力是编制农村土地整治规划的重要前提。随着耕地保护的日益严峻，国家从战略层面上将耕地保护由关注总量转变为数量和质量双保护，并要求土地整治以补充耕地数量和提高耕地质量为核心内容，这一点在农用地整理潜力研究方面已经广泛开展。在耕地后备资源已近枯竭的都市区，农村居民点作为一种新的"耕地后备资源"（张凤荣，2010)，大力开展农村居民点整治也成为实现耕地占补平衡和保障粮食安全的重要途径。从目前开展的农村居民点整治潜力测算的理论研究来看，主要以整理补充耕地数量和系数作为潜力测算的依据，从实际需求来看，农村居民点整治补充耕地的精确布局、有效面积、可达到等别质量以及粮食产量等关键性结论没有体现，只是宏观意义上的指导作用；另外，在考虑影响农村居民点整治潜力释放的限制性因素上还有待全面，尤其对规划政策、生态安全等因素考虑欠缺，造成整理后耕地的可耕作性较差。所以，如何建立一套完善的农村居民点整治潜力内涵与测算的理论与方法体系，将整理补充耕地的数量测算和质量评价等内容有机融合，探讨科学有效的整理潜力分析方法是当前农村居民点整治研究的关键问题。

8.1 研究思路

8.1.1 农村居民点整治潜力的内涵

土地整理潜力是一个相对的概念，它是相对于某一时期的生产力水平而言的，在不同的时期、不同的生产力水平下，土地整理潜力的高低及其衡量标准都有较大的差异（张正峰，2002)。中国的土地整理潜力内涵随着时间的推移发生了较大的变化，由早起的追求数量增加延伸到追求质量提高和生态条件的改善，并在农用地整理的实践上逐步应用与实现。对于农村居民点整治，从中国目前开展土地整理的背景和实际动因出发，其潜力主要是指通过对现有农村居民点改造、迁村并点等，可增加的有效耕地及其他各类用地面积（国土资源部，2000）。这个定义把土地整理的目的局限于增加有效利用土地的数量，缺少提高生产能力、改善和保护生态环境的综合性目标。由此造成多数地区在衡量农村居民点整治潜力时，仅以增加的可利用土地面积代表潜力的大小，忽略了土地整理在土地生产能力提高、生产成本降低、生态环境改善等方面的潜力。

鉴于农村居民点整治潜力的内涵还缺乏系统的定义，根据农村居民点整治的多功能性，从可持续发展的角度，概括农村居民点整治潜力的内涵为：在一定时期、一定生产力水平下，在行政、经济、法律和技术等方面采取一系列措施，使农村居民点在提高利用率与产出率的基础上，增加有效耕地面积、提高耕地生产能力、改善农村生存条件、保护生态环境以及土地增值的综合能力。这个内涵可以从5个方面来认识：（1）农村居民点整治潜力是农村居民点用于粮食生产、产业发展、生态建设或其他利用方面的潜在能力，是这种能力目前在各种因素的制约下，没有在生产或利用过程中得以体现，需要在行政、经济、法律和技术等方面采取的各种措施，调控潜在潜力的释放。（2）增加有效耕地面积和提高耕地生产能力的潜力是农村居民点整治的基本潜力，是保证耕地数量与质量动态平衡和粮食安全的要求，也是提高土地利用率，促进土地向集约利用方式转化的前提。（3）改善农村生存条件的潜力是新农村建设的根本要求，农村居民点的主要功能就是方便农民的生产和生活居住，通过健全村内道路、供电、供水、通讯等基础设施，使其更适合居民的生产与生活；通过改善和增设村庄内部公共设施，如绿地、街心花园、体育、娱乐场所等，改变村庄"旧、脏、差、乱"的面貌，改善居民的生活条件。（4）保护生态环境的潜力是土地利用可持续发展的要求，农村居民点整治必须在保证生态环境安全的前提下进行，同时还要增加生态系统的自我调控能力，增强农村的抗灾害能力，美化农村的生存环境。（5）提升土地价值的潜力是从土地资源优化配置的角度，考虑农村居民点整治后增加的有效土地面积的去向，实现土地效益的最优化，通过农村建设用地与城镇建设用地的置换，实现土地级差地租的实现和土地的增值。可见，农村居民点整治潜力内涵是一个多层次的体系（见图8-1），直接指导着农村居民点整治潜力评价体系的建立和相关政策的制定（张正峰，2002；孙钰霞，2003；周滔，2004）。

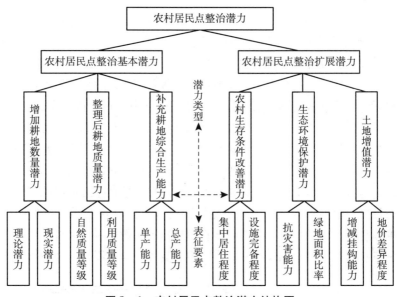

图8-1 农村居民点整治潜力结构图

资料来源：笔者根据研究内容绘制。

8.1.2 农村居民点整治潜力的测算

由于生态环境改善潜力、农村生存条件改善潜力和土地增值潜力较难测算，加之当前对农用地整理潜力的测算主要考虑数量和质量两个方面，考虑不同方式整理潜力的可比性和一致性，本章主要对农村居民点整治补充耕地数量潜力、质量潜力和综合生产能力，即农村居民点整治的基本潜力的测算方法进行探讨；对于表征农村居民点整治扩展潜力的相关要素，在基本潜力测算修正过程中以及后面的农村居民点整治时空配置、典型模式和增减挂钩章节进行具体考虑，在此不作具体研究。

首先，明确潜力测算的基本单元。评价单元是确定农村居民点整治潜力的基本空间载体，是社会、自然条件和整理措施相对一致的均质区域。目前对农村居民点整治补充耕地数量的估算一般以乡镇或县域是评价单元，在宏观上具有一定的规划导向性，但在具体实施过程中对微观整理项目的目标设定、项目区时空安排与关键性工程措施等缺乏有效的参考。因此，本研究以农村居民点空间分布的最基本研究——地块为评价单元，这样一方面可以获取更加精准的整理潜力，也可以汇总不同尺度（村级、乡镇级和区县级）的潜力结果；另一方面可以实现整理增加耕地数量和质量潜力的载体一致性，为具体农村居民点整治和耕地占补平衡项目具体地块的调整提供可操作性的依据。

其次，构建评价指标体系与方法模型。基于获取的土地利用、社会经济、自然环境、规划政策以及农用地分等数据，以农村居民点地块为研究单元，对现状农村居民点规模与整理理论潜力进行分析，在此基础上，从自然适宜性、生态安全性、规划导向性、经济可行性和社会可接受性等方面构建农村居民点整治增加耕地数量潜力估算体系，判定适宜整理为耕地的农村居民点地块，测算整理可补充有效耕地面积；然后利用农用地分等理论与方法，对适宜整理为耕地的农村居民点地块整理后耕地质量等别进行评价；最后参考《农用地产能核算技术规程》建立的分等抽样单元基准作物标准粮的现实单产与耕地自然质量等指数的函数模型，估测农村居民点整治补充耕地的单产和总产能力。具体过程如图8-2所示。

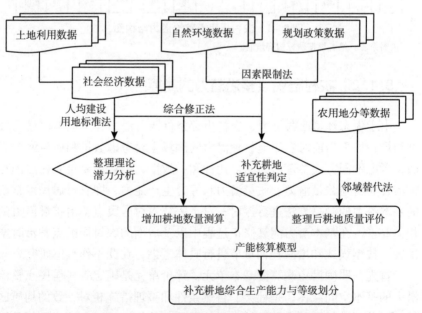

图8-2 农村居民点整治基本潜力测算过程与方法

资料来源：笔者根据研究内容绘制。

8.2　农村居民点整治补充耕地数量估算

人均建设用地标准法，由于方法简便、易行，得到了普遍应用。但随着农村居民点整治工作的不断深入，许多学者、专家和国土资源管理人员都发现，人均建设用地标准法测算的农村居民点整治潜力总是偏大难以实现，影响了农村居民点整治增加耕地潜力测算结果的准确性，容易造成规划引导的偏差和误导土地利用政策。对此，研究者（宋伟，2007）对该方法存在的问题进行了深入的剖析，并从农村居民点整治的自然适宜性和经济社会限制性角度对该方法进行了改进，试图使其测算结果更加贴近实际。然而，农村居民点整治毕竟也是一项涉及工程手段和生物措施的项目，在整理过程中不可避免地会对项目区及周边地区的水文、土壤、植被、大气、生物等环境要素及其生态过程产生诸多直接或间接的不利影响（即生态风险）。另外，农村居民点整治后能否转变为耕地还将收到规划的制约和影响，例如，处在规划城区或不同功能产业园区内的农村居民点，即使自然、经济社会条件都适宜，整理后也很难转变为耕地。在这些情况下，人均建设用地标准法的修正还必须考虑区域生态安全和规划政策导向等限制因素。因此，本节在前人研究的基础上，引入生态安全性和规划导向性因素，建立一个含自然适宜性、经济可行性、社会可接受性、生态安全性和规划导向性 5 个方面的多层次逐级修正模型，对人均建设用地标准法测算的理论潜力进行综合修正，以期获取更加符合实际的农村居民点整治补充耕地的数量潜力。

8.2.1　总体测算模型设计

人均建设用地标准法是依据农村居民点现状规模和确定的人均农村建设用地标准与规划期末农村人口乘积的差值，匡算出农村居民点整治潜力。但人均建设用地标准法估算的潜力不一定全部能够或者适宜转化为耕地（Yang Hong，2000；Xu Wei，2004）。因此，根据"木桶效应"和"最小因子限制律"理论，考虑农村居民点整治潜力释放过程中的自然适宜、生态安全、经济可行、社会可接受以及规划引导等因素影响，建立农村居民点整治潜力逐级修正的测算模型（式8－1）：

$$P(R) = P(T) \times f(Ns) \times f(Es) \times f(Ef) \times f(Sa) \times f(Pg)$$

（式8－1）

式中，$P(R)$——农村居民点整治的现实潜力，即农村居民点整治增加有效耕地面积；$P(T)$——农村居民点整治的理论潜力；$f(Ns)$——自然适宜性修正系数；$f(Es)$——生态安全性修正系数；$f(Ef)$——经济可行性修正系数；$f(Sa)$——社会可接受性修正系数；$f(Pg)$——规划导向性修正系数。

8.2.2 理论潜力的计算模型

农村居民点整治的理论潜力是农村居民点现状面积与确定的人均农村居民点用地标准与规划期末农村人口乘积的差值，计算模型如下：

$$P(T) = M_{现状} - M_{人均标准} \times Q_t \qquad （式8－2）$$

式中，$P(T)$——农村居民点整治的理论潜力；$M_{现状}$——农村居民点现状面积；$M_{人均标准状}$——人均农村居民点用地标准；Q_t——规划期末的农村人口数。

（1）农村人口预测：人口预测是农村居民点整治潜力估算的一个重要环节，通过对历史年农村人口数变化分析的基础上，确定人口自然增长率和机械变化量。

$$Q_t = Q_0 \ (1 + r)^t \pm \Delta Q \qquad （式8－3）$$

式中，Q_t——规划期末农村人口数；Q_0——基期年农村人口数；r——农村人口自然增长率；t——规划期；ΔQ——人口机械变量。

（2）人均农村居民点用地标准：参考国家标准《村镇规划标准》（GB50188—2007）（见表8－1），并结合不同地区的实际用地情况，分区域选择适当的人均用地标准。

表8－1　　　　　村镇人均建设用地标准

指标名称	人均建设用地指标范围/平方米·人$^{-1}$					
现状人均建设用地水平	≤60	>60 ~ ≤80	>80 ~ ≤100	>100 ~ ≤120	>120 ~ ≤140	>140
规划调整幅度	增0 ~ 15	增0 ~ 10	增/减0 ~ 10	减0 ~ 10	减0 ~ 15	减到140以内

资料来源：笔者根据国家标准《村镇规划标准》（GB50188—2007）整理编制。

8.2.3 自然适宜性修正系数的设定

遵循反映土地质量的代表性、主导性、稳定性和可获取性等原则，同时结合专家研究和考虑北京市的实际（关小克，2011），选择土壤质地、地形坡度、土层厚度、土壤有机质、土体结构、海拔高度作为耕地自然适宜性的评价因素。根据国家山区水土保持标准，坡度 >25° 为暂不适宜的临界值；土层深厚有利于植株的生长发育，土层越厚，其保水保肥效果就越好，根据土地开发整理的相关规定，土层厚度 <30 厘米不能够被复垦；根据平谷区实际，1000 米以上的深山地带山势陡峭、气候干寒，而且深山地带为主要河流的发源地，是涵养水源的重要地带，为此，确定海拔 1000 米为整治补充耕地的临界高度。根据谢尔福德限制性定律，对存在临界值的评价单元采用"一票否决制"，直接列入不宜整理区。

$$f(Ns) = \begin{cases} 0 & \text{当 } X_i = 0 \text{ 时;} \\ (\sum_{i=1}^{n} X_i \times w_i)/100 & \text{当 } X_i \neq 0 \text{ 时。} \end{cases} \quad (\text{式 } 8-4)$$

式中，$f(Ns)$——评价地块整治潜力的自然适宜性修正系数；w_i 为第 i 个项指标的权重；n 为评价指标数；X_i 为第 i 项指标的量化分值。采用经验法来确定指标的量化分值与权重（见表 8-2）。

表 8-2 农村居民点整治潜力的自然适宜性评价指标体系

指标	指标量化标准					权重
	0	30	50	80	100	
高程/米	>1000	500~1000	200~500	100~200	0~100	0.19
坡度/°	>25	15~25	10~15	5~10	0~5	0.22
土层厚度/厘米	<30	30~60	60~100	100~150	>150	0.20
土壤质地	—	砾质土	砂土	黏土	壤土	0.17
土壤有机质含量	—	<1.0%	2.0~1.0%	4.0~2.0%	≥4.0%	0.10
土体构造	—	砾石底砂壤、砾石体砂壤、砂姜底砂壤、沙砾	均质砂壤、砾石体砂轻壤、砂底砂壤、砂体砂壤	夹黏轻壤、砂底轻壤	黏底轻壤、均质中壤、均质轻壤、粘体轻壤	0.12

资料来源：笔者根据计算结果整理编制。

8.2.4　生态安全性修正系数的设定

生态安全性评价主要反映农村居民点整治的生态容许度和安全程度。为确保农村居民点整治不以破坏和牺牲生态环境为代价，采用"生态用地"一票否决的方式衡量农村居民点整治的生态安全性，即从农村居民点整治活动对周边生态系统的稳定性和地质灾害等生态问题对整治后耕地的可耕作性两方面考虑，识别区域生态用地不同类型，界定区域生态用地核心区及其影响范围与等级，构建区域农村居民点整治的生态安全格局。

平谷区是北京东部重要的生态涵养区，生态系统比较脆弱。参考相关研究（俞孔坚，2009；谢花林，2011），结合研究区的生态保护战略和主要内容，从区域水安全、生物多样性安全、游憩安全以及灾害安全等方面构建评价指标体系（见表8-3）。其中，水安全评价主要考虑农村居民点整治工程可能会对水文结构、水环境质量和区域水资源分配产生的影响，从河湖水系、水源保护和水源补给等方面选取指标；生物多样性安全评价主要考虑农村居民点整治建设施工可能对城乡连续的乡土生境和生物廊道系统产生的影响，从保护区域生物栖息地的完整性和生态系统的健康性方面，以区域指示物种（国槐、油松、侧柏等古树及大白鹭）的核心保护区及其缓冲距离为评价标准；游憩安全评价主要考虑农村居民点整治过程可能对人们游憩活动的自然景观（如自然保护区、森林公园、地质公园等）和人文景观（如历史文化名村、古建筑、古遗址等）造成的破坏影响，以重要游憩资源的核心区及潜在的游憩适宜性生态空间为评价标准；灾害安全评价主要考虑受地质灾害、水土流失、土地沙化等因素的影响农村居民点复垦为耕地的可耕性，以灾害类型及其作用程度为评价标准。

表8-3　　农村居民点整治潜力的生态安全性评价指标体系

生态用地类型	生态因子	生态安全等级划分标准与赋值			
		不安全（1）	低安全（3）	中安全（5）	高安全（7）
水安全保障用地	河湖缓冲区距离	<50米	50~100米	100~150米	>150米
	水源保护区类型	一级水源保护区	二级水源保护区	准级水源保护	其他区域
	水源补给区类型	地下水补给高适宜区	地下水补给中高适宜区	地下水补给低适宜区	其他区域

生态用地类型	生态因子	生态安全等级划分标准与赋值			
		不安全（1）	低安全（3）	中安全（5）	高安全（7）
生物多样性保护用地	古树木	山地林场	不安全区周边60米	不安全区周边60～200米	其他区域
	大白鹭	人工库塘、河流、湖泊湿地及周边2千米范围	不安全区周边60米	不安全区周边60～200米	其他区域
游憩用地	风景名胜区、地质公园、森林公园等自然景观	核心区及游憩高适宜区	游憩中适宜区	游憩低适宜区	游憩不适宜区
	文化遗产廊道及各遗产点等人文景观	核心保护范围	严格控制范围	一般控制范围	其他区域
灾害规避与防护用地	泥石流、滑坡等地质灾害	极易与高易发区	中易发区	低易发区	非易发区
	水土流失	极敏感与高敏感区	中敏感区	低敏感区	不敏感区

资料来源：笔者根据计算结果整理编制。

以上生态过程被认为在农村居民点整治生态安全格局的构建中具有同等的重要性，被赋予相同的权重。将各单因子安全格局进行叠加，根据各因子的生态安全分级赋值，通过析取分析运算（式8－5），得到研究区综合生态安全格局。将农村居民点地块与综合生态安全格局叠加，获取地块尺度的生态安全等级；对某一行政区而言，通过区域内各农村居民点地块面积与安全等级统计，利用（式8－6）即可计算得到农村居民点整治的生态安全性修正系数。

$$Es = Min. (Es_1, Es_2, Es_3, Es_4) \qquad （式8－5）$$

式中，Es——综合生态安全指数；Es_1——水资源安全指数；Es_2——生物多样性安全指数；Es_3——游憩安全指数；Es_4——灾害安全指数。当 Es =1 时，为农村居民点整治不安全级（生态用地核心区）；当 Es =3 时，为低安全级（生态用地辅助区）；当 Es =5 时，为农村居民点整治中安全级（生态用地过渡区）；当 Es =7 时，为农村居民点整治高安全级（非生态用地）。

$$f(Es) = \Big(\sum_{i=1}^{n} A_i^{Es \geqslant 5} \Big)/A \qquad （式8－6）$$

式中，f(Es)——为某行政区农村居民点整治潜力的生态安全性修正系数；$A_i^{Es \geqslant 5}$——某行政区内综合生态安全为中级以上的农村居民点地块 i 的面积（根据北京市土地利用总体规划中建设用地的生态安全要求设定）；A——某行政区内农村居民点总面积。

8.2.5 经济可行性修正系数的设定

农村居民点整治涉及房屋拆迁补偿、农田基础设施配套建设、新城镇、农村居民点建设和土地复垦，需要巨大的资金，是一个典型的经济行为。整理资金的筹集、拆迁成本的高低以及回报效益的满意度，都直接决定了农村居民点整治潜力能否实现，因此从投资能力、整理成本以及经济效益三个方面选取指标构建经济可行性评价指标体系（见表8-4）。在投资能力方面，选取人均GDP、地方财政收入和农民人均纯收入3个指标，分别表征国家、地方政府和个人的投资能力，投资能力越高，开展农村居民点整治的可能性越大（宋伟，2008）。影响农村居民点整治成本的因素除了地形地貌等自然因素外，还有房屋的单位建筑成本以及微观的区位条件影响，一般来说，房屋的建筑质量越好、楼房比重越高、单位面积建筑成本越大，整理成本也越高；同时受城镇和公路交通等辐射作用，距离城镇区和公路越近的农村居民点发展的张力越大，在整理过程中进行拆迁补偿和安置的费用也就越大；选取楼房比重、城镇影响距离和公路影响距离作为反映农村居民点整治成本的指标。农村居民点整治的经济效益很大程度上决定了进行农村居民点整治的积极性与潜力大小，根据城乡建设用地增减相挂钩文件，整治增加耕地指标可用于城镇建设，选择现有耕作水平下的粮食单产和工业用地最低出让金标准来表征农村居民点整治的经济效益。

表8-4　　　农村居民点整治潜力的经济可行性评价指标体系

因素层	权重	指标层	权重	指标说明
投资能力	0.53	人均GDP	0.45	正效应
		地方财政收入	0.32	正效应
		农民人均纯收入	0.23	正效应

因素层	权重	指标层	权重	指标说明
整理成本	0.21	农村居民点内楼房用地比例	0.38	负效应
		城镇影响距离	0.32	负效应
		公路影响距离	0.30	负效应
经济效益	0.26	粮食单产水平	0.61	正效应
		工业用地最低出让金标准	0.39	正效应

资料来源：笔者根据计算结果整理编制。

　　在获取各行政区相关指标数据的基础上，对行政区的概念型数据采用极差标准化（式8-7）进行归一化，对空间地块连续性数据采用指数衰减模型（式8-8、式8-9）进行量化（曲衍波，2010），利用（式8-5）计算各行政区内地块尺度的指标值，采用层次分析和因素成对比较法确定各指标权重，运用经济可行性评价模型（式8-10）计算农村居民点整治潜力的经济可行性修正系数。

$$I_i = \begin{cases} \dfrac{(x_{max} - x_i)}{(x_{max} - x_{min})} \\ \dfrac{(x_i - x_{min})}{(x_{max} - x_{min})} \end{cases} \quad （式8-7）$$

　　式中，I_i——评价指标 i 的量化分值；x_i——评价指标 i 的实际分值；x_{max}——评价指标 i 的最大实际分值；x_{min}——评价指标 i 的最小实际分值。

$$F = [100 - 100^{(1-r_i)}]/100 \quad （式8-8）$$

　　式中，F——城镇或公路的影响指数；r_i——城镇或道路相对影响半径，计算公式为 $r_i = d/d_i$，其中 d_i——城镇或道路缓冲距离，d——城镇或道路影响距离（式8-9）。

$$d_{城镇} = \sqrt{s/(\pi \times n)};$$
$$d_{公路} = s/2l \quad （式8-9）$$

　　式中，l——研究区县级以上公路的总长度（1194千米），l——研究区的城镇个数（16），s——研究区总面积（950.5平方千米）。

$$f(Ef) = \sum_{i=1}^{m=i} w_i \cdot \left(\sum_{j=1}^{n=j} I_{ij} \times w_{ij} \right) \quad （式8-10）$$

式中，f(Ef)——某行政区农村居民点整治潜力的经济可行性修正系数；I_{ij}——因素层i指标j的指标值，w_{ij}——因素层i指标j的指标权重，w_i——因素层i的权重，n——各因素层的指标个数，m——因素层个数。

8.2.6　社会可接受性修正系数的设定

除自然、生态、经济因素的限制外，政府和民众对于整治的接受程度也影响着农村居民点整治潜力的实现，通过农村居民点整治的社会可接受性评价计算其修正系数。

由于经济社会发展对建设用地的需求，政府一般希望通过农村居民点整治腾退出更多的土地用来建设，并将农村居民点看作是新增建设用地的重要来源，不情愿将其复垦为耕地，但迫于耕地总量平衡及耕地占补平衡的政策约束，政府不得不考虑通过农村居民点整治增加耕地的可能性；同时，农村居民点是农民生活、生产的主要场所，农民的意愿和可接受程度也影响着农村居民点整治。因此，社会可接受性评价从政府和农民两个角度选取指标（见表8-5）。

表8-5　　农村居民点整治潜力的社会可接受性评价指标体系

因素层	权重	指标层	权重	指标说明
政府可接受程度	0.55	人均耕地面积	0.18	负效应
		可开垦耕地后备资源面积	0.21	负效应
		耕地整理潜力	0.26	负效应
		耕地数量减少率	0.35	正效应
农户可接受程度	0.45	农村第二、第三产业劳动力所占比例	0.39	正效应
		农村初中以上文化程度人口比例	0.18	正效应
		农村青壮年人口比例	0.14	正效应
		农村公共服务设施用地比例	0.29	负效应

资料来源：笔者根据计算结果整理编制。

在政府可接受方面，选取地方人均耕地面积、可开垦的耕地后备资源面积、耕地整理潜力以及耕地数量变化4个指标，地方人均耕地面积越小，表明人地矛盾越突出，政府想通过农村居民点整治增加耕地的可能性越大；地方耕地后备资源越丰富、耕地整理潜力越大，政府选择通过农村居民点整治增加耕地的可能性越小；地方耕地减少的越快，政府实现耕地保护目标、耕地总量平衡与占补平衡的压力越大，考虑通过农村居民点整治补充耕地的可能性越大。在农户可接受方面，农民对于整理接受程度的最好评价方法是农户调查，但工作量较大，可以用其他一些指标进行替代。选取从事第二、第三产业的人口比例、初中以上文化程度人口比例和青壮年人口比例、农村公共服务设施用地比例 4 个指标，一般来说，从事第二、第三产业的农民人口越多，对农用地的依赖程度越低，表明农民越希望改善居住条件和进城的愿望越强烈，对农村居民点整治的支持度越高；而高学历或青壮年人群大部分人已摆脱了原有的保守思想，能够比较容易接受新事物、新知识、新思想，对整治的接受性较好（张济，2010）；农村公共服务设施用地比例则是从生活和生产便利的角度，考虑农民日常生产、生活关系最密切的生活福利设施和农业生产资料销售站等配置情况，指标值越大，反映农民生活条件越优越，对开展农村居民点整治的迫切性越低。

在获取各行政区相关指标数据的基础上，参考经济可行性评价的方法（式 8-7、式 8-10），计算某行政区农村居民点整治潜力的社会可接受性修正系数。

8.2.7　规划导向性修正系数的设定

规划导向性修正是考虑在自然适宜、生态安全、经济可行和社会可接受性均没有约束条件下，空间用途管制等规划政策因素对农村居民点整治潜力释放的影响，即受城市规划、产业规划、交通规划、水利规划等作用，部分具有较大整理潜力的农村居民点被城镇化，或被规划进入工业园区，或被交通水利设施占用，直接转为其他建设用地，降低了农村居民点整治增加耕地的潜力，应该进行适当修正。基于上述，以城市规划、产业规划、交通规划为政策导向性依据，选取城镇规划区，物流园、工业园、开发区等产业规划园区，以及县级以上规划公路与铁路等关键性建设用地为规划导向下的农村居民点整治潜力释放的建设用地空间管制范围，采用概念赋值法，确定规划导向下的农村居民点整治潜力修正系数，即当现状农村居民点地块落在空间管制范围（城镇规划区、产业规划园区内或规划交通廊道穿过）时 Pg = 0，空间管制范围以外农村居民点地块的 Pg = 1；对某一行政区而言，采用区域内空间管制范围以外的农村居民点用地比例数来修正（式 8 - 11）。

$$f(Pg) = \Big(\sum_{i=1}^{n} A_i^{Pg=1} \Big) / A \qquad (式 8 - 11)$$

式中，f(Pg)——某行政区农村居民点整治潜力的规划导向性修正系数；$A_i^{Pg=1}$——某行政区内建设用地空间管制范围以外的农村居民点地块 i 的面积；A——某行政区内农村居民点总面积。

8.3 农村居民点整治后耕地质量评价

8.3.1 评价指标体系与方法

150

　　基于上述判定的农村居民点整治后适宜复垦为耕地的地块，即 P(R) >0 的区域（存在理论潜力且 F(f(i)) >0 的区域），对其进行整理后耕地质量评价。农用地分等和综合产能核算项目的完成，为实现土地的数量管理向数量与质量综合管理的目标提供了科学计量基础；为摸清土地质量限制因素、开展土地整理、提高耕地质量及其综合生产能力提供了依据（张凤荣，2008），其建立的理论与方法体系、获取的指标属性信息对研究农村居民点整治后耕地质量和综合生产能力提供了重要支撑。其中，自然质量分（C_L）是农用地分等工作的基础性成果和重要中间成果，是以分等地块为评价单元，对作物光温生产潜力的自然质量修正，包含了分等因素的全部信息，是指导土地整理方向和划分整理类型的主导因素（郭力娜，2009）。所以，针对本研究的地块尺度，选用农用地分等理论和方法中的自然质量分评价指标体系、权重值（见表 8 - 6）与计算方法（式 8 - 12），评价农村居民点整治后耕地质量。研究区该评价体系是考虑自然条件和农业生产的区域差异，划分为平原区和山地区 2 个评价指标区。

表8-6　平谷区耕地自然质量等别评价因素分值与权重

平原区

土壤质地	土体构型	土壤有机质质量分数/%	灌溉保证率	排水条件	盐渍化程度
重壤土	1级	≥4.0	充分满足	一级健全	无
黏土	2级	>3.0~4.0	基本满足	二级健全	轻度
中壤土	3级	>2.0~3.0			
轻壤土	4级	>1.0~2.0	一般满足	三级健全	中度
砂壤土	5级	>0.6~1.0			
轻土	6级	≤0.6	无灌溉条件满足	四级健全	重度
砾质土	7级				
0.2	0.15	0.13	0.25	0.15	0.12

山地区

土壤质地	土体构型	土壤有机质质量分数/%	灌溉保证率	地形坡度	土层厚度	土壤砾石质量分数/%
中壤土	1级	≥4.0	充分满足	≤2°	无限制	≤5
重壤土	2级	>3.0~4.0	基本满足	>2~5°	厚层	>5~10
黏土	3级	>2.0~3.0	一般满足	>5~8°		
轻壤土	4级	>1.0~2.0			中层	>10~30
砂壤土	5级	>0.6~1.0		>8~15°		
砂土	6级	≤0.6	无灌溉条件			≥30
砾质土	7级			>15~25°	薄层	
				≥25°		
0.15	0.12	0.11	0.2	0.12	0.2	0.1

注：（1）平谷平原区包括马坊镇、马昌营镇、镇罗营镇、南独乐河镇、黄松峪乡和熊儿寨乡；山地区包括东高村镇、夏各庄镇、金海湖镇、山东庄镇、王辛庄镇、峪口镇、刘家店镇、大华山镇、大兴庄镇和平谷镇。（2）表中土体构型分级按照《北京市农用地分等技术方案》确定，1级为黏底轻壤、均质中壤、均质轻壤；3级为夹黏轻壤、粘体轻壤、砂底轻壤；4级为均质砂壤、砂底砂壤；5级为砾石底砂壤、砾石体砂壤、砂体砂壤、砂姜底砂壤；7级为砂砾。

$$C_L = \frac{\sum\limits_{k=1}^{m} w_k \cdot f_k}{100}$$
（式8－12）

式中，C_L 为分等地块的自然质量分；k 为评价因素编号；m 为评价指标的数目；w_k 为第 k 个评价指标的权重；f_k 为影响耕地质量的评价指标分值，由于评价指标受整理工程类型的影响程度不同，研究中采用邻域替代法和因素现状值比照法对不同的指标分值进行测算。C_L 为介于 0 ~ 1 的分值，分值越高，表明农村居民点后耕地质量越优。

需要说明的是，前文增加耕地数量测算中的自然适宜性修正指标体系与该指标体系比较相似，前者是以地形与土壤相关因素的现状属性（整理前）为指标值，需要覆盖全区范围，通过现状图叠加即可获取，而后者则是以整理后的农村居民点地块属性为指标值，由于农用地分等成果不是覆盖全区范围，整治后的指标值需要采用评判与替代等方法获取。

8.3.2 评价指标分值的计算

耕地作为农村居民的重要生产资料，而农村居民点作为农民居住活动的主要场所，两者在分布上一直存在着紧密的自然依存关系（郧文聚，2007），受耕作条件、农业生产水平的影响，农村居民点所控制和管理的耕地面积或影响的范围（即耕作半径）也是有限的（角媛梅，2006），在这一范围内农村居民点的自然本底特征与相邻耕地的立地条件具有较强的相似性。所以，对于通过整理工程易于改造，且数据难以获取的评价因素，可以采用邻域替代法估测整理后的质量分值，即根据农村居民点邻域范围内参与分等地块的自然条件，来判断农村居民点整治后可以达到的水平，如临近耕地有灌溉条件，则假设农村居民点整治后的耕地也可灌溉；而对于难以改造且数据易于获取的评价因素，直接从数据库提取，利用现状值与指标体系比照确定其质量分值。首先，对比分析土地整理工程类型与耕地自然质量因素的关系，将评价指标划分为难以改造型和易于改造型两大类，确定各评价因素整理后质量分值的测算方法；然后利用 GIS 空间缓冲识别的功能，计算农村居民点的有效耕作半径，确定邻域替代范围；最后对邻域替代范围内分等地块的评价指标分值进行统计，以所占面积最大的地块属性作为农村居民点整治后耕地质量评价指标分值，进而计算整理后的耕地自然质量分。

1. 土地整理工程类型与耕地质量因素关系分析

农村居民点经土地整理项目规划设计，部分工程如水利工程、排灌工程就是对农村居民点整治为耕地的一些限制性自然因素的完善。另外，由于加大了配套设施的使用，使得项目地块整体效益得到提升，还有巩固或者提高原有自然因素的作用（如土壤有机质含量），能够促进原有因素对农业生产的良性影响（李贺静，2008）。土地整理工程类型与耕地质量因素的关系如表 8-7 所示。

表 8-7　　　　　　土地整理工程类型与耕地质量因素关系

工程类型	整理工程难以改变的因素	整理工程可以局部小幅度改变的因素	整理工程可以较大幅度改变的因素
土地平整工程	表层土壤质地、土体构型、土壤障碍层深度	地形坡度、土层厚度、土壤砾石含量	—
农田水利工程	—	—	灌溉保证率、排水条件、土壤盐渍化程度
田间道路工程	—	—	—
其他工程	土壤酸碱度	土壤有机质含量	—

对于表层土壤质地、土体构型因素，从土壤性质的特征响应时间看，其响应周期均在 100a 以上（郭力娜，2010），要改造这些土壤因素，需要长时间的大型土壤改良工程的投入，难度较大，相应的也造成了有效土层厚度以及土壤砾石含量改造难度的增加；土壤有机质含量的响应周期在 10～100a，在合理的农田投入及较好的配套设施基础上，在较长年后会有一定幅度变化；对地形坡度，通过修筑梯田可以发生一定的改变（张凤荣，2001）；而排水条件、灌溉保证率和盐渍化程度是分等因素中相对最易改造的，通过农田基础设施建设和维护即可实现，时间成本也比较低。因此，对难以改造的表层土壤质地、土体构型、有效土层厚度以及土壤砾石含量等因素采用比照法确定整理后的指标分值；对于可改造或改造效果明显的土壤有机质含量、地形坡度、排水条件、灌溉保证率和盐渍化程度等指标采用邻域替代法估测整理后的指标分值。

2. 邻域替代范围的确定

通常情况下，分布在缓冲区内的耕地面积占其耕地总面积的百分比越高，说明该区自然条件的区域差异越小，农业开发程度越接近。对研究区农村居民点地块与分等地块的分布关系（图8-3）分析可知，随着农村居民点缓冲距离的增加，耕地面积比例呈递减的趋势，在农村居民点0~200米缓冲范围内，耕地比较集中，分布着全区80%多的耕地。因此，综合邻域替代的有效性和分等地块的可代表性，确定200米作为农村居民点的有效耕作半径，并以有效耕作半径的作用范围作为估测农村居民点整治后部分评价指标质量分值的有效邻域范围。

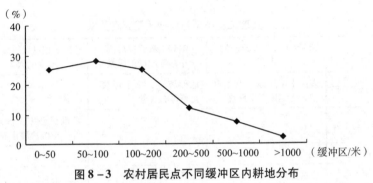

图8-3　农村居民点不同缓冲区内耕地分布

资料来源：笔者根据计算结果整理编制。

3. 评价指标分值的确定

按照上述方法，分别获取评价地块的属性信息，但在不同属性图层叠加和缓冲过程中打破了现状的地块边界，为了使研究成果更具应用价值，研究中根据评价地块的编号，分别统计各地块不同评价指标分值，对多属性地块（即叠加过程中打破边界的地块和有效邻域替代范围内存在不同分值的分等地块）以所占面积比例最大的地块属性作为农村居民点整治后耕地质量评价的指标分值。这是因为如果一个等别所占面积大，说明该区域很容易达到此等别；如果一个等别所占面积很小，一是说明该区域达到此等别具有很大难度，需要花费大量人力和物力，另一方面说明这种地块本身的自然质量很差或者利用状况不好，但仅占该区域耕地面积的一小部分，总体影响较小（陈妍英，2007；曲衍波，2011）。以灌溉保证率为例，见图8-4，统计农村居民点地块有效邻域范围内最大面积地块所占比例显示，该比例数在均在50%以上，其中100%的约占1/3还多，说明该方法科学、有效。

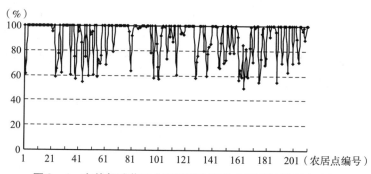

图8-4 有效邻域范围内灌溉保证率最大面积地块所占比例

资料来源：笔者根据计算结果整理编制。

8.4 农村居民点整治补充耕地综合生产能力

耕地粮食综合生产能力（耕地产能）是指作物生产潜力在既定的自然、社会经济限制因素影响下可获得的产量，包括单产能力和总产能力（郭力娜，2009）。为了分析农村居民点整治后耕地的粮食生产格局和增加粮食产量，本研究分别进行单产和总产估算，单产通过耕地自然质量等指数与实际标准粮产量之间的回归模型核算，在此基础上，结合农村居民点整治后补充有效耕地数量和质量，计算整治后耕地的总产能力，从而掌握农村居民点整治后耕地产能增加量及其区域分布，为实现区域耕地数量、质量占补双重平衡提供依据。

研究表明，耕地自然质量分与实际标准粮产量之间存在着正相关性，且采用线性回归模型拟合程度较好（郧文聚，2007）。平谷区在农用地分等过程中筛选出294个有效抽样单元，参考《农用地产能核算技术规程》建立了分等抽样单元基准作物标准粮的现实单产与耕地自然质量分的函数模型（如式8-13）。而总产核算（式8-14）可以将整治后耕地的数量和质量进行综合。由于抽样单元基本覆盖有效评价地块所在的行政村，所以该模型同样适用于本研究。

$$P_d = 11979.17C_L + 1084.74 \qquad （式8-13）$$

式中，P_d 为农村居民点整治后耕地基准作物标准粮单产（千克/公顷）；该回归模型 $R^2 = 0.682$，Pearson 简单相关系数为0.931，通过0.01水平的显著性检验。

$$P_z = P_d \times M_t \qquad\qquad (式 8-14)$$

式中，P_z 为农村居民点整治后增加耕地的总产产能（千克）；P_d 为农村居民点整治后耕地单产（千克/公顷）；M_t 为农村居民点整治补充有效耕地面积，农村居民点整治的现实潜力（公顷）。

8.5 结果与分析

8.5.1 农村居民点整治增加耕地数量潜力

1. 农村居民点整治理论潜力

《平谷新城规划（2005~2020年)》将全区划分为中部新城综合发展区、西南部工业及高速沿线发展区和东北部生态涵养及特色产业发展区三大产业功能区，并对各区域的未来发展方向和用地标准提出要求。所以，研究中按照三大功能区，分别制定人均农村居民点标准，作为农村居民点整治理论潜力估算的基础：

（1）中部新城综合发展区，包括平谷镇、王辛庄镇、大兴庄镇和山东庄镇，是平谷规划新城所在地，参考《村镇规划标准》和北京城市总体规划中的新城城镇人均建设用地标准，确定该区人均用地标准为120平方米；

（2）西南部工业及高速沿线发展区，包括马坊镇、峪口镇、马昌营镇、东高村镇和夏各庄镇，是平谷新城两大组团区，按照北京城市总体规划中城镇组团人均建设用地标准，确定本区人均用地标准确定为140平方米；

（3）东北部生态涵养及特色产业发展区，包括金海湖镇、南独乐河镇、刘家店镇、大华山镇、镇罗营镇、黄松峪乡和熊儿寨乡，属于一般乡镇，确定该区人均用地标准为150平方米。

基于此，测算全区农村居民点整治理论潜力可知，平谷区现有275个农村居民点，包括1940个农村居民点地块，总面积为5493.93公顷，现状农村人口数约30.50万人，除规划新城和主镇区范围内未来农村人口城镇化外，全区农村人口数为23.22万人，人均农村居民点面积为236.60平方米/人，农村居民点整治的理论潜力为1978.53公顷，各农村居民点地块整治的理论潜力范围在0~52公顷，差异比较显著。从理

论潜力空间分布来看（见图 8 – 5），全区各农村居民点整治的理论潜力
在 0 ~ 10 公顷范围的较多，约占 65%，在中部地区分布相对集中。

图 8 – 5　农村居民点整治补充耕地数量理论潜力

资料来源：笔者根据计算结果绘制。

2. 农村居民点整治潜力限制因素分析

　　根据建立的农村居民点整治潜力测算模型，研究分别从自然适宜
性、生态安全性、经济可行性、社会可接受性和规划导向性五个方面对
平谷区农村居民点整治的理论潜力进行了逐级修正；其中自然适宜性、
生态安全性和规划导向性对农村居民点整治补充耕地数量具有绝对限制
作用，经济可行性和社会可接受性修正则属相对限制。各项修正系数分
布如图 8 – 6 所示，具体来说：

　　（1）全区农村居民点地块的自然适宜性修正系数在 0 ~ 0.97，其中
绝对限制整理为耕地的地块（f(Ns) = 0）面积为 631.80 公顷，占农村

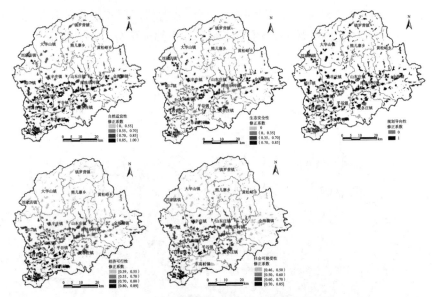

图 8 - 6　理论潜力的综合修正系数分布图

资料来源：笔者根据计算结果绘制。

居民点总面积的 11.05% ，在空间上，这些地块主要分布在北部山地生态涵养区，受水源条件和地形坡度限制，土壤质地差，耕地养分贫瘠，地块整理后不适宜复垦为耕地；修正系数高值分布在中部和南部的平原区，该区土壤养分中等偏上，有水源保证，灌排条件较好，因素限制性小，比较适宜整理为耕地。

（2）全区农村居民点整治地块的生态安全性修正系数在 0~0.93，其中绝对限制整理为耕地的地块（f(Es)=0）面积为 706.95 公顷，占农村居民点总面积的 12.72% ，在空间上，这些地块主要分布在关键性生态用地核心区及其缓冲区，如沟河、泃河和金海湖等河湖周边的水源保护区，南独乐河镇和夏各庄镇的地下水重要补给区，北部山地的生物多样性保护区和地质灾害极易发区等。

（3）全区农村居民点整治受规划导向性绝对限制的地块（f(Pg)=0）面积为 1140.89 公顷，占农村居民点总面积的 20.53% ，其中受规划影响较大的为马坊镇和平谷镇，马坊镇为平谷区西南部地区的经济和商贸中心，是一个以工业和物流为主的重点镇，镇域内的马坊工业园区、物流园区和镇中心区建设用地需求较多，全镇 72.93% 的农村居民点被规划转为城镇建设用地；而平谷镇是平谷新城中心所在地，规划城区和兴谷经济开发区范围的扩大，将城郊部分农村居民点纳入其中，全镇52.86%的农村居民点直接转化为城镇建设用地。其他农村居民点的转化主要由于镇区规划范围的扩大和规划交通用地的影响。

（4）全区农村居民点整治的经济可行性修正系数在0.39~0.89，其中经济可行性较低的地块主要分布在北部山区的镇罗营镇、黄松峪乡和熊儿寨乡，该地区虽然农村居民点整治成本较低，但投资能力和产出效益也较差，导致了整理的经济可行性偏低；全区农村居民点整治的社会可接受性修正系数在0.46~0.85，其中可接受程度偏低的地块主要分布在金海湖镇、大华山镇和刘家店镇，主要是因为该地区耕地后备资源和耕地整理潜力较大和从第二、第三产业劳动力人数较低，造成农村居民点整治的迫切性不高，政府需求不高和农户意愿不强综合影响了农村居民点整治潜力的释放。

3. 农村居民点整治的现实潜力

在综合考虑农村居民点整治的自然适宜、生态安全、经济可行、社会可接受以及规划导向等限制因素及其修正后，计算了平谷区农村居民点整治的现实潜力。全区农村居民点整治增加有效耕地面积为514.24公顷，整理增加耕地系数为9.25%；各农村居民点地块整理增加有效耕地面积范围在0~16.00公顷，均值为1.87公顷，整理增加耕地系数范围为0~44.23%，差异比较显著；综合修正系数为0.2599，受此影响潜力流失量为1464.29公顷。

按照各地块整治现实潜力大小将全区农村居民点整治现实潜力划分为高潜力、中潜力、低潜力和无潜力四个等级（表8-8、图8-7），由表8-9可知，由高潜力级到低潜力级的单地块现实潜力、均值、总值及增加耕地系数均呈减少趋势，一方面受综合修正系数的影响显著，另一方面也与各等级的理论潜力大小有关，这也导致了潜力流失量变化也呈减少趋势；无潜力级的农村居民点地块即是自然适宜性、生态安全性和规划导向性因素对农村居民点整治补充耕地数量的绝对限制性区域，造成185.93公顷的理论潜力流失。从空间分布来看，高潜力级地块主要分布在中部和南部的地势平坦区；中潜力级地块除在中部和南部的地势平坦区分布较多外，东部和西部的低山丘陵区也有较多分布；低潜力级地块则主要分布在北部山地区。

表 8 - 8   平谷区农村居民点整治现实潜力等级划分

现实潜力等级	单地块现实潜力范围/公顷	平均地块现实潜力/公顷	现实潜力合计/公顷	增加耕地系数/%	农居点个数	潜力流失量/公顷	潜力综合修正系数
高潜力	(3.00, 16.00]	5.38	323.1	15.51	63	622.71	0.3416
中潜力	(1.00, 3.00]	1.87	149.3	8.31	78	443.67	0.2518
低潜力	(0, 1.00]	0.49	41.84	4.01	70	211.98	0.1648
无潜力	0	0	0	0	64	185.93	0
合计	[0, 16.00]	1.87	514.24	9.25	275	1464.29	0.2599

资料来源：笔者根据计算结果整理编制。

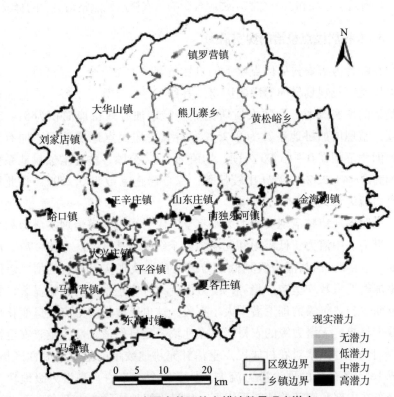

图 8 - 7   农居点整理补充耕地数量现实潜力

资料来源：笔者根据计算结果绘制。

8.5.2　农村居民点整治后耕地质量等级

受自然适宜性、生态安全性和规划导向性等因素对农村居民点整治补充耕地数量的绝对限制性影响，部分农村居民点地块不宜整治为耕地，即现实潜力等级为无潜力的居民点地块，该部分面积为 2193.65 公顷，占全区农村居民点面积的 39.96%；相应具有现实潜力的农村居民点地块面积为 3300.28 公顷，占全区农村居民点面积的 60.04%，即为农村居民点整治后耕地质量评价的有效地块。

在对评价地块整治后各项评价指标分值计算的基础上，得到农村居民点地块的自然质量分在 0.3910 ~ 0.9745，按照小于 0.6，> 0.6 ~ 0.7，> 0.7 ~ 0.8，> 0.8 ~ 0.9 以及 0.9 以上 5 个范围进行级别划分（图 8 - 8、表 8 - 9）。结果表明，平谷区农民居民点整治后耕地自然质量分值均值为 0.7337，整体处于中等水平。其中，一等地面积为 247.58 公顷，占全区分等地块面积的 7.50%，二等地面积为 384.47 公顷，占全区分等地块面积的 11.65%，这两个等别的农村居民点集中分布平原区的马坊镇、马昌营镇、大兴庄镇和平谷镇，该区域是全区优质农田的分布区，土壤肥力高，农田基础设施好，居民点整治后耕地质量较高；三等地面积为 1218.75 公顷，占全区分等地块面积的 36.93%，是农村居民点整治后的主要耕地等别，主要分布在东高村镇、峪口镇、山东庄镇、王辛庄镇和南独乐河镇，该区域地势相对平坦，灌溉和排水条件略有影响，土壤有机质含量和地形坡度影响不大，整理后耕地质量中等；四等地面积为 575.84 公顷，占全区分等地块面积的 17.45%，五等地面积为 873.64 公顷，占全区分等地块面积的 26.45%，这两个等别的农村居民点主要分布在夏各庄镇、南独乐河镇和金海湖镇的低山丘陵区，在北部山地区刘家店镇、大华山镇和镇罗营镇也略有分布，该区域地形坡度相对较大，农用地多是旱地，土层瘠薄，土壤质地比较粗，整治后耕地质量偏低。

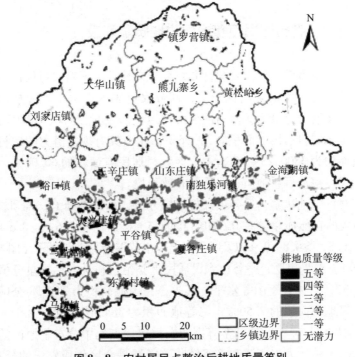

图 8-8　农村居民点整治后耕地质量等别

资料来源：笔者根据计算结果绘制。

表 8-9　　　　　平谷区农村居民点整治后耕地质量等别统计

等别	分值区间	均值	标准差	面积/公顷	比例/%
五等	0.9024～0.9745	0.9379	0.0221	247.58	7.50
四等	0.8018～0.8956	0.8696	0.0304	384.47	11.65
三等	0.7051～0.7987	0.7295	0.0252	1218.75	36.93
二等	0.6002～0.6982	0.636	0.0234	575.84	17.45
一等	0.3910～0.5991	0.4963	0.0216	873.64	26.47
合计	0.3910～0.9745	0.7337	0.0243	3300.28	100.00

资料来源：笔者根据计算结果整理编制。

8.5.3　农村居民点整治补充耕地综合生产能力

利用式 8-13 与式 8-14 计算得到平谷区各农村居民点地块整治后耕地单产和总产，汇总得到不同质量等别和乡镇的产值均值。平谷区农村居民点整治后耕地单地块单产浮动区间为 5769～12758 千克/公顷，全区耕地单产均值为 9874 千克/公顷，整体处于中等水平；在划分的 5 个等别中，五等地和四等地标准粮单产均值最高，分别为 12320 千克/公顷和 11502 千克/公顷，一等地最低，为 7030 千克/公顷；从空间来看，平原区的马坊镇、马昌营镇、平谷镇等农村居民点整治后耕地单产均值较高，均达 11000 千克/公顷以上，山地区农村居民点整治后耕地单产均值在 6500～9000 千克/公顷。

平谷区农村居民点整治后耕地单地块总产区间为 0～200 吨，全区耕地总产约为 5400 吨；各乡镇整治后耕地总产范围在 20～900 吨，差别较大，其中马坊镇农村居民点整治后耕地总产最高达 900 吨，金海湖镇、马昌营镇、峪口镇、王辛庄镇、东高村镇、山东庄镇等整治后耕地总产在 300 吨以上，而北部山地的各乡镇农村居民点整治后耕地总产能力依然较低。

从全区各乡镇农村居民点整治补充耕地数量现实潜力、质量单产以及总产产能分布情况来看（见图 8-9），补充耕地总产与数量现实潜力的位序总体一致，说明补充耕地数量是增加耕地总产的主要影响因素；但对补充耕地总产较高的几个乡镇具体分析来看，其补充耕地面积与增加耕地总产的位序又存在一定的差异，这又与农村居民点整治后耕地质量和单产水平有很大关系。因此，由于质量的差异，在耕地占补平衡过程中，不能单一地以农村居民点整治补充耕地数量为依据，应统筹补充耕地数量和质量并重，考虑农村居民点整治后耕地的综合生产能力，这样才能达到"双保"平衡。

163

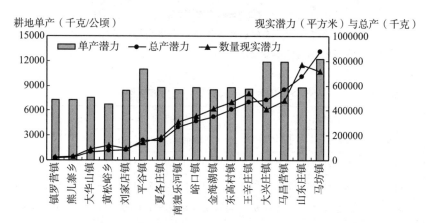

图 8-9 平谷区农村居民点整治补充耕地数量潜力与质量等别对比分析

资料来源：笔者根据计算结果绘制。

依据农村居民点整治增加耕地总产产能，将全区农村居民点整治潜力划分为四个等级（见图8-10，表8-10），对不同等级影响农村居民点整治潜力释放的关键性因素进行分析，同时识别绝对性限制因素类型（见图8-11），为相关政策和措施的制定提供参考。

图8-10 农村居民点整治综合潜力等级分布

资料来源：笔者根据计算结果绘制。

表8-10   平谷区农村居民点整综合潜力等级划分

等级	总产/吨		单产均值千克/公顷		现实潜力/公顷	面积/公顷
	阈值	合计	阈值	均值		
Ⅰ级	[50.00, 200.00)	2390.17	10188.91~12728.26	11524.43	207.4	996.16
Ⅱ级	[20.00, 50.00]	2246.89	8032.66~12464.95	10146.26	221.45	1159.09
Ⅲ级	(0, 20.00)	742.62	7433.70~11147.24	8696.81	85.39	1145.04
Ⅳ级	0	0	0	0	0	2193.65

资料来源：笔者根据计算结果整理编制。

图 8 - 11 整理潜力释放的限制因素类型

资料来源：笔者根据计算结果绘制。

Ⅰ级区，为农村居民点整治后耕地总产能大于 50 吨的地块，总面积为 996.16 公顷，单产均值为 11524.43 千克/公顷，增加耕地总产能力高达 2390.17 吨。该区农村居民点整治补充耕地有效面积和整理后耕地质量均较高，集中分布在中南部马昌营镇、大兴庄镇、马坊镇和东高村镇，农村居民点单个地块面积较大，理论潜力较高，依托平谷新城和马坊工业园区和物流园区的带动与辐射，村集体经济发达，农民多从事第二、第三产业，村民观念更新快且建房期望强烈，农村居民点易于整治，整治可补充有效耕地面积 207.40 公顷，包括高潜力级 179.19 公顷和中潜力级 28.23 公顷；在自然条件上，该区土壤养分中等偏上，有水源保证，灌排条件好，基本无限制因素，加上农户对耕地的投入较高、管理比较严格，地块宜耕性较好，整治后耕地质量等分别为：五等地占 22.57%、四等地占 34.89%、三等地占 42.54%。

Ⅱ级区，为农村居民点整治后耕地总产能介于 20～50 吨的地块，总面积为1159.09公顷，单产均值为10146.26千克/公顷，增加耕地总产能力达2246.89吨。该区农村居民点整治受一定因素影响，整理补充耕地有效面积和整治后耕地质量或高或低，主要分布在峪口镇、王辛庄镇、山东庄镇和金海湖镇，农村居民点总规模较大，其中金海湖镇和峪口镇是北京市重点建设小城镇、山东庄镇和王辛庄镇则是新城的重要组成部分，依托丰富工业和旅游资源，区域经济发展迅速，城镇化水平不断提高，在未来10年内将会转移大量的农村人口，节约出大量的农村建设用地，有利于农村居民点整治的推进，整治可补充有效耕地面积221.45公顷，包括高潜力级143.93公顷、中潜力级63.74公顷和低潜力级13.77公顷；整治后耕地地块大部分地势平坦、水源基本有保证，以三等地为主，约占68.58%，也有少部分山区地块土壤质地偏沙、养分偏低、灌溉设施较差、地块零散，但稍加整治即可获得较高的效益。

Ⅲ级区，为农村居民点整治后耕地总产能基于0~2吨的地块，总面积为1145.04公顷，单产均值为8696.81千克/公顷，增加耕地总产能力达742.62吨。该区农村居民点整治受限制程度较大，整治补充耕地有效面积和整治后耕地质量均较低，主要分布在夏各庄镇、南独乐河镇、刘家店镇以及金海湖镇西部、王辛庄镇南部和大华山镇南部区域，农村居民点面积相对较小且分散，除受自然适宜性条件影响外，各区域受其他因素影响略有不同，其中大华山镇和刘家店镇远离城区或镇中心区，农村发展缺乏相应的动力支撑，村民思想相对闭塞，对村庄搬迁的抵触情绪较大，更多的受经济和社会因素限制较大，短期内难以推进村庄整治；金海湖镇则因为社会可接受性不高，农民对农用地的依赖程度较高是影响整治潜力释放的主要因素；王辛庄镇南部、夏各庄镇北部和南独乐河镇中部是北京市重要的地下水源补给区，生态安全是其农村居民点整治的主要限制因素。受这些因素影响，该区域整治可补充耕地为面积85.39公顷，整治后耕地为一等地和二等地、面积分别占64.28%和35.72%，虽然潜力等级较低，但整体上具有一定的现实潜力。

Ⅳ级区，即为自然适宜性、生态安全性和规划导向性等因素对农村居民点整治的绝对限制性区域，从整治补充耕地数量和质量的角度，该区域不应进行整治。按照不同因素限制的主导性，该区可以划分为四类（见图8-11）：自然限制类、生态限制类、规划限制类和综合限制类，其中自然限制类面积为 378.22 公顷，主要分布在北部山地区，受地形坡度限制，现状农村居民点规模较小、分布零散，农业人口转移较小，土壤稀薄、土壤养分贫瘠；生态限制类面积为 384.15 公顷，主要分布在沿沟河、洳河两岸和海子水库周边的水源保护区；综合限制类面积为 333.45 公顷，主要是自然限制和生态限制的综合，分布在地质易发区、水土流失敏感区和自然保护核心区，生态脆弱性显著；对于这三类居民点，迫于自然和生态条件的恶劣，地方政府和农民对农村居民点整治具有一定程度的可接受性，但由于耕地收益低、经济欠发达、投资能力弱等因素，也阻碍着农村居民点整治；规划限制类的农村居民点总面积为 1097.83 公顷，主要分布在规划新城集中建设区、马坊工业园区与物流园区、主要乡镇主镇区和部分主干道周边，这类地块整治后耕地质量一般较高，但受规划政策导向和城镇发展的要求，未来该类农村居民点将逐渐腾退出用于城镇建设。

8.6 小 结

167

（1）保障耕地占补平衡和提高耕地综合生产力是中国农村土地合整治的核心，也是农村居民点整治的重要目标，其补充耕地应统筹质量与数量。针对当前农村居民点整治潜力内涵与测算方法研究不足的现状，本章在构建农村居民点整治综合潜力概念模型的基础上，重点对农村居民点补充耕地数量、质量和综合生产力基本潜力的测算进行了探讨。在数量潜力方面，提出了基于自然适宜性、生态安全性、规划导向性、经济可行性和社会可接受性综合修正的农村居民点地块整理补充耕地数量测算方法与指标体系；在质量潜力方面，应用农用地分等理论与邻域替代法，定量化评价了农村居民点整治后耕地质量等级；进而统筹补充耕地数量与整理后耕地质量，采用产能核算模型，估算了农村居民点整治后耕地单产和总产潜力，相应的划分为四个等级，并对各等级区的地域条件、用地特征和限制因素的进行了具体分析。这进一步丰富和完善了农民居民点整治潜力研究的理论与实践，研究结果对区域农村居民点整治规划和城乡建设用地增减挂钩政策的制定与实施具有借鉴意义。

（2）研究表明，平谷区农村居民点整治补充耕地数量的理论潜力为 1978.53 公顷；经自然、生态、经济、社会以及规划等因素综合修正后，农村居民点整治补充耕地数量的现实潜力为 514.24 公顷，整治增加耕地系数为 9.25%。全区农村居民点地块整治后耕地自然质量分在 0.3910 ~ 0.9745，相应的划分为五个等级，高等级的一等地和二等地面积分别占全区面积的 7.50% 和 11.65%，中等级的三等地面积占 36.93%，低等级的四等地和五等地面积分别占 17.45%、26.45%。

按照整治后耕地单地块总产的差别较，全区农村居民点整治基本潜力可划分为四个等级：I 级区为整治后耕地总产能大于 50 吨的地块，农村居民点整治补充耕地有效面积和整理后耕地质量均较高，集中分布在中南部马昌营镇、大兴庄镇、马坊镇和东高村镇；II 级区为整治后耕地总产能介于 20 ~ 50 吨的地块，农村居民点整治受一定因素影响，整治补充耕地有效面积和整理后耕地质量或高或低，主要分布在峪口镇、王辛庄镇、山东庄镇和金海湖镇；III 级区为整治后耕地总产能基于 0 ~ 20 吨的地块，农村居民点整治受限制程度较大，整治补充耕地有效面积和整治后耕地质量均较低，主要分布在夏各庄镇、南独乐河镇、刘家店镇以及金海湖镇西部、王辛庄镇南部和大华山镇南部区域；IV 级区为农村居民点整治的绝对限制性区域，不应进行整治，按照不同因素限制的主导性，该区划分自然限制类、生态限制类、规划限制类和综合限制类四类。

第9章 农村居民点整治类型与时空配置

作为一个区域，应首先确定农村居民点整治目标，明确目标类型及其整治的时间顺序和空间分布，在此基础上分析整治的效益、进行整治规划以及探讨不同区域应所采取的整治措施，即农村居民点整治规划前必须进行时空配置研究，以保障规划的科学合理。随着国家提出空心化村庄整治和开展"万村整治工程"，农村布点规划和农村居民点整治在全国各地广泛开展，土地工作者们也在实践过程中总结和积累了许多成功经验，但也存在若干问题和偏差，如在很多地方没有按照因地制宜和分类有序的原则对待情况各异的村庄，多以农村居民点整治潜力作为唯一的依据，并且未在总体安排上进行时间和空间的优化，缺乏整治的时空计划。因此，迫切需要结合农村居民点的现实情况与环境特征，在分类型、划等级、定时序的基础上推进农村居民点整治。

9.1 研究思路

农村居民点具有多功能性，相应的农村居民点整治也就有多种类型和多重目标。根据农村居民点多功能的特点，农村居民点整治首先得根据功能需求进行分类。在确定功能类型的基础上，进行空间上和时间上的安排，即开展农村居民点时空配置研究。分类研究是区域研究的一种重要工具，为各种空间问题的深入研究提供了简单的指导框架（姜广辉，2007）。农村居民点整治类型划分是区域农村居民点整治多目标实现和时空安排的重要基础和依据，其实质就是体现农村居民点利用的现势性、适宜性和预见性，可以依据农村居民点多方面的利用现状与高等级或理想目标的相似性或差异性，对农村居民点整治类型的聚类化界和空间上的群体分类。

农村居民点整治时空配置是针对实现农村居民点整治多重目标具有影响的因素进行分析、评价，根据评价因素状况确定农村居民点整治的时间安排，对农村居民点整治进行空间的最佳组织与配置；它具有时间和空间上的双重维度，是针对农村居民点整治多目标、而非单一目标的时间安排和空间组织。时间维度，即农村居民点整治是一项长期的复杂工程，必须分阶段推进，体现了农村居民点整治合理有序的原则，一般以农村居民点整治的迫切程度为划分的参考，迫切程度越大，整理时序越靠前；空间维度，即农村居民点整治具有区域性差异，体现了农村居民点整治因地制宜的原则，一般以农村居民点整治的适宜程度为划分的参考，适宜程度越大，整理越优先。这样，我们就可以从时间迫切性和空间适宜性两个方面进行农村居民点整治时空配置，但时空配置的时间维度和空间维度并不是孤立分开的，两者具有相互的联系和作用，农村居民点整治的时序安排是其空间组织的基础和依据，而空间组织是实现时序安排的途径是支撑，最终所形成的时空配置是时序分区和空间分区的分区统一体。

170

9.2 基于生态位的农村居民点整治类型划分

根据生态位理论，农村居民点是具有生命的一类群体，具有其理想生态位和现实生态位。农村居民点生态位适宜度是指农村居民点的现实生境条件与最理想适合发展条件之间的贴近程度。一般来讲，农村居民点生态位适宜度存在一定的位势，按照位势的高低可以分为优势位和劣势位，前者则是农村居民点生境内资源充裕，能够促使农村居民点去寻求、占有和拓展良好的空间，促进其不断发展；而后者则是农村居民点生境内资源紧缺，农村居民点降低利用强度，不断的适应外部环境变化，调节自身利用周围环境资源的方式，努力实现与系统内各种环境要素之间关系的平衡，即开展农村居民点整治。总的来看，农村居民点发展过程中其周围资源要素有多种类型，但供给范围却相对有限，按照生境内资源供应条件的不同，其对应的农村居民点发展或整治类型也不相同。因此，通过分析农村居民点利用现状及其生境内资源条件特征，揭示农村居民点生态位适宜度的位势高低及其限制因素，可以为农村居民点整治类型划分提供依据。具体步骤为：（1）确定农村居民点生态位适宜度评价指标体系，通过量化分析获取各因子的实测值，构成资源现实生态位；（2）分析农村居民点的需求生态位，计算一定的环境中，农村居民点的生态位适宜度位势值；（3）通过比较生态位适宜度位势值的大小，依据限制生态元的类型及其程度识别农村居民点整治类型。

9.2.1　评价指标体系

"新农村建设"提出积极推进农村居民点整合，通常情况下，选择建设限制条件少、水资源和土地资源充足、交通条件优越、经济基础好、现状人口和用地规模大的村庄作为重点发展村，对山区灾害地质易发区、饮水困难区、交通不便、分散的规模极小、设施配套薄弱的村庄进行优化整合。为此，按照"生产发展、生活宽裕、生态文明"的社会主义新农村建设要求，遵循安全性、保护性、方便性、经济性和永续性等原则，从影响农村居民点用地的生态条件、生产条件和生活条件中选取 14 项指标，建立农村居民点用地适宜性评价指标体系。考虑不同条件对农村居民点用地适宜性影响程度不同，采用专家打分法，确定不同因子对农村居民点用地影响的权重（见表 9－1）。

171

表 9－1　　农村居民点用地适宜性评价指标与平谷区现状值

评价指标		指标性质	平谷区各项指标现状值		指标权重
一级指标	二级指标		变化范围	均值	
生态条件	X_1	概念型、有限制条件	—	—	0.29
	X_2	连续型、有限制条件	0 ~ 3.96	1.15	0.27
	X_3	概念型、无限制条件	—	—	0.21
	X_4（千米）	连续型、有限制条件	0 ~ 8.38	1.58	0.23
生产条件	X_5（人）	连续型、无限制条件	16 ~ 3476	506	0.23
	X_6（%）	连续型、无限制条件	0 ~ 57.67	9.36	0.21
	X_7（米）	连续型、无限制条件	0 ~ 152.90	60.31	0.19
	X_8	连续型、无限制条件	0.045 ~ 0.857	0.488	0.16
	X_9（万元）	连续型、无限制条件	435.05 ~ 6745.10	1590.42	0.21

评价指标		指标性质	平谷区各项指标现状值		指标权重
一级指标	二级指标		变化范围	均值	
生活条件	X₁₀（千米）	连续型、无限制条件	0 ~ 5.37	0.82	0.24
	X₁₁（千米）	连续型、有限制条件	0 ~ 1.19	0.23	0.19
	X₁₂（公顷）	连续型、无限制条件	0.06 ~ 103.60	19.75	0.22
	X₁₃（%）	连续型、无限制条件	0.65 ~ 60.47	12.59	0.21
	X₁₄（元）	连续型、无限制条件	3850 ~ 19800	8160	0.16

注：X_1 表示地质灾害；X_2 表示地形位；X_3 表示坡向；X_4 表示水源影响度；X_5 表示从业人口规模；X_6 表示工商企业用地比重；X_7 表示工商企业用地可达性；X_8 表示农用地质量；X_9 表示固定资产投资额；X_{10} 表示道路通达度；X_{11} 表示城镇中心可达性；X_{12} 表示农村居民点规模；X_{13} 表示服务设施用地比重；X_{14} 表示人均储蓄值。
资料来源：笔者根据计算结果整理编制。

生态条件主要反映自然因素对居民点建设的限制性、水土资源保护性及其对人类居住的适宜性，居民点应规避各类自然灾害易发地区、地质承载薄弱地区和重要生态保护区，而择取水土资源丰富、利用条件便利的优势地段。研究选择地质灾害、地形位、坡向和水源影响度作为生态条件评价指标。

生产条件反映了农村发展的永续性和农民生存的基础保障。传统意义上的农村是以农业为主要产业的劳动者就业和居住的聚居区，其土地主要包括农业用地和居民点用地。作为北京市近郊区，随着产业结构、交通条件、经济水平、区域功能等条件的变化，农村产业活动趋于多样化，农民收入趋于非农化，农村非农业用地迅速增加，非农业收入成为农民的主要收入来源，工资性收入已占到农民收入的60%以上（张强，2005）。因此，考虑农村功能多元化特征，选择从业人口规模、工商企业用地比重、工商企业用地可达性、农用地质量和固定资产投资额作为生产条件评价指标。

生活条件主要反映农民生活水平的高低，决定了农村居民点的发展规模，通常用区位条件和基础服务设施建设情况来表征。研究选取道路通达度、城镇中心可达性、农村居民点规模、服务设施用地比重以及人均储蓄值作为生活条件评价指标。

9.2.2 评价指标的量化分析与空间分布

基于生态位的基本含义，我们不妨把某种发展所需求的资源多维空间称为其需求生态位,而现实资源构成的对应资源多维空间,称为现实资源生态位,简称现实生态位。具体来说,农村居民点用地对资源和环境条件的要求构成其需求生态位,而区域条件对应的资源空间就是其现实生态位,两者之间的匹配关系,反映了区域条件对居民点的生态位适宜程度。当区域条件完全满足用地要求时,生态位适宜度为1,完全不能满足用地要求时,生态位适宜度为0。具体到各因素对农村居民点用地要求的适宜程度可以分为3类,第1类是区域资源条件越丰富越好,低于某一条件就成为限制因素;第2类是在区域资源条件可供给的范围内存在一个最适宜区间,区间之外适宜度逐渐降低;第3类是区域条件越低越好,达到一定条件后就成为限制因素。通常,对于空间连续性变量,采用标准差、幂函数和指数等模型估计其适宜度,如地形位、水源影响度等;对于概念性变量,采用赋值表达,如地质灾害和坡向等。

(1)地质灾害。地质灾害是影响山区居民点用地的最大限制性因素,泥石流是平谷区最主要的地质灾害种类,其次为崩塌、滑塌,主要分布在平谷区北部山区,分布密度高、危害大,给当地居民生活和生产造成严重威胁。研究中按照《平谷区新城规划(2005~2020年)》的城乡地质灾害等级分布图,采用赋值进行量化(见表9-2),对地质灾害极易发区作为居民点用地不适宜区,赋值为0,量化结果如图9-1所示。

表 9 - 2　　　　　　　平谷区不同地质灾害等级量化标准

地质灾害等级	非易发区	低易发区	中易发区	高易发区	极易发区
面积比例(%)	34.10	31.67	18.86	5.08	10.28
指标值	1.00	0.75	0.50	0.25	0

资料来源:笔者根据计算结果整理编制。

(2)地形位。地形是影响居民点建设投资和开发强度的重要控制性因素,主要包括高程和坡度。地形位将高程与坡度进行合成,可以综合反映山区地形条件(曲衍波,2008),所以研究中选用地形位指数作为评价地形的指标。首先建立平谷区数字高程模型,从中提取坡度,然后采用(式9-1)进行合成,得到地形位分布。

173

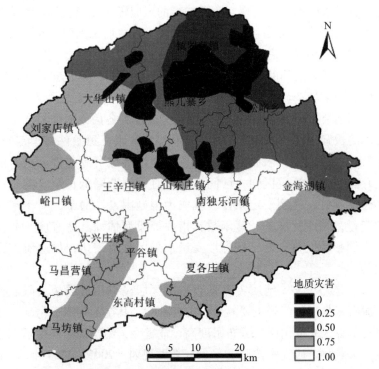

图 9 - 1 平谷区地质灾害量化分布

资料来源：笔者根据计算结果绘制。

$$T = \log\left[\left(\frac{E}{\bar{E}} + 1\right) \times \left(\frac{S}{\bar{S}} + 1\right)\right] \qquad (式 9 - 1)$$

式中，T 为地形位指数；E 及 $\bar{E}$ 分别代表任一栅格高程值和平谷区平均高程值；S 及 $\bar{S}$ 分别代表任一栅格坡度值和平谷区平均坡度值。平谷区高程范围 0 ~ 1224 米，坡度范围 0 ~ 87.86°，合成后的地形位指数范围在 0 ~ 3.96。一般情况下，海拔过高、地形陡峭地区难以进行建设，即地形位指数越大，居民点建设适宜性越低，参考建设用地的适宜规划标准，把平谷区海拔 1000 米、坡度 30°（地形位指数 2.04）作为农村居民点用地的限制条件，采用分段函数（式 9 - 2）进行量化，结果如图 9 - 2 所示。

$$Y = \begin{cases} 0, & x_i \geq 2.04 \\ \dfrac{2.04 - x_i}{2.04 - x_{min}}, & x_i < 2.04 \end{cases} \qquad (式 9 - 2)$$

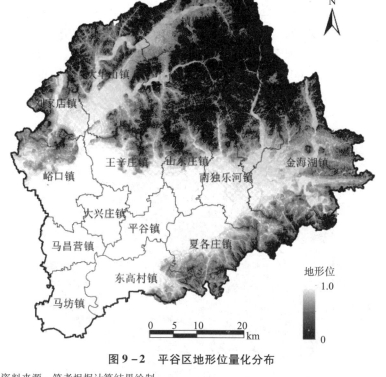

图 9 - 2　平谷区地形位量化分布

资料来源：笔者根据计算结果绘制。

　　式中，Y 为地形位指标的生态位适宜度，x_i 为现实地形位，2.04 为地形位限制临界值。

　　（3）坡向。坡向反映阳光照射对农村居民点分布的影响，坡向从南到北，农村居民点建设的适宜度越来越低，从平谷区 DEM 中提取坡向分布，采用赋值量化（见表 9 - 3）。

表 9 - 3　　　　　　　　　　平谷区坡向因子量化标准

坡向	水平	北	东北	东	东南	南	西南	西	西北
面积比例（%）	12.26	7.92	7.56	9.83	11.02	13.95	14.26	12.99	10.21
指标值	1.00	0.25	0.50	0.75	1.00	1.00	1.00	0.75	0.50

资料来源：笔者根据计算结果整理编制。

（4）水源影响度。河湖水体为人们提供了丰富的水源和舒适的环境；一般情况下，离水源较近的地方，生产和生活环境较好，但水源又是生态敏感区和重点保护区。为此，在提取主要河流和全区缓冲的基础上，按照《北京市河湖治理工程规划》，分别对境内洳河、泃河、金海湖、小辛寨河等水域设定 200 米和 50 米的缓冲保护区，限制农村居民点建设，然后采用分段函数（式 6-3）进行量化与图层叠加，结果如图 9-3 所示。

图 9-3 平谷区水源影响度量化分布

资料来源：笔者根据计算结果绘制。

$$Y = \begin{cases} 0, & x_i \leq 200 \text{ 或 } x_i \leq 50 \\ \dfrac{x_{max} - x_i}{x_{max} - x_{min}}, & x_i > 200 \text{ 或 } x_i > 50 \end{cases} \qquad (式 9-3)$$

式中，Y 为水源影响度指标的生态位适宜度，x_i 为水源缓冲区的现实生态位，200 米和 50 米分别为主干河流和支流的保护界限值。

（5）农用地质量。农业用地尤其是耕地和园地资源，是山区是农民进行生产和保障生活的重要材料，其优劣直接影响着农村人口承载力和土地生产力。农用地质量是通过农用地质量分评价得到，即从平谷区土壤和地形数据库中提取灌溉保证率、土层厚度、土壤质地、土体构型、地形坡度和土壤有机质参评因子（见表9－4），根据大宗作物生长适宜性确定分级标准，利用德尔斐法获得的权重，通过加权平均的方法获农用地质量分。采用标准差进行量化（式9－4），结果如图9－4所示。

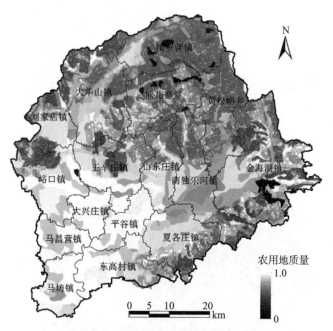

图9－4　平谷区农用地质量量化分布

资料来源：笔者根据计算结果绘制。

表9－4　　　　　　平谷区农用地质量评价所选因子及权重

评价因子	土壤质地	有效土层厚度	土壤有机质	灌溉保证率	剖面构型	地形坡度
权重	0.13	0.20	0.12	0.25	0.10	0.20

$$Y = \frac{|x_i - x_{ai}|}{S_i}$$

$$S_i = \sqrt{\frac{1}{m}\sum_{i=1}^{m}(x_i - x_{ai})^2} \qquad （式9－4）$$

式中，Y 为农用地质量的生态位适宜度，x_i 为农用地质量的现实生态位，x_{ai} 为现实生态位均值，S_i 为现实生态位标准差，m 为栅格数。

（6）就业区位。反映了农村居民点到达日常工作和生活吸引点的便利程度，通常用可达性进行表征，较高水平的可达性与高质量的生活、较高满意度、吸引力以及经济发展等相关联。研究中包括农村居民点到工商企业用地和城镇中心驻地的可达性。具体计算方法与技术流程详见参考文献（姜广辉，2008）。其中，考虑城镇未来发展的需要，对城镇规划的城镇集中建设区及其周边缓冲范围内的农村居民点进行开发再利用或用于城镇建设用地的"挂钩"拆旧区（曲衍波，2011），因此该范围内相应城镇中心可达度为0；除此以外，可达性指标值越大，说明可达性越差，农村居民点适宜度越低，采用（式9-4）方法进行量化（见图9-5）。

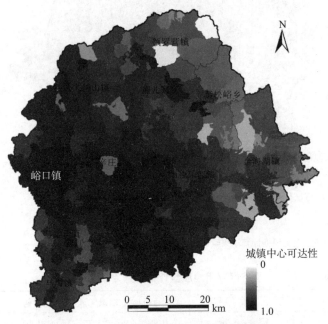

图9-5 平谷区城镇中心可达性量化分布

资料来源：笔者根据计算结果绘制。

（7）道路通达度。在快速城镇化过程中，道路对农村居民点的空间演变过程产生了重要的影响，有研究表明，现代民宅趋于交通路线和集镇中心等辐射性强地段的集聚态势（董春，2004）。研究中，从现状图中研究区主干道路分布，进行道路全区域缓冲，参考《城镇土地定级规程》中通达度模型（式9-5），计算并量化道路通达度。

$$F = [100 - 100^{(1-r_i)}]/100 \qquad (式9-5)$$

式中，F 为道路通达度指标的生态位适宜度；r_i 为道路相对影响半径，计算公式为 $r_i = d/d_i$，其中 d_i 为缓冲距离，d 为影响距离（d = m/2l），l 为全区主干道路总长度（1194 千米），m 为平谷区总面积（950.5 平方千米）。

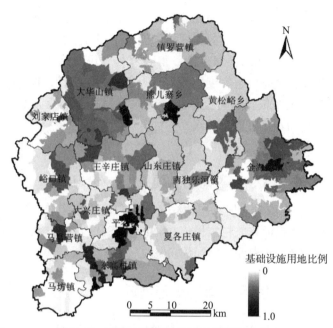

图9-6 平谷区服务设施用地比例量化分布

资料来源：笔者根据计算结果绘制。

（8）农村居民点发展状况。发展状况主要反映农村居民点规模、用地结构及相应的经济水平。包括了农村居民点用规模、从业人口规模、工商企业用地比重、服务设施用地比重、固定资产投资额和人均储蓄值等指标。通过调查统计，获取平谷区 275 个行政村的各指标数据，利用 GIS 技术，以行政村为数据载体，进行指标属性链接，并栅格化。考虑选取的各项指标值越大，农村居民点发展状况越好，采用（式9-4）进行量化（见图9-6）。

9.2.3 农村居民点适宜性综合评价

根据谢尔福德限制性定律，任何一个生态因子在数量或质量上的不足，就会使该种生物衰退或不能存在（钱辉，2006）。显然，这个定律也适用于需求与供给条件之间的匹配关系，即在居民点用地需求生态位中，任何资源和环境因素的现状条件，在数量上或质量上接近可利用的限度时，就会成为居民点用地的限制因素。研究中，地质灾害、地形、水源影响度以及城镇中心可达度对农村居民点的存在限制条件，即各指标空间分布中生态位适宜度为0的区域，将该区域直接界定为农村居民点的不适宜区，然后对量化的各项指标值采用综合生态位适宜度评价模型（式9-6）进行地图叠加运算，得到农村居民点综合生态位适宜度指数，并对综合生态位适宜度指数进行频率直方图统计，以频率突变点为等级划分的主要依据，将全区划分为农村居民点高度适宜、中度适宜、低度适宜和不适宜四个等级。

$$\begin{cases} X_{ens} = 0 & \text{当 } X_{ij} = 0 \text{ 时；} \\ X_{ens} = \sum_{i=1}^{n} X_{ij} \times w_i & \text{当 } X_{ij} \neq 0 \text{ 时。} \end{cases} \quad (\text{式} 9-6)$$

式中，X_{ens}为农村居民点用地综合生态位适宜度指数，X_{ij}为每一个栅格单元第i项指标对农村居民点用地的生态位适宜度指数，w_i为第i个项指标的权重，n为评价指标数。

9.2.4 农村居民点整治类型判定

借助GIS空间分析功能，提取平谷区275个行政村的农村居民点分布，与农村居民点生态位适宜度评价结果进行空间叠加，对叠加后同一行政村内农村居民点被分割的图斑进行适宜等级统计。根据各农村居民点所处的限制性区域和不同适宜性等级，将研究区农村居民点划分为六种整治类型，具体划分依据如表9-5所示。

表9-5 农村居民点整治类型划分依据

农村居民点整治类型	生态位适宜度等级	生态位适宜度指数	限制性条件	农村居民点整治迫切程度
生态迁移型	不适宜	0	地质灾害极易发区、水土流失高发区和水源保护核心区的农村居民点	极度迫切
城镇转化型	不适宜	0	规划新城集中建设区和镇中心区范围内的农村居民点	极度迫切

农村居民点整治类型	生态位适宜度等级	生态位适宜度指数	限制性条件	农村居民点整治迫切程度
城乡挂钩型	不适宜	0	规划新城集中建设区和镇中心区的缓冲区内的农村居民点	极度迫切
迁村并点型	低度适宜	0.1841~0.4433	低适宜等级面积比例大于50%	高度迫切
内部挖潜型	中度适宜	0.4433~0.6728	低适宜等级面积比例大于50%和高度适宜等级面积比例大于50%以外的农村居民点	中度迫切
保留发展型	高度适宜	0.6728~0.8995	高度适宜等级面积比例大于50%	低度迫切

9.3 基于迫切—适宜性的农村居民点整治时空配置方法

按照农村居民点整治时空配置的内涵及其基本特征，分别确定农村居民点整治的时间迫切性和空间适宜性的表现形式，建立迫切—适宜性组合矩阵；然后针对农村居民点整治多重目标，构建农村居民点整治时序安排方案，最后以综合目标为导向，利用互斥性组合分类法，进行农村居民点整治的空间分区。

9.3.1 迫切—适宜性组合矩阵的建立

农村居民点整治的时空迫切性和空间适宜性的直接表现形式就是农村居民点的生态位适宜程度和农村居民点整治潜力等级，这是因为：（1）上述的农村居民点生态位适宜度评价和前文的农村居民点整治综合潜力分析所考虑的影响因素包含了实现农村居民点整治战略目标需要解决的问题，具有综合性；（2）农村居民点整治类型是实现时空配置的基础，通过对不同整治类型农村居民点用地结构、功能和方式的分析，了解不同整治类型农村居民点的地域分异，结合不同整治类型农村居民点生境资源条件以及长期发展目标，能够建立与之相适应的时序安排和空间组织；（3）根据生态位理论，当农村居民点的生境间资源条件与其资源需求条件之间的贴近程度很少，甚至接近0时，说明农村居民点将失去其择优生存的能力，将面临消亡，对于这类农村居民点而言，就迫切的需要进行资源补充或另寻其他资源丰富的生境去生存和发展，即优先进行农村居民点的搬迁与选址新建，从这个角度来看，农村居民点生态位适宜度的高低也是决定农村居民点整治迫切性的重要依据（见表9-5）；（4）按照木桶效应理论，当某一项因素达到农村居民点整治要求的最低限时，该因素所对应空间范围内的农村居民点不具备整治的适宜性，农村居民整治潜力从自然、生态、经济、社会以及规划等不同角度分析了农村居民点整治的限制性因素及其空间分布，所以，农村居民点整治潜力越大的区域，开展农村居民点整治的适宜程度越高。据此，我们利用农村居民点整治类型与农村居民点整治潜力等级构建农村居民点整治迫切—适宜性组合矩阵（见图9-7）。

迫切度/整理类型 ↑高 ↓低				
生态迁移型（T_1）	T_1P_1	T_1P_2	T_1P_3	T_1P_4
城镇转化型（T_2）	T_2P_1	T_2P_2	T_2P_3	T_2P_4
城乡挂钩型（T_3）	T_3P_1	T_3P_2	T_3P_3	T_3P_4
迁村并点型（T_4）	T_4P_1	T_4P_2	T_4P_3	T_4P_4
内部挖潜型（T_5）	T_5P_1	T_5P_2	T_5P_3	T_5P_4
保留发展型（T_6）	T_6P_1	T_6P_2	T_6P_3	T_6P_4
类型/等级	高潜力（P_1）	中潜力（P_2）	低潜力（P_3）	无潜力（P_4）

高 ←——————适宜度/整理潜力——————→ 低

图9-7 农村居民点整治迫切—适宜性组合矩阵

资料来源：笔者根据研究内容绘制。

9.3.2 不同目标下农村居民点整治的时序安排

结合研究区农村居民点整治的功能定位，结合农村居民点整治的迫切—适宜性组合矩阵，为实现不同整治目标下地农村居民点整治时序，体现多目标整治的弹性空间，提出以下四种农村居民点整治的时序安排方案。

（1）从提高耕地综合生产能力，保障粮食安全来看，高适宜度区多为平原，经济实力和社会可接受性强，农村居民点整治为耕地的限制因素少，整理后耕地综合潜力大，尤其对于农村居民点生存条件差、城镇发展用地需求大的迫切整理区更应优先进行农村居民点整治，按照耕地保护和农村居民点整治难易程度的农村居民点整治时间排序为：$T_{1-3}P_1 > T_{1-3}P_2 > T_4P_1 > T_4P_2 > T_5P_1 > T_5P_2 > T_{1-5}P_3 > T_6P_1 > T_6P_2 > T_6P_3 > T_{1-6}P_4$。

（2）从改善农民生存环境，推进新农村建设来看，高迫切区多为分布在地质灾害易发、水源保护核心区或者是偏远的深山地区等，由于这些限制条件阻碍了农村生产条件和生活水平的进一步提高，并且往往不具备整理后复垦为耕地的潜力，以改善农村生存条件和降低生态风险为目标时，农民居民点整治的时间排序为：$T_1P_{1-4} > T_4P_{1-4} > T_{2-3}P_1 > T_{2-3}P_2 > T_5P_{1-2} > T_{2-3}P_3 > T_{2-3}P_4 > T_5P_{4-4} > T_6P_{3-4} > T_6P_{1-2} > T_6P_{3-4}$。

（3）从优化城乡用地结构，保障城镇发展来看，位于现状城镇周边的农村居民点由于受规划因素的影响，在未来城镇发展过程中将被城镇化，农村居民点用地转化为城镇建设用地，另外，对于农村土地利用粗放、居住环境差的传统农区农村居民点，非农产业不发达，但具备复垦为优质耕地的潜力，应适当进行农村居民点集中归并或作为城镇用地挂钩的拆旧区，进行优先整治，按照城乡用地空间管制的农村居民点整治时间排序为：$T_2P_{1-4} > T_3P_{1-4} > T_1P_{1-2} > T_4P_{1-2} > T_5P_{1-2} > T_1P_{3-4} > T_4P_{3-4} > T_5P_{3-4} > T_6P_{1-4}$。

（4）在综合考虑迫切程度和适宜程度两方面的因素，按照科学划定农村居民点补充耕地布局、合理引导农村居民点有序发展以及有效促进城乡用地格局规整协调的综合整治目标，在市场因素的调控和规划政策的指导下，优先整治迫切程度高、整理潜力大的区域，最后整治迫切程度低、整理潜力小的区域，这样农村居民点整治的时间排序为：$T_1P_{1-4} > T_2P_{1-4} > T_{3-4}P_1 > T_{3-4}P_2 > T_3P_3 > T_3P_4 > T_5P_1 > T_5P_2 > T_4P_3 > T_4P_4 > T_5P_3 > T_5P_4 > T_6P_{1-2} > T_6P_{3-4}$。

9.3.3　综合目标下的农村居民点整治时空配置

基于上述提出的多目标农村居民点整治时序安排方案，相对应的农村居民点整治空间分区也有所不同，本研究着重对综合目标下的时间排序进行空间化。首先按照综合目标，提出农村居民点整治时空分区的基本原则：（1）受自然环境限制性因素的影响，位于偏远山区的生态脆弱性地段不适宜农民生产和生活，优先进行整理；（2）受规划限制性因素的影响，位于城镇规划区内农村居民点对城镇发展起到阻碍作用，优先进行整理；（3）从耕地综合生产力和整理难易程度来看，整理潜力越高的农村居民点受限制因素少且程度低，易于整理，应优先进行；

（4）从引导农村居民点合理发展的角度来看，区位条件差、人口与规模小、经济实力弱的农村居民点缺乏内生动力，优先进行整理；（5）在对上述原则综合考虑，进行农村居民点整治优先等级确定时，优先顺序不分先后。然后，由农村居民点整治类型图与农村居民点整治综合潜力等级图叠加得到迫切—适宜性组合矩阵的空间化，基于前述原则，对其进行判别与归类，得到按优先等级排序的空间布局（见表9-6）。

表9-6　　　　　　　　农村居民点整治时空优先度划分依据

配置类型	农村居民点整治类型（T）与农村居民点整治综合潜力等级（P）的组合类型
优先整治区	T_1P_{1-4}、T_2P_{1-4} 和 $T_{3-4}P_1$
重点整治区	$T_{3-4}P_2$、T_3P_{3-4}、T_5P_{1-2} 和 T_4P_{3-4}
适度整治区	T_5P_3、T_5P_4、T_6P_1 和 T_6P_2
非整治区	T_6P_3、T_6P_4

资料来源：笔者根据研究内容绘制。

9.4　结果与分析

9.4.1　农村居民点生态位适宜度分析

平谷区域面积的24.92%处于农村居民点用地高度适宜级，主要分布在中部和西南部的地势平坦区，无或很少地质灾害，自然条件优越，交通便捷，易于对外交流，人口密集，经济水平较高，是居民地用地的最适宜地段。高度适宜级外缘的南部平原和东部、西北的浅山区为农村居民点用地的中度适宜级，占全区面积的26.16%，地势略有起伏，由于南部为河流汇集区，沙土存在一定程度的液化，地基承载力有所减弱，但该区基础服务设施完善，交通方便，生产和生活条件比较优越，加上现有建筑技术的提高，农村居民点具有一定的发展潜力。低度适宜级占全区面积的21.42%，主要分布在东部和西北部低山丘陵地带，地形高爽，缺水干旱，区内优质农业资源较少，交通不便，人口分布零散，经济水平总体相对滞后，就业条件差，不利于居民点的发展。农村居民点用地的不适宜级面积占全区的27.50%，集中分布在北部山地中上部和境内主要河湖的保护区，中山地带地势陡峭，坡度较大，为地质灾害的极易发生区，交通条件较差，人口稀疏，可利用耕作资源较少，不适宜居民点建设，应作为生态涵养区；而河湖地区应作为重点生态保护区（见表9-7、图9-8）。

表9-7　　　　　　平谷区农村居民点生态位适宜度等级分析

适宜等级	面积（公顷）	所占比例（%）	区域分布特征
不适宜	26079.63	27.50	北部山地中上部与河湖保护区
低度适宜	20313.66	21.42	东部和西北部低山丘陵区
中度适宜	24808.84	26.16	南部平原和东部、西北部浅山区
高度适宜	23632.88	24.92	中部和西南部地势平坦区

资料来源：笔者根据计算结果整理绘制。

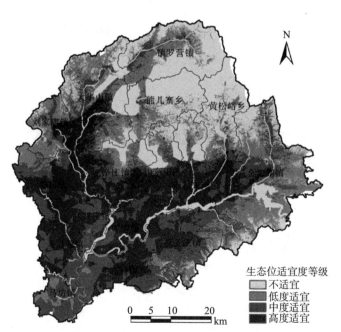

图9-8　农村居民点生态位适宜度等级

资料来源：笔者根据计算结果绘制。

9.4.2　农村居民点整治类型分析

（1）生态迁移型，包括 23 个行政村，面积 155.21 公顷，占全区农村居民点总面积的 2.84%，属于农村居民点不适宜等级，分布在北部山区镇罗营镇、黄松峪乡和熊儿寨乡的生态环境脆弱区和地质灾害易发区，该类型居民点用地比较分散、村庄基础设施建设落后、农地资源条件较差，不具备生活和生产发展的条件，应尽快实施搬迁；搬迁后的农村居民点，对周边存有耕地的可以复垦为耕地，对周边为非耕地的复垦为林地或园地，保护生态为主。在水源保护区内，基本上不存在农村居民点分布，为保护区域地表水安全和发挥生态涵养功能提供了保障（见图 9-9）。

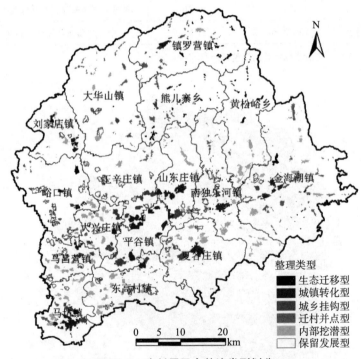

图 9-9　农村居民点整治类型划分

资料来源：笔者根据计算结果绘制。

（2）城镇转化型，包括 41 个行政村，面积 1174.64 公顷，占全区农村居民点总面积的 21.50%，属于农村居民点不适宜等级，主要分布在现状城区和主镇区附近，受城镇发展辐射作用较强，农村居民点基本上涵盖了城镇用地的功能，农民进城工作和居住的愿望强烈，具有实现城镇化的现实可能性，随着城镇化进程的加快，在近期规划中这部分农村居民点可被转化为城镇建设用地，用于工业、商服或居住等发展的需求。

（3）城乡挂钩型，包括 24 个行政村，面积 612.63 公顷，占全区农村居民点总面积的 11.21%，属于农村居民点扩展不适宜等级，主要分布在规划新城集中建设区和镇中心区临近缓冲范围，属于城乡过渡的边缘区，该类农村居民点具备一定的规模，农村产业仍以农业为主，农用地质量高，具备农业规模化和产业化经营的条件，农民外出打工较多、思想观念更新较快，也具有进城镇居住和工作的愿望，在中期规划中可以作为城镇建设用地的"挂钩"拆旧区。

（4）迁村并点型，包括 50 个行政村，面积 432.05 公顷，占全区农村居民点总面积的 7.91%，其各适宜等级的面积比例分别为低适宜占 77.26%、中度适宜占 21.64%、高度适宜占 1.1%。该类农村居民点主要分布在北部低山丘陵区、地质灾害高易发区，农村居民点规模较小，距离城区或镇区较远，人口老龄化严重，农村缺乏发展动力支撑，不具备发展第二、第三产业的资源和区位条件，农村发展受到很大的限制。对该类农村居民点而言，未来发展不具可行性，宜采取措施使其自然衰退，进行整体搬迁。

（5）内部挖潜型，包括 56 个行政村，面积 1372.18 公顷，占全区农村居民点总面积的 25.12%，其各适宜等级的面积比例分别为低适宜占 9.32%、中度适宜占 80.56%、高度适宜占 10.12%。该类农村居民点地势相对平坦，基本上不存在灾害风险，村庄有一定的人口和规模，区位条件较好，村庄建设处于初步发展阶段，第二、第三产业发展具有一定的潜力，但在长期发展过程中这些村庄内形成较多的闲置用地，自然条件较好，农用地质量也较高，具备发展优质耕地的潜力。对该类农村居民点而言，本着因地制宜的原则，立足自身挖潜，发挥产业优势和优化资源配置。

（6）保留发展型，包括 70 个行政村，面积 1716.35 公顷，占全区农村居民点总面积的 31.42%，其各适宜等级的面积比例分别为低适宜占 0.64%、中度适宜占 9.11%、高度适宜占 90.25%。该类农村居民点区位条件好，基础设施建设比较完善，企业用地比例较高，有良好的产业发展基础，基本上建立了以第二、第三产业为主导的农村产业结构，农村居民点规模较大，人口集聚度较强，对周围村庄发展起着中心村的辐射和带动作用，积极发展是该类农村居民点未来发展方向。

9.4.3 农村居民点整治时空配置分析

农村居民点整治时空配置的分区结果如表9-8和图9-10所示。

表 9-8　　　　平谷区农村居民点整治时空配置分区统计

分区	居民点/个数	总面积/公顷	平均值/公顷	最大值/公顷	最小值/公顷	标准差/公顷
优先整治区	72	1620.79	13.82	58.92	0.76	4.16
重点整治区	94	1313.27	17.98	78.6	1.62	2.61
适度整治区	54	1226.13	23.64	89.12	3.56	3.88
非整治区	55	1300.05	38.65	103.1	5.68	3.85

资料来源：笔者根据计算结果整理编制。

图 9-10　平谷区农村居民点整治时空配置格局

资料来源：笔者根据计算结果绘制。

1. 优先整治区（近期）

包括 T_1P_{1-4}、T_2P_{1-4} 和 T_3P_1、T_4P_1 组合型的农村居民点，面积 1620.79 公顷，占全区农村居民点总面积的 29.68%，涉及 72 个行政村，平均村庄面积 13.82 公顷。

T_1P_{1-4} 组合型的农村居民点面积为 155.21 公顷，主要分布在黄松峪镇、镇罗营乡和熊儿寨乡北部山区和水源保护区附近，农村居民点生态位的不适宜区，北部山区地势陡峭，生态环境脆弱，地质灾害频发，生活环境恶劣，整治后提高耕地综合生产力的潜力较低、甚至无潜力，同时农村居民点布局分散，规模小，交通不便，经济发展相对滞后，村庄基础设施建设配套成本高、难度大和管理不便，不具备人口和产业集聚的条件，该区域居民点应尽快采取一次性或分期搬迁的策略，将村庄整体迁并至镇区周边或就近的中心村。

T_2P_{1-4} 组合型的农村居民点面积为 1174.64 公顷，主要分布在规划新城集中建设区和建制镇中心区，农村居民点生态位的不适宜区，该区农村居民点将逐渐转化为城镇建设用地，整治后农村居民点将再开发利用，不宜补充为耕地，但其不能盲目扩大规模，应纳入城镇发展规划，提高用地的集约化程度。

T_3P_1 和 T_4P_1 组合型的农村居民点面积 290.74 公顷，主要分布在规划新城地区的边缘地带，属传统农区，农村非农产业不发达，耕地质量高且农村居民点具有一定规模，整治后耕地综合潜力较高，其中高潜力等级的地块面积占 70% 以上，该区在选好"挂钩"区和合理安置农民的基础上，将拆旧区优先整理为耕地。

2. 重点整治区（中期）

包括 T_3P_{2-4}、T_4P_{2-4} 和 T_5P_{1-2} 组合型的农村居民点，面积 1313.27 公顷，占全区农村居民点总面积的 24.05%，共涉及 94 个行政村，平均村庄面积 17.98 公顷。

T_3P_{2-4} 组合型的农村居民点面积 328.63 公顷，主要分布在中南部平原的传统农区，立地条件较好，整治后耕地具有一定的潜力，但地块零碎不规则；同时农民外出打工较多、思想观念更新较快，也具有进城镇居住和工作的愿望；在中期规划中可以作为城镇建设用地的"挂钩"

拆旧区，人口城镇化和农村居民点拆迁后，应进行田块优化设计和加强田间道路建设，增加耕地集聚度和机械化程度，促进农业规模经营与生产。

T_4P_{2-4}组合型的农村居民点面积413.72公顷，主要分布在金海湖镇、南独乐河镇、大华山镇和刘家店镇等区域，为农村居民点生态位低度适宜，地形复杂，农业生产条件较差，缺少农村发展的动力支撑，人口外迁逐年增多，村庄呈"老人村"和破败化趋势；整治后耕地综合潜力偏低，低潜力等级地块占35.30%，无潜力的地块占55.77%，主要是地形坡度、土层厚度和灌排条件等限制性较大；该区应由政府加以适当引导，逐步将小规模的自然村就近迁移至有一定规模、经济条件好、发展空间大的中心村，或选择适宜地区建设独立新村，使之能依附异地良好的区位条件，改善村民生活；农村居民点拆迁后，应因地制宜平整土地、修建梯田、兴修水利，发展节水农业和旱作农业，防止水土流失，并根据地形条件建设田间道路。

T_5P_1和T_5P_2型农村居民点面积570.92公顷，主要分布在平谷镇、大兴庄镇、王辛庄镇和山东庄镇等平原地区，整治后耕地综合潜力较高，其中高潜力等级地块面积占44.26%、中潜力等级地块面积占50.78%；同时农村居民点的区位条件较好，村庄建设处于初步发展阶段，第二、第三产业发展具有一定的潜力，但在长期发展过程中这些村庄内形成较多的闲置用地，在中期城镇发展和耕地保护时应对其进行重点整治，本着因地制宜的原则，立足自身挖潜，发挥产业优势和优化资源配置。

3. 适度整治区（远期）

包括T_5P_3、T_5P_4、T_6P_1和T_6P_2组合型的农村居民点，面积1226.13公顷，占全区农村居民点总面积的22.46%，涉及54个行政村，平均村庄面积23.64公顷。

T_5P_{3-4}组合型的农村居民点面积为810.02公顷，占该区总面积的66.06%，主要分布在夏各庄镇、金海湖镇、黄松峪乡和刘家店镇内的潜山丘陵地带，属典型的果业发展区，整治后耕地综合潜力相对较低，其中低潜力等级地块占63.96%、无潜力占33.63%，提高补充耕地质量需要投入的成本太高；同时该组合型的村民思想相对闭塞，村庄搬迁的抵触情绪较大，短期内难以实现村庄搬迁；从长远来看，对该区域可以维持其现状，不再安排新增宅基地，也不必要花很大代价搞基础设施建设，政府可采取适当的政策和限制发展措施，引导人口外迁，推动宅基地腾退与用地置换，逐步减少居民点用地的规模，使其自然衰退。

T_6P_{1-2} 组合型的农村居民点面积为 416.11 公顷，占该区总面积的33.94%，主要分布在平原区的东高村镇、马昌营镇、大兴庄镇和马坊镇，具有较好的自然资源条件，农用地质量高，具备农业集约化、产业化与规模化经营的条件，整治后耕地综合潜力较高；同时村庄区位条件和经济发展良好，有外延扩展的趋势，但区域村庄建设处于初步发展阶段，在长期发展过程中村庄内形成较多闲散地，人均面积大，土地利用较粗放。该区域应以农村产业发展为主，但要注意耕地保护，优先立足于现有农村居民点用地的挖潜、盘活存量建设用地，鼓励农户循环利用村落中的旧宅基地、闲置宅基地和废弃的"工业大院"，走滚动式农村整治之路。

4. 非整治区

包括 T_6P_3、T_6P_4 组合型的农村居民点，面积 1300.05 公顷，占全区农村居民点总面积的 23.81%，涉及 55 个行政村，平均村庄面积 38.65公顷。主要分布在东部制造业和沿京平高速旅游产业发展带上，属农村居民点生态位高度适宜，交通便捷，区位条件优越，具有一定的工业基础和市场基础，建立了以第二、第三产业为主导的产业结构，农村经济发展水平相对较高，人口密集，基础设施较完善，村庄功能不断强化、规模不断外延，具有实现农村城镇化的现实可能性，是平谷区未来农村居民点发展的重点；并且整治后耕地综合潜力不是很高，整体上属于非整理区。在未来发展过程中，靠近城区和主镇区的居民点应逐渐纳入城镇管理体系；在当地具有一定的地位和传统、对周边农村居民点具有辐射和带动作用的居民点应作为中心村重点发展；在村庄建设上应汲取城镇集中建设的经验，制定村庄建设规划，统建联建公寓式农宅，引导乡村工业向小城镇或者工业园区集中，有序调整村庄内部用地结构，促进农村土地集约利用（姜广辉，2007）；受城乡建设用地指标约束，农村居民点用地扩展可以参考城乡建设用地增减挂钩模式，通过"村—村增减挂钩"来实现。

9.5 小　　结

（1）因地制宜、分类有序是农村居民点整治规划与实践的基本原则。针对当前研究和实践中存在的不足，本章利用生态位适宜度理论，从农村居民点生产、生活和生态条件三个方面，基于农村居民点生存、发展所需资源条件与其所在生境可供资源条件的位势分析，并结合主导性限制条件，进行了农村居民点生态位适宜度评价和农村居民点整治类型划分；然后以农村居民点整治类型为基础，以实现农村居民点整治多重目标为导向，按照农村居民点整治的时空维度特征，建立耦合农村居民点整治类型与整治综合潜力的迫切—适宜性组合矩阵，列举出农村居民点整治不同目标实现的时间排序方案，并基于综合目标的时间排序，构建农村居民点整治空间分区；最后结合农村居民点整治时空分区统一一体的要素组合特征和外部环境要求以及农村居民点远景发展规划，探讨了不同时空分区的农村居民点整治方向和措施，以实现对农村居民点进行科学合理的调控。本研究实质上是基于农村居民点及其整治功能综合评价的分类与分区，研究结果在农村土地整治和新建农村居民点选址方面具有较强的指导意义。同时也丰富了生态位理论在不同领域中的应用。

（2）平谷区农村居民点整治类型分为生态迁移型、城镇转化型、城乡挂钩型、迁村并点型、内部挖潜型和保留发展型。不同整治类型与其整理补充耕地潜力等级的空间分布上具有一定的关联性，有助于农村居民点整治的时序安排和空间布局。其中，生态迁移型农村居民点整治后耕地综合潜力等级较低，甚至周边没有耕地地块，主要分布在北部山地生态脆弱区，不具备耕作生产的条件；城乡挂钩型和迁村并点型农村居民点整治后耕地潜力等级较高，主要位于平原或浅山丘陵地带，对城镇化和补充耕地起着推进作用，是近期农村居民点整治的重点；内部挖潜型农村居民点整治后耕地潜力等级多样化，且比例相对均衡，根据未来发展对粮食生产的需要，结合整治后耕地潜力差异，可以分别作为中期和远期农村居民点整治的重点区；城镇转化型和保留发展型农村居民点是推进城镇化和保障农民生活、生产的必要资源，不宜整治补充耕地，应提高土地集约利用程度或给予适当的发展空间。

（3）研究中构建的农村居民点整治时空配置方法与关小克等（2011）以北京市为研究区，通过农村居民点用地综合限制程度与发展张力的分析，提出以农村居民点用地稳定程度为依据的农村居民点整治时空配置方案具有异曲同工之处；但是，本章是从时空配置的时间和空间维度及其表现形式的角度，构建互斥性组合矩阵，也是对该方法的应用与发展。该方法对于综合影响同一事物或现象的两个方面来分析解决问题的途径，具有较强的适用性，尤其对两个方面差异性显著的组合类型能够明显的分辨出来；但是，对于两个方面差异不显著的中间型组合类型的分辨效果不是很明显，如何基于不同的目标导向，采取有效的数学计量模型或方法来辨析或细化中间型组合，还值得做更深入的探讨。

另外，从规划的战略和战术方面来看，农村居民点整治空间维度的适宜性评价与分析是总体规划的战略依据，而农村居民点整治时间维度的迫切性分析则是专项规划的依据，也是总体规划战略指导下战术安排的具体体现，也是目前规划中考虑欠缺之处，所以，将空间的适宜性和实践的迫切性评价结果进行组合，能够有效的指导和推进规划的实施。文章中，鉴于农村居民点整治的"迫切—适宜性"分析所需考虑的因素与农村居民点整治潜力测算和农村居民点整治类型划分所考虑的因素基本相似，加上彼此之间存在一定的关系，所以"迫切—适宜性"组合矩阵的构建直接采用了前面的研究结果，在研究思路上具有理论的可行性，但对于研究结果还有待于进一步的验证。

第10章　农村居民点整治模式识别

农村居民点整治模式，通常是对不同区域不同类型的农村居民点整治过程中，典型的空间、组织及产业整合运行方式的理论性概括。开展农村居民点整治模式的研究，有助于认识和把握不同发展背景下的农村居民点演变机理，总结区域内成长性好、代表性强、特色鲜明和易于推广的农村居民点整治范式，为因地制宜、分类指导推进农村居民点整治提供借鉴和参考。

农村居民点整治模式的形成和演化受自然资源、社会经济发展以及政府与民众行为等诸多要素的综合作用。而目前国内的农村居民点整治往往忽视微观层面差异性，存在区域内整治模式的盲目模仿和"一刀切"现象。另外，由于模式研究的空间尺度不明确，研究成果对整治实践的指导作用也没有完全发挥。我国各地自然资源条件、社会经济发展及生产力与生产关系特点不尽相同，在此基础上衍生的农村产业发展形式与居民点空间结构更是千姿百态。因此，必须坚持从实际出发，综合考虑不同区域地理环境、主导产业与功能、农村约束性以及农民行为与意愿等多方面差异，分层次、分类型构建区域具有针对性的典型村域模式，科学指导区域农村居民点整治实践。

10.1　农村居民点整治模式的内涵与特征

10.1.1　农村居民点整治模式的内涵

模式是运用系统论的方法对一定范畴内系统诸要素的构成或联系方

式所进行的概括，即将系统内部的相互联系的若干元素，按照一定的关系（耦合规律、构成方式）所组成的一定表现形式（张正峰，2011）。按照第2章系统学理论所说，农村居民点整治系统是一个由待整理地块、资金、技术、政策、农户意愿以及待整治地块外部环境等多种要素构成，且相互联系、相互作用的综合体。那么，这些构成要素在一定的时间和特定的环境中，按照一定的构成方式所组成的具有一定外在作用形式与内在响应规律的整体就称为农村居民点整治模式，它包括农村居民点整治运作方式的各项要素及其之间的相互关系。

总体来说，农村居民点整治模式就是具有复合属性的自然地域单元（待整理农村居民点）和由特定的农村居民点整治构成要素耦合而形成的表现形式。其中，自然地域单元是依据区域自然禀赋特征、生产要素构成和经济社会发展水平所划分的空间单元，同时兼具内部人口、产业、强度、功能等多种属性，是整治模式的空间基础和物质载体；农村居民点整治的构成要素是在农村居民点整治过程中作用于自然地域单元的各种形式，包括农村居民点整治实施的组织机构、资金筹集方式，以及为实现整治内容与目标所进行的空间整合类型与相应的工程措施，是整治模式的关键内容。可见，农村居民点整治构成要素与自然地域单元是农村居民点整治模式的两个基本要素集，并构成了农村居民点整治的内、外两个系统，系统中各要素通过一定规则的组合以及相互作用就产生了不同的农村居民点整治模式。

10.1.2　农村居民点整治模式的基本特征

1. 系统性

作为由众多要素组成的整治系统，模式的系统性决定于待整理农村居民点、农村居民点整治构成要素的外部与内部属性，以及整治过程中内核系统与外缘系统的密切联系性。图10-1概况了农村居民点整治模式的系统结构。从中可见，农村居民点整治的外缘系统是模式的基础，包括区域差异性、功能主导性、问题制约性和农户意愿性等外部和内部属性，其中区域差异性、功能主导性属于待整治农村居民点的外部属性，包括自然环境条件、经济社会水平、生态资源禀赋以及农业、工

业、商旅服务业等产业功能强度等属性;问题制约性和农户意愿性属于
待整治农村居民点的内部属性,包括农村居民点占地规模、用地结构、
空间分布以及农户生存条件、整治认识、整治意愿等属性;待整理农村
居民点的外部属性变化影响内部属性的相应变化,而两者又共同作用于
农村居民点整治内核系统,成为其外部属性,并与内核系统的内部属性
相互作用,从而对整个系统的结构与功能产生影响,促使一种组合方式
演化为另一种组合方式,引起农村居民点整治模式的变化。

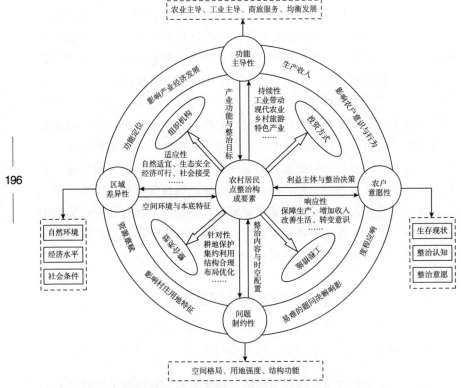

图 10 - 1　农村居民点整治模式的系统响应机理

资料来源:笔者根据研究内容绘制。

2. 地域性

　　地域性是农村居民点整治模式的空间属性。由于经纬度、海拔高
程、地质地貌条件等因素变化的影响,导致不同地区存在气候、土壤、
水文等方面的差异性,决定着各地区资源禀赋和发展功能,进而影响到

土地利用方式、产业结构、农民生产收入、运作类型以及工程措施等系统各要素属性和相互之间的组合与匹配方式，最终形成具有地域特色的农村居民点整治模式。除自然因素外，不同地域的经济发展水平和社会文化传统的差异也决定着对待整治农村居民点的调控能力和接受程度，并影响农村居民点整治的组织形式、投资方式和技术手段等，所以经济社会条件同样是导致农村居民点整治模式地域差异的重要因素。

3. 动态性

动态性是农村居民点整治模式的时间属性。由于自然环境的演进、经济水平的发展、社会条件的进步，农村在不断地发展与变化，其结果必将导致农村居民点整治模式的内涵、目标与内容、功能等方面发生相应的变化，从而呈现出一定的阶段性和转型性。例如，从改善农业生产条件为单一目标的初始阶段到提高生活条件、改善居住环境和促进农村经济发展为综合目标的高级阶段，农村居民点整治模式的各个层面均发生了显著的改变，其结构由单一到复合、功能由简单到复杂、空间由平面到立体。所以农村居民点整治模式是一个动态的概念，具有弹性（刘晶妹，1999）。

4. 多层次性

多层次性是农村居民点整治模式的尺度属性，即农村居民点所面临的问题、影响因素及其整治重点具有明显的尺度和主体差异，不同的层次需要模式解决的问题、对模式的关注点以及模式的操作主体也有所不同。如从尺度大小和行政层次来看，在宏观的国家和地区尺度上，以粮食安全、农村社会稳定、破解城乡二元结构和农村发展的区域化政策为重点，中央政府及其各部门，省市政府及社会团体等为操作主体；在中观市县尺度上，以城乡有序空间格局、农村产业结构调整和发展农村科技等问题为重点，地方政府、企业和社会团体等为操作主体；在微观村镇和农户尺度上，以土地集约利用、村庄环境整治、农村基础设施建设、农村特色产业培育和农村组织建设等为重点，村域带头能人、企业、村民和基层自治组织等为操作主体。所以，农村居民点整治模式应体现一定的层次性，形成诸如一级模式、二级模式等。

5. 综合性

综合性是在农村居民点整治模式系统理论指导下，综合考虑模式的空间、时间和尺度属性，按照区域经济社会发展形态的差异性和自然地理条件的基础特征，从农村发展、农村土地节约利用、城乡一体化发展等动力源的差异性视角，统筹区域差异性、发展主导性、问题制约性和农户意愿性等综合要素，探讨适宜不同区域特征、不同主体需求的典型整治模式。

10.2　农村居民点整治模式的形成机理

　　农村居民点整治模式是一个多层次、多要素综合作用的复杂系统，由农村居民点整治内核系统和外缘系统组成，其中外缘系统承载着影响内核系统构成与运转的诸多因素，即农村居民点整治模式的外部环境；内核系统则针对外缘系统的差异与特征产生一定的响应与表现，即农村居民点整治模式的内在体现。这样外缘系统的承载因素、内核系统的构成要素以及内、外系统之间的彼此作用与响应，形成一种"三轮驱动"的系统运作方式，从而形成不同类型的农村居民点整治模式。

　　首先，外缘系统是一个由影响和制约农村居民点整治模式的诸多外部性因素条件组成的复杂系统，并取决于其特有的尺度空间效益异质性，包括区域差异性、功能主导性、问题制约性和农户意愿性等属性，不同属性通过影响因素的作用得以体现。其中，区域差异性表现整个外缘系统的本底特征，受地域自然环境、经济水平和社会条件等因素影响；功能主导性表现外缘系统的经济社会特征，取决于农村产业发展与人口结构因素；问题制约性表征外缘系统的土地利用特征，体现于农村居民点空间布局、用地强度和结构功能等方面；农户意愿性表征外缘系统的行为主体特征，受农户自身特征、农户家庭状况以及农户生存条件等因素影响。在不同属性之间，由于地域资源禀赋和地理环境的本底差异，区域经济社会发展水平与农村土地利用特征有所不同，影响农村产业发展和劳动力结构，进而影响农户的生产方式和经济收入以及农户作用于农村居民点的方式与强度；而不同经济条件和收入水平下，农户对农村居民点的作用方式与强度有所不同，当农民收入水平提高，有的农民通过兴建新房改善居住条件，有的农民则向往城镇生活、搬迁进城，这一方面容易造成农村宅基地"一户多宅"现象增多，另一方面也给农村居民点整治提供了可能。

　　其次，内核系统是一个由农村居民点整治过程中涉及的诸多内部性要素组成的复杂系统，包括农村居民点整治的组织机构、投资方式、整合类型和工程措施等，各构成要素之间及其与外缘系统之间的协调作用，促使农村居民点整治内核系统不断进行演变，构成内核系统的不同组合形式。其中，组织机构是整治活动的组织方式，资金是整治活动开展的物质保障，整合类型是整治活动的空间表达，工程措施是整治活动的技术手段。良好的组织机构会筹集大量的资金，为整治类型的科学制定和工程措施的完整到位提供物质保证，从而会最大限度地调动整治主体的积极性；而有效的空间整合类型和工程措施会推进整治过程中各要素的优化配置，从而提高整治的经济效益、社会效益和生态效益，实现整治客体的高效利用。

内核系统与外缘系统之间的作用与反作用关系，带动内核系统可持续性运转与外缘系统不断优化。其中，区域差异性分析有利于明确农村居民点整治的空间环境和自然、经济、社会的本底特征，从而影响内核系统的总体运作；通过农村居民点整治内容的实施，可以实现自然地域复合单元在自然适宜、生态安全、经济可行和社会可接受等方面的生存适应性。功能主导性分析可以判别农村发展的产业导向和功能强度，并明确农村居民点整治的目标，从而影响内核系统的运转路径；通过农村居民点整治活动的开展，可以实现城镇转型、工业带动、乡村旅游、特色农业和现代农业等不同产业类型村庄的可持续性发展。问题制约性分析有利用明确农村居民点整治的主要内容和时空一体化布局，从而影响内核系统的整合类型和工程措施；科学、有序的运作方式，可以实现耕地保护以及城乡建设用地集约、结构合理、布局优化等城乡统筹发展的针对性目标。农户意愿性分析有利于明确利益主体和指导整治决策的选择，从而影响内核系统的经营机构和投资方式；而有效的整治决策和资金保障，可以实现提高农民收入水平、改善农民生活环境、转变农民传统意识等。这样，农村居民点整治模式的内核系统构成要素与外缘系统各相关属性的影响因素，不断进行物质流、信息流和能量流的交换，系统结构与功能不断增强，形成类型不同的农村居民点整治模式。

10.3 农村居民点整治模式的识别方法

依据上述农村居民点整治模式的内涵、特征及机理分析，按照农村居民点整治模式的"内核—外缘"系统相互作用关系，采用"分层次—分尺度—分类型"的系统分类法，构建农村居民点整治模式识别体系（见图 10 -2），分层次是分别对农村居民点整治模式的外缘系统属性和内核系统要素进行判别，分尺度是将农村居民点整治模式外缘系统的属性从区域尺度、乡村尺度和农户尺度，分别选取相应的主导性指标进行评价和分析；分类型是根据农村居民点整治模式内核系统构成要素的主体和内容等差异，分别划分不同构成要素包含的基本类型。在外缘系统多尺度特征分析的基础上，选择研究区具有典型性和代表性的农村居民点，进行详细的实地调查，综合理论与实践形成农村居民点整治的典型村域模式。

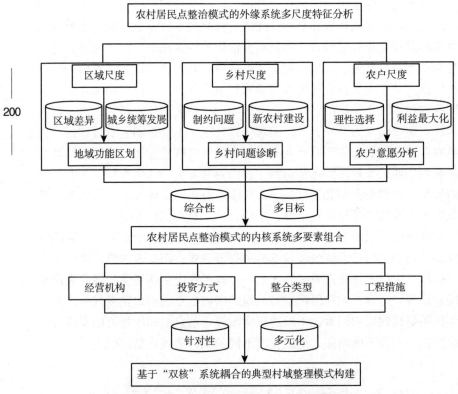

图 10 - 2　农村居民点整治模式识别的理论框架

资料来源：笔者根据研究内容绘制。

10.3.1　外缘系统多尺度特征分析方法

1. 地域功能区划

区域农村居民点整治模式，既要体现区域性，又要反映功能性，不同区域空间上农村居民点的外部属性差异显著，影响农村居民点整治的方向与途径。谷晓坤、陈百明等（2008）通过对不同区域代表省份农村居民点整治案例调研的基础上，从农村居民点用地特征和自然、社会、经济基础特征两大方面，将全国农村居民点划分为五大整理区，并明确了各区域的整治方向与主要模式；关小克、张凤荣等（2011）结合北京市自然条件和经济社会发展形成的圈层特征，将北京市农村居民点分为城乡交错区、远郊平原区、生态山区三大整理区，并结合各区域特点提出相应的整治模式；在区域性大尺度上，可以采用这些成果作为农村居民点整治模式的宏观战略指导。同样，对具体的区、县尺度来说，地域所固有的地形、气候等自然环境条件是农村居民点的本底，是影响农村社会结构、经济水平和土地利用等差异的主导因素；而地域特有的社会结构和经济运行方式是长时期以来各种条件制约下农村居民居住习惯的积淀，决定农村居民点整治过程中资金、技术、管理等方面的投入，是农村居民点整治行为的制约因素。因此，从农村居民点的经济区位特征、产业发展结构、自然地理特征和生态环境条件四个方面选取主要因素进行区域功能划分。

一般来说，农村居民点所处的区域空间位置在一定程度上决定了其整治模式的功能导向，而具有相似或相同的空间位置的农村居民点，其发展动力源可能不同，也将导致农村居民点整治模式的差异性和多样化，如大多数城镇郊区农村区位条件普遍优越、信息发达，依靠城镇化、工业化的外部驱动，乡村工业快速发展，劳动力向城镇集聚，基础设施相对完善，土地利用效率较高；而大部分远离城镇郊区的农村交通相对落后、信息闭塞，更多依靠自身的资源禀赋条件、生态环境优势，通过发展特色农业、乡村旅游等挖潜农村自身发展潜力。所以，依据区域城镇化与工业化进程及效应，以农村居民点区位特征为主导，将广大农村地区划分为城镇近郊区和城镇远郊区，然后从农村发展的动力源为切入点，基于区域发展的功能导向，结合不同区域自然地理特征和农村产业发展结构进行区域功能类型区划分，如图 10 - 3 所示。

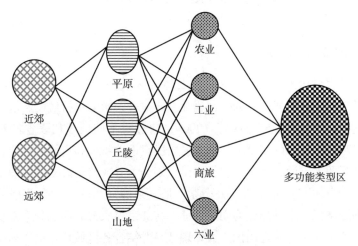

图 10 - 3　地域功能主导类型划分

资料来源：笔者根据研究内容绘制。

2. 农村居民点类型诊断

从乡村尺度，以行政村为最小评价单元，通过分析农村居民点内部经济社会水平、农村居民点利用情况和农民居住环境特征，识别农村居民点发展的动力与优势，诊断农村居民点发展的阻力与限制因素，为农村居民点整治模式内核系统的要素组合提供依据。其中，（1）社会经济特征，即农村居民点的内部社会经济属性，在影响农村居民点整治的诸多因素中，制度与管理、技术发展、社会主体行为等在全国或较大区域上具有普遍一致性，而受自然地域条件影响，农村经济增长和人口变化具有很强的地域差异性，并在较大程度上决定着农村居民点整治的行为主体，据此，农村经济水平和人口变化可以作为诊断农村居民点自生社会经济特征的主导因素。通常经济发展以产业为载体、采用产业发展情况来刻画经济水平，而劳动力结构则是人口变化的直接表征，所以融合农村第一、第二、第三产业产值和第一、第二、第三产业从业劳动力人数形成产劳弹性系数，将农村居民点的自生社会经济特征量化为产劳配置均衡和产劳配置失衡两种类型。（2）土地利用与居住环境特征，即农村居民点的内部自然属性。在农村居民点外部空间环境和内部社会经济因素的综合作用下，农村居民点内部表现出一定的土地利用与生态环境特征，可以由农村居民点空间集聚程度、用地强度、结构功能综合衡量，其中前两者从空间分布和用地规模方面反映农村居民点用地的集约程度，用于探讨农村居民点拆迁改造、整理潜力，解决农村聚落分散化布局问题，可分为高度集约和低度集约；对农村居民点结构功能的分析，反映农村居住环境适宜程度，用于探讨现状废弃宅基地与闲置地利用，农村道路、供电、供水、排污等基础设施和农村内部公共设施建设等改善居民的生产和生活条件问题，可分为宜居和不宜居两个级别。综合产劳结构特征、农村居住环境和土地利用集约度等特征，可见将农村居民点类型划分为若干类型。

3. 农户意愿分析

农村居民点整治作为一项自上而下的政策，其实施原则之一就是尊重农户的权益，因此作为农村投资、生产与消费等经济活动的行为与利益主体，农户是农村居民点整治过程中参与最广泛的基本决策单元。农户不单单是"经济人"，更是社会"理性人"，其生存环境的改变决策并非简单的追求经济利益最大化，更关注未来生计的发展，追求生存、经济、社会等综合效益的最大化。受前述众多因素的影响，农户的家庭特征、生产经营目标等形成较大差异，不同农户对家庭综合效益最大化的定位也发生分异，直接影响农村居民点整治的决策制定的多样性。所以，基于宏观层面的地域特征分析和中观层面的农村居民点属性分析，有必要从微观层面分析农村居民点整治的农户行为及其影响因素，这有助于了解农户改变生存环境的目的与动因，为农村居民点整治决策提供参考。农村居民点整治的农户意愿分析过程如图 10-4 所示。

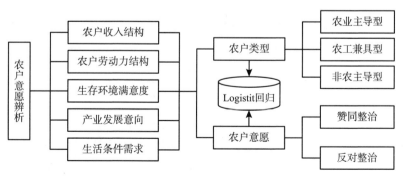

图 10-4　农户意愿分析过程

资料来源：笔者根据研究内容绘制。

10.3.2 内核系统构成要素的基本类型

针对区域功能主导、农村问题制约以及农户意愿响应的差异性，农村居民点整治活动的现实形式呈多样化，农村居民点整治的组织机构、投资方式、整合类型和工程措施等内核要素也表现出不同的内容和类型，这些要素间相互作用与组合构成了具有针对性和适宜性的农村居民点整治模式的运行方式。因此，以新农村建设理论为指导，借鉴国内外农村整治的成功范式和案例，着眼于农村区域资源、环境、产业、政策与制度保障等综合视角，形成农村居民点整治内核系统构成要素的基本内容和主要类型（见表10-1）。

表10-1 农村居民点整治模式内核系统构成要素的类型及其特征

构成要素	基本类型	适用范围
组织机构	政府主导	政府经济条件优越，农民广泛支持
	市场主导	农村居民点所处区位条件要求较高，一般为城乡结合部整理潜力大、价值高的居民点
	集体自主	要求村集体产业发达、经济实力强大、居民凝聚力强、村干部工作能力突出
	农民自主	取消农民进城镇的限制条件，在征得农户意愿的基础上，出台相应的保障措施和鼓励性政策
	政府—集体—农民共同参与	应用比较广泛，主要用于区位条件较差、市场化整理可行性小且政府和集体组织经济条件一般的农村居民点
投资方式	政府财政投资	退宅还耕、公共基础设施、道路、绿地等工程，通过申请国家项目或从政府财政收入中获取的资金支持
	市场运作投资	对于城镇扩展区和项目带动区的整治规模大、拆迁费用高，且耕地占补平衡需求多的项目，通过市场化运作，可以解决资金筹集难等问题
	自主投资	政府通过出台优惠政策引导农村集体与农民自愿进行整理，从村集体资金积累或企业盈利中获取资金，而对于旧宅基地复垦、新村建设所需劳力可以由村民解决、节约资金，也要求村集体具有强大的经济实力和居民的凝聚力

构成要素	基本类型	适用范围
整合类型	城镇转化型	适用于城镇规划区范围内的农村居民点整治,通过有效盘活农村居民点用地,适应城市扩张的要求
	保留集约型	大多是规模较大、产业发展基础较好的农村居民点,通过加强"三清"(清洁家园、清洁河道和清洁村庄)"三绿"(绿化家园、绿化通道和绿化村庄)和"三改"(改水、改路和改厕)等一系列工程,改善农民生活环境,引导农村发展建设
	中心村整合型	将距离中心村镇较近的规模较小的农村居民点整体迁移至村镇或中心村,通过村庄合并,优化村庄布局,实现"三集中"的目标
	异地重建型	对于偏远山地的生态脆弱区且远离中心村镇分布散落的小型农村居民点,采取搬迁安置、异地选址重建的模式,原有村落推行"退宅还田还林",主要用于农业生产或生态环境保护
工程措施	土地平整与农田基础设施建设工程	以退宅还田、提高耕地生产能力为整治目标
	民宅拆迁与新建工程	以减少农村居民点用地规模、提高集约利用度为目标
	农村道路、公共服务设施及绿地系统建设等工程	以改善农民生产和生活条件、建设社会主义新农村为目标

10.3.3 农村居民点整治模式命名方法

上述评价体系概括了农村居民点整治模式的构成要素,并充分考虑了模式的社会、经济、自然等属性。具体命名原则是自上而下,按此内外系统的层次性,采用两级命名,由外缘系统到内核系统,将其特征指标按照评价顺序排列,在相应的尺度或类型之间加"—"连接。如外缘系统:近郊平原农业发展区—产劳均衡宜居高度集约化—农户支持型农村居民点,内核系统:政府主导—政府财政投资—城镇转化—民宅拆迁与新建工程主导的整治模式,综合外缘与内核系统则为:近郊平原农业发展区—产劳均衡宜居高度集约化—农户支持—政府主导—财政投资—城镇转化—拆旧新建型农村居民点整治模式。综合上述构建的识别体系与过程分解分析,形成农村居民点整治模式的系统分类方案,如表10-2所示。

表 10 - 2   农村居民点整治模式的系统分类方案

系统层次	指标		类型与组合
外缘系统	区域功能特征	自然地域	近郊、远郊、山地、丘陵、平原
		社会经济	农业主导、工业主导、商旅主导、均衡发展
	农村居民点问题诊断	内部环境	宜居、不宜居、高度集约、低度集约
		产劳特征	产劳均衡、产劳失衡
	农户意愿与响应	农户类型	农业户、农工兼业户、非农业户
		农户意愿	支持、反对
内核系统	组织机构		政府主导、市场主导、集体自主、农民自主、政企农共同参与
	投资方式		政府财政投资、市场运作投资、自主投资
	整合类型		城镇转化型、保留集约型、迁村并点型、异地重建型
	工程措施		民宅拆建、道路重修、公共服务设施建设、绿地建设、农田水利设施建设

206

10.4 平谷区农村居民点整治的典型模式分析

10.4.1 平谷区地域功能区划

地域功能分区的依据通常有三个方面:一是地域功能评价结果,即通过建立评价指标和评价模型,以定量评价结果为依据,比较客观的划分地域功能分区,一般利用部门统计数据,判别县域及以上尺度单元间的差异和发展方向;二是已批准实施的中长期规划,即从不同角度反映区域地理环境、经济发展、土地利用等空间格局及其对农村居民点要素的现实要求和发展定位,具有较强的指导性和应用性,主要包括区域主体功能区划、土地利用规划、城镇体系规划以及生态环境和交通等专项规划;三是已有专家学者的突破性研究结论,即学者们针对特定地区的经济、社会和生态环境等特点,开展的区域持续发展战略研究、土地利用变化与可持续利用研究以及区域产业发展研究等,对地域功能分区提供了有益借鉴。本章基于收集到案例区相对完整的部门材料，按照数据稳定性和方法可操作性兼顾的原则，以平谷区已批准实施的规划材料和相关研究结论为依据，综合新城规划、产业发展规划、生态规划及村镇规划等成果，考虑区域地理环境和区位条件的内部分异和地区产业经济发展的比较优势，将平谷区在空间上划分为五大地域功能区（见表 10 - 3、图 10 - 5）。

表 10 - 3　　　　　　　平谷区地域功能分区指标体系

地域功能分区	主导指标与划分标准			
	城乡区位条件（Ⅰ）	地理生态区划（Ⅱ）	产业发展区划（Ⅲ）	主要乡镇
新城综合发展区	新城规划区（Ⅰ1）	平原生态区（Ⅱ1）与丘陵生态区（Ⅱ2）	工业（Ⅲ1）、农业（Ⅲ2）与商旅业（Ⅲ3）综合发展区	平谷镇、王辛庄镇、大兴庄镇、山东庄镇
近郊平原工业区	新城近郊区（Ⅰ2）	平原生态区（Ⅱ1）	工业发展区（Ⅲ1）	马坊镇、峪口镇、马昌营镇
近郊平原现代农业区	新城近郊区（Ⅰ2）	平原生态区（Ⅱ1）	农业发展区（Ⅲ1）	东高村镇、夏各庄镇、
远郊山地生态农业区	新城远郊区（Ⅰ3）	丘陵生态区（Ⅱ2）与山地生态区（Ⅱ3）	生态农业发展区（Ⅲ1）	南独乐河镇、黄松峪乡
远郊山地生态旅游区	新城远郊区（Ⅰ3）	山地生态区（Ⅱ3）	生态旅游发展区（Ⅲ3）	金海湖镇、刘家店镇、大华山镇、镇罗营镇、熊儿寨乡

（1）新城综合发展区：以新城集中建设区为中心，是全区的政治、经济和文化中心，产业发展以都市现代制造、城市商服以及休闲旅游为主，中南部平原地区依托兴谷经济开发区、滨河工业园区和东高村都市工业集中区，重点发展汽车零配件生产、食品加工以及乐器制造等产业，为带动区域经济发展和农村居民就业提供较好的条件；北部王辛庄镇和山东庄镇内的低山丘陵区，旅游景点、休闲娱乐、观光度假和水资源等比较丰富，是都市休闲度假产业发展的最佳地带，成为新城综合发

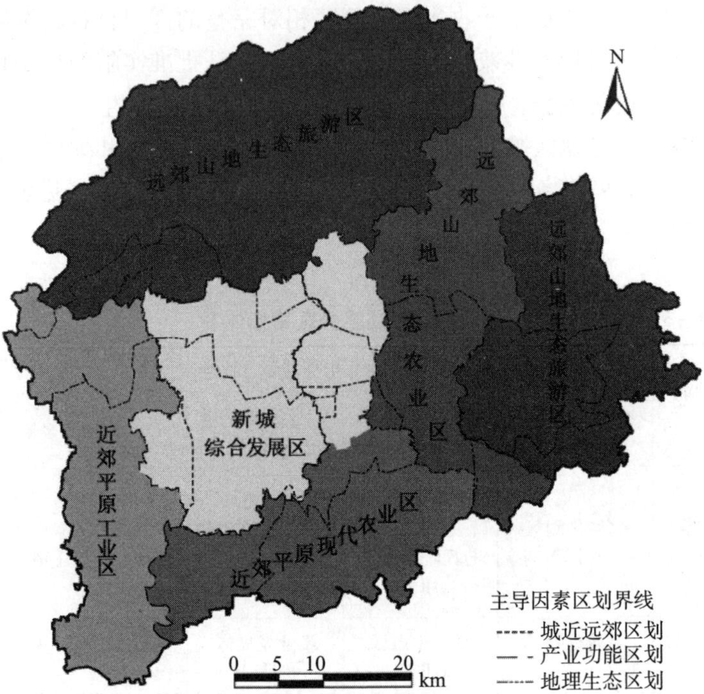

图 10-5 平谷区地域功能区划布局

资料来源：笔者根据研究结果绘制。

展功能的重要补充。在空间布局上，随着新城的开发建设，区域内的城中村逐步实现城镇化和旧村改造，新村建设以低层楼房为主或适当合并，推进城乡格局优化与一体化发展。

（2）近郊平原工业区：是新城地区的重要发展组团，以平原为主，北部略有浅山丘陵，是以马坊和峪口为中心的沿密三路工业、物流业、商贸业产业发展带。其中西南部平原地区，利用京津冀北结合部和对外交通优势以及良好的工业基础，发展现代工业和物流业，成为西南部地区的经济、文化和商贸物流中心；西北部则依托高新技术企业，以峪口环保产业为基础，发展循环经济，发展成为西北部地区的经济、文化和集贸中心。在空间布局上，以现有城镇和产业园区为中心，引导农村居民点和企业不断集聚，推进农民进厂打工、上楼居住，带动农村快速发展。

（3）近郊平原现代农业区：位于新城地区的南部，以东高村镇和夏各庄镇为主，地形相对平坦，沟河自西向东流过，区域水土资源比较丰富，其中东部平原地区是北京市九大基本农田集中区之一，耕地集中连片，质量等级高，灌溉设施齐全先进，是全区粮食主产区；西部丘陵地区以蔬菜、粮油作物种植为主，由于该区域是市级备用水源所在地，禁止发展污染型工业，农产品深加工与乡村旅游度假业发展为主。在空间布局上，以镇区中心发展为主，将规模小、条件差的农村向镇中心区集中，大部分农村依托资源和区位优势进行适度整治与发展。

（4）远郊山地生态农业区：位于新城东部的远郊地区，地形以低山丘陵为主，主要以生态涵养发展为主，其中南部低山丘陵地区依靠优越的气候、微地形和水土条件，鲜果生产与采摘休闲产业比较发达，也是区域农村的主要收入来源；北部山地区水资源相对缺乏，干果生产为其主要农业发展方式，同时依托部分自然景观，民俗旅游与接待逐步成为农村发展的动力源，但整体上农村发展比较落后。空间布局上，镇区中心适度发展，以大量存在的空心村整治为主，部分缺少发展动力与支撑的村庄需要加大投入力度、实行搬迁合并和异地再造，推进新农村建设。

（5）远郊山地生态旅游区：包括新城东部和北部的远郊区，区域山地面积多、植被覆盖度高，是全区生态涵养保护的核心地区，东部的金海湖镇依托海子水库、古长城以及上宅文化遗址等自然和人文景观，旅游产业发达，是东部地区经济、文化和集贸中心，辐射带动东北部乡镇的发展；北部的山地区则以水源涵养和水土保持为主，大部分农村以林果生产为主，部分离京东峡谷、大溶洞、丫髻山、四座楼和老象峰等旅游景观较劲的村落，形成了"景点＋服务设施＋农家乐＋采摘"的组团式发展模式，实现了富民的目标。空间布局上，镇中心区适当发展，加强辐射范围较大的中心村建设，部分偏远山区的农村有必要实行"下山入川"，改善生存和发展方式。

综上所述，受区位、自然环境以及产业发展等宏观因素影响，平谷区表现出明显的地域差异性，不同的功能区内农村发展和农村居民点用地特征的差异性，也影响农村居民点整治内容和方式的差异，需要因地制宜地选择和构建农村居民点整治模式。

10.4.2　平谷区农村居民点类型诊断

农村居民点具有复杂的人地关系地域系统特征，由表征"人"和

"地"的两大类要素构成。其中，"人"既包括自然存在物的人，也包括社会存在物的人，通过人与人、人与社会的经济生活、政治生活和精神文化生活表现出来，通常包括农村人口、产业经济状态、社会人际关系、技术条件和制度与管理等要素，属于农村居民点的社会经济属性。"地"具有广义和狭义之分，前者是农村居民点所处的地域大环境，由地质、地貌、土壤、气候、水文等要素组成，通常处于稳定状态；后者则指农村居民点内部系统的微自然环境和土地利用形态，是农村居民点区域差异的核心要素，属于农村居民点的自然属性。"人"和"地"这两方面要素按照一定规律组合在一起共同发生作用，在空间一定范围内便形成了具有一定结构和功能特征的系统类型（见图 10 - 6）。鉴于此，本书以行政村为基础评价单元，以农村居民点经济社会与自然环境要素及其相互联系作用所致的人地系统多样化特征为切入点，通过多要素特征组合进行农村居民点类型划分。

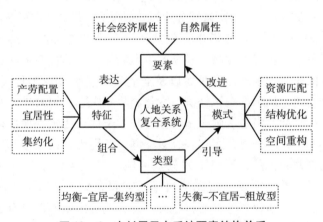

图 10 - 6　农村居民点系统要素结构关系

资料来源：笔者根据研究内容绘制。

1. 农村居民点社会经济属性要素与特征分析

影响农村居民点差异的人文因素很多，其中制度与政策、技术发展、社会管理等在较大区域上具有普遍一致性，而受自然地域条件影响，农村经济增长和人口变化具有很强的地域差异性，并在较大程度上决定着农村居民点利用的行为主体。据此，农村经济水平和人口变化可以作为诊断农村居民点自生社会经济特征的主导因素。一般来讲，经济发展以产业为载体，可采用产业发展情况来刻画经济水平；而人口变化常用劳动力结构进行表征，所以融合农村第一、第二、第三产业产值和第一、第二、第三产业从业劳动力人数构建产劳协调系数（式10-1、式10-2），将农村居民点的自生社会经济特征量化为产劳配置均衡和产劳配置失衡两种类型。

$$A = \left\{ \frac{a_1 \times a_2 \times a_3}{\left[(a_1 + a_2 + a_3)/3 \right]^2} \right\}^3 \qquad （式10-1）$$

$$a_1 = \frac{GDP_1\%}{Labor_1\%}; \quad a_2 = \frac{GDP_2\%}{Labor_2\%}; \quad a_3 = \frac{GDP_3\%}{Labor_3\%} \qquad （式10-2）$$

产劳协调系数采用因素协调原理构建，即各因素分值越大且相互间差距越小，说明各因素之间协调与均衡性越高。式中，$GDP_1\%$、$GDP_2\%$、$GDP_3\%$分别为农村第一、第二、第三次产业产值占总产值的比例；$Labor_1\%$、$Labor_2\%$、$Labor_3\%$分别为农村第一、第二、第三次产业从业劳动力数量占全部劳动力数量的比例。a_1、a_2、a_3分别为农村第一、第二、第三次产业对应的单项产劳协调系数，当a_1大于1时，说明较少的农业劳动力投入可以得到较高的农业产值，认为农业产业发展良好，且a_1值越大，农业产业主导性越强；当a_1小于1时，说明大量的农业劳动力只创造出较低的农业产值，农业劳动力剩余、农业产业效益低下；同理，a_2、a_3值越高，相应的第二、第三产业发展越好，主导性越强。A为农村产劳弹性综合系数，当a_1、a_2、a_3分值相同或接近时，A值等于1或接近1，处于临界状态，所以当$A \geq 1$时，认为农村三次产业发展均衡、各产业劳动力配置与产值关系处于协同状态，属于产劳均衡型（A_1），且a_1、a_2、a_3分值越大，说明产劳均衡性越强；当$A < 1$时，则认为农村三次产业发展失衡且各产业劳动力配置与产值关系处于不协调状态，属于产劳失衡型（A_2）。

2. 农村居民点自然属性要素与特征分析

在区域外部空间环境和社会经济因素的综合作用下，农村居民点内部系统表现出明显的差异性，主要体现在农村居民点用地强度和结构功能方面。其中，土地利用强度从用地规模和空间分布两方面反映了农村居民点用地的集约化程度，用来分析农村居民点拆迁改造、整治潜力以及分散化布局等问题，可以分为高度集约和低度集约。农村居民点的结构包括住宅用地，农村道路、供电、供水、排污等基础设施用地，卫生室、学校、文化站、健身场所等公共服务服务设施用地,工业生产、物资存放场所等工矿仓储用地,超市、饭店和旅馆等商服用地、公园绿地以及废弃宅基地与闲置用地等,可以用于描述农村居民点在生活、生产和生态功能方面的功能特征,反映了农村人居环境条件,可以分为宜居和不宜居两个级别。因此,利用农村居民点结构功能、用地强度以及空间分布等特征要素,进行农村居民点宜居性和集约化测度,表达农村居民点的自然属性特征,指标体系如表10-4所示。

表 10-4　　　　　　　　农村居民点宜居性与集约化度量指标

目标	指标	计算方法	目标值	说明	权重
农村居民点宜居性(B)	生产条件	商服用地比例 b_1	商服用地面积/农村居民点总面积	4%	值越大,经济发达,就业环境好,宜居性强	0.13
		工矿仓储用地比例 b_2	工矿仓储用地面积/农村居民点总面积	8%	值越大,经济发达,就业环境好,宜居性强	0.12
		道路便捷度 b_3	道路面积/农村居民点总面积	9%	值越大,交通出行方便,宜居性强	0.10
	生活条件	居住用地比例 b_4	住宅用地面积/农村居民点总面积	70%	值越大,生产和生态功能降低,宜居性弱	0.17
		基础设施满意度 b_5	满意赋值为1.0,基本满意赋值为0.8,一般赋值为0.6,较差赋值为0.4,不满意赋值为0.2	0.935	值越大,生产配置设施健全,宜居性强	0.13
		公共服务设施完善度 b_6	$b_6 = N/7$,N 为卫生室、学校、文化站、集贸市场、健身场所、储蓄所和公共浴池所拥有的项目个数	1.0	值越大,生活设施完善,宜居性强	0.15
	生态条件	绿地覆盖度 b_7	公园绿地面积/农村居民点总面积	2%	值越大,生态环境优美,宜居性强	0.10
		"三废"处理满意度 b_8	满意赋值为1.0,基本满意赋值为0.8,一般赋值为0.6,较差赋值为0.4,不满意赋值为0.2	0.875	值越大,环境卫生良好,宜居性强	0.10

续表

目标	指标		计算方法	目标值	说明	权重
农村居民点集约化（C）	用地规模	人均农村居民点用地 c_1	农村居民点总面积/农村人口数	140	值越小，人地关系合理，集约度高	0.31
		闲置率 c_2	闲置用地面积/农村居民点总面积	3%	值越小，空废化越低，集约化越高	0.23
		平均地块面积 c_3	农村居民点总面积/地块总数（公顷）	18.5	值越大，空间分布集中，集约度高	0.18
	空间分布	斑块分维数 c_4	反映农村居民点斑块的边界和形状的复杂程度（见参考文献19）	2.00	指数越大，居民点边界曲折度越大，集约化越低	0.12
		空间集聚度 c_5	反映农村居民点斑块之间的空间集聚程度（见参考文献19）	1.00	指数越大，空间越紧凑，集约化越高	0.16

注：基础设施满意度、公共服务设施完善度、"三废"处理满意度是通过计算每个行政村随机调查的 10 份农户问卷的平均值

　　农村居民点宜居性和集约化测度采用单指标比较和多指标综合评价法计算。单指标比较方法是根据各个指标的内涵，设定不同的目标值，进行现实值与目标值的比较，容易直观的找出影响农村居民点各表征要素与不同目标的差距。按照评价指标特征，其目标值和指标分值分别采用概念赋值和数学模型计算得到，前者用于 b_5、b_6 和 b_8 指标，后者采用（式 10-3）和（式 10-4）用于其他指标。其中，b_1、b_2、b_3、b_4、b_7 以及 c_1、c_2 的目标值参考《村镇规划标准》（GB50188—2007）确定，c_3 没有绝对的判别标准，以研究区 275 个行政村的农村居民点地块面积最大值作为判断标准；c_4 和 c_5 的指标值利用 Fragstats3.0 软件计算，并以其理论最优值为判断依据。多因素综合评价方法是在完成单指标比较后，将各指标比较分值采用加权求和模型（式 10-5）计算农村居民点宜居性和集约度。

$$X'_{ij} = \frac{X_{ij}}{X_m} = \begin{cases} 1 & （当 X'_{ij} \geqslant 1） \\ X'_{ij} & （当 0 < X'_{ij} < 1） \end{cases} \quad （式 10-3）$$

$$X'_{ij} = 1 - \frac{X_{ij}}{X_m} = \begin{cases} 0 & （当 X'_{ij} \leqslant 0） \\ X'_{ij} & （当 0 < X'_{ij} < 1） \end{cases} \quad （式 10-4）$$

$$P_{ij} = \sum_{i=1}^{n} (X'_{ij} \times w_{ij}) \quad （式 10-5）$$

式中 P_{ij} 为农村居民点集约度或宜居度分值；$X_{ij}^!$ 为单指标比较分值，其中 X_{ij} 为各指标现实分值，X_m 为各指标目标值，为保证评价结果的归一化和体现指标的正负效应关系，对正效应指标（b_2、b_3、b_4、b_5 以及 c_3、c_4、c_5）采用公式 3 进行量化处理，当各指标现实分值大于目标值时，比较分值设定为 1，对负效应指标（b_1、c_1、c_2）采用公式 10-4 进行量化处理，当各指标现实分值大于目标值时，比较分值设定为 0；w_{ij} 为各指标的权重，考虑各指标对农村居民点集约化和宜居性的影响程度不同，研究中首先利用熵权法确定指标初始权重，然后咨询土地管理、乡村规划、农业环保、农村经济等领域专家对各指标的重要性进行调整，通过计算各级判断矩阵的一致性比例 CR 小于 0.10，得到最终指标权重。计算得到各行政村农村居民点宜居性和集约度分值后，绘制分值分布曲线图，采取自然断点法确定农村居民点宜居（B_1）与不宜居（B_2）、高度集约化（C_1）和低度集约（C_2）级别。

3. 多要素特征耦合的农村居民点类型划分

基于农村居民点经济社会和自然环境特征的量化分析，从农村产业与劳动力结构均衡性特征、农村环境宜居性特征和农村土地集约化特征三个维度来划分农村居民点类型（见表10-5）。类型命名按照不同维度度量结果，采用"—"依次连接的方式，如"产劳均衡—宜居—低度集约化"意指该农村居民点类型具有乡村产业经济与劳动力配置均衡、农村居住环境优良但农村土地利用集约度偏低的特征，相应的用 $A_1-B_1-C_2$ 编码表示。这既能从整体上概括农村居民点系统要素组合特点，也能够清晰的判读制约农村居民点持续利用的障碍。

表10-5　　基于要素特征耦合的农村居民点类型划分

农村居民点类型/编码	产业与劳动力结构		人居环境		土地利用	
	均衡	失衡	宜居	不宜居	高集约	低集约
产劳均衡—宜居—高度集约化/ $A_1-B_1-C_1$	△		△		△	
产劳均衡—宜居—低度集约化/ $A_1-B_1-C_2$	△		△			△

续表

农村居民点类型/编码	产业与劳动力结构		人居环境		土地利用	
	均衡	失衡	宜居	不宜居	高集约	低集约
产劳均衡—不宜居—高度集约化/$A_1 - B_2 - C_1$	△			△	△	
产劳均衡—不宜居—低度集约化/$A_1 - B_2 - C_2$	△			△		△
产劳失衡—宜居—高度集约化/$A_2 - B_1 - C_1$		△	△		△	
产劳失衡—宜居—低度集约化/$A_2 - B_1 - C_2$		△	△			△
产劳失衡—不宜居—高度集约化/$A_2 - B_2 - C_1$		△		△	△	
产劳失衡—不宜居—低度集约化/$A_2 - B_2 - C_2$		△		△		△

　　平谷区凭借自身资源与区位优势和北京都市区的政策导向，农村产业经济发展态势良好，但也存在明显的地域差异。由图 10-7 和表 10-6 可知，在农村产业与劳动力配置上有 122 个农村表现出均衡状态，占全区农村居民点总数的 44.36%，空间分布较分散，以西南部、西北和东北部相对集中，其中西南部工业比较发达，农村劳动力多集中在工业园区就业，农村产值以工业为主，西北部和东北部则依托丰富的旅游资源，农村第三产业发展较快，带动当地农村经济均衡发展。表现出产业与劳动力配置失衡的农村有 153 个，占 55.64%，以东南部、中西部和北部地区分布较集中，其中南部和中西部的农村以传统农业生产为主，非农产业不发达，农村第一产业劳动力数量较多，但农业产值却偏低，亟须转移剩余劳动力或优化农业产业结构；东部和北部为典型的生态涵养发展区，以生态农业生产为主，但农业劳动力较少，另外该地区具有一定的旅游发展资源，主要以初级旅游产品开发为主，商旅服务层次较低，受交通与资金投入等影响，旅游对当地产业发展的带动性较弱，农村劳动力技术培训和先进生产理念培育有待加强。

表 10 - 6　　　　　　平谷区农村居民点类型数量统计

农村居民点特征类型（村庄数量）		A_1 (122)				A_2 (153)			
		$A_1 B_1$ (69)		$A_1 B_2$ (53)		$A_2 B_1$ (63)		$A_2 B_2$ (90)	
		$A_1 B_1 C_1$	$A_1 B_1 C_2$	$A_1 B_2 C_1$	$A_1 B_2 C_2$	$A_2 B_1 C_1$	$A_2 B_1 C_2$	$A_2 B_2 C_1$	$A_2 B_2 C_2$
		35	34	32	21	32	31	54	36
中部新城集中建设区	平谷镇	10	0	0	0	0	2	3	0
	大兴庄镇	3	0	4	2	4	2	2	2
	王辛庄镇	2	2	6	0	6	7	3	3
	山东庄镇	3	2	1	0	1	3	2	0
西南部近郊平原区	马坊镇	4	9	1	1	1	1	2	0
	马昌营镇	1	2	4	0	4	1	8	0
	东高村镇	3	1	6	1	6	3	5	2
	夏各庄镇	6	3	1	1	1	1	0	0
中西、中东部低山丘陵区	峪口镇	2	3	1	0	1	3	3	4
	金海湖镇	0	0	1	3	1	5	10	5
	大华山镇	0	1	1	4	1	1	3	3
	刘家店镇	0	4	5	0	5	0	3	1
北部偏远山地地区	南独乐河镇	0	3	0	0	0	1	2	2
	镇罗营镇	0	1	1	5	1	0	6	8
	黄松峪乡	1	2	0	0	0	1	0	4
	熊儿寨乡	0	1	0	2	0	0	2	3

资料来源：笔者根据计算结果整理编制。

　　产劳均衡型农村居民点中包括宜居性较强的村庄 69 个，占 56.56%，受第二、第三产业发展的带动与辐射，以平谷镇、马坊镇和夏各庄镇内分布较多，农村交通比较方面，产业用地投入较多、公共服务基础设施比较健全，为居民生产和生活提供了良好的就业和生活环境；宜居性较弱的村庄包括 53 个，占 43.44%，一部分在北部山地丘陵区的大华山镇、刘家店镇和镇罗营镇内较多，农村交通条件相对较差，加上农村居民居住分散，导致公共服务设施建设成本高、服务半径小，宜居性相对较差；另一部分在新城周边的王辛庄镇、大兴庄镇和东高村镇内较多，

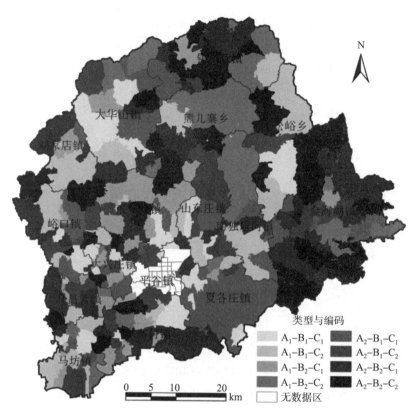

图 10 - 7　平谷区农村居民点类型分布

资料来源：笔者根据计算结果绘制。

靠近城区相对较近，可以共享城市服务设施，导致村庄内相应的基础设施条件较差。在农村居民点集约利用方面，有 67 个农村居民点处于高度集约化状态，占 54.92%，主要分布在新城集中建设区和近郊平原乡镇，农村居民点规模适度、分布集中，但人均居民点面积稍有偏高；有 55 个农村居民点处于低度集约化状态，占 45.08%，以中东部低山丘陵和北部山地区乡镇分布较多，受地形地貌影响，农村居民点规模小、分布零散、空间集聚性差。

产劳失衡型农村居民点中包括宜居性较强的村庄 63 个，占 41.18%，在王辛庄镇、东高村镇和大兴庄镇分布较集中，受新城建设发展与辐射带动，交通条件比较优越，农村基础服务设施比较健全；宜居性较弱的村庄包括 90 个，占 58.82%，这部分农村数量较大，镇罗营镇、金海湖镇和峪口镇内分布较多，这些村庄或处偏远山地或远离经济发展区，交通条件较差，农村居民点以住宅为主，缺少相应的产业用地和基础服务设施建设，造成就业和生活条件差，支柱性产业和基础设施建设需要强化。在农村土地集约利用方面，有 86 个处于高度集约化状态，有 67 个处于低度集约化状态，其中中部和西南部平原地区的农村居民点主要是用地强度高、人均居民点用地规模大、闲置用地较多，东南部和北部山地区的农村居民点则是规模小、分布零散，空间集聚程度低。

10.4.3 平谷区农村居民点整治的农户意愿分析[①]

1. 农户数据收集方法

基于参与式农村评估法，并结合研究区实际以半结构深入访谈和小型座谈的形式，先后三次组织工作人员在北京市平谷区进行村庄和农户尺度的实地调研。其中，村庄尺度调研采用座谈和问卷调查相结合的方式，通过联系乡镇政府召集各行政村干部，现场讲解、指导问卷填写，问卷内容包括村庄区位特征、村办产业和基建设施、村庄房屋建设以及村庄邻里关系等，目的是了解农户所在村庄的生存环境，获取了全区所有的 275 个行政村的有效问卷。农户尺度调研采用问卷调查和半结构深入访谈相结合的方式分两个阶段进行，调研的内容主要包括农户基本特征、农户家庭基本特征、农村居民点整治农户意愿三个部分，第一个阶段是问卷式调查，即在与各行政村干部座谈进行村庄尺度调研的同时，各行政村发放 2~3 份农户调查问卷，由村干部抽查具有代表性的农户填写，共发放问卷 620 份（由于新城社区均为城市居民楼，没有发放农户调查问卷），收回有效问卷 543 份。第二个阶段是抽取部分村庄对农户进行半结构深入访谈，一方面是对第一阶段问卷结果进行核实与补充；另一方面是了解农村的实际情况，为整治模式的构建与选择提供支撑；其中，为保证样本分布的代表性和体现样本群体的差异性，村庄抽样时考虑了村庄与城镇、主要公路距离上的区位多样性，对城市近郊、远郊和典型农村分别进行抽样，在各村庄内部结合干部组、老年组、成

---

① 资料来源：本节数据来自实地调查。

年组和妇女组的半结构式访谈，选择一些关键农户进行访问，这一阶段共抽选不同类型村庄 32 个，获取农户调查问卷 205 份。对农户调查数据进行整理、甄别、剔除和分析，共获取有效问卷 748 份，有效率达 90%以上，构成下一步模型分析的数据来源。调查样本的分布如表 10 - 7 所示。

表 10 - 7　　　　　　　平谷区村庄与农户调查样本分布

乡镇名称	平谷镇	马坊镇	夏各庄镇	峪口镇	金海湖镇	大兴庄镇	山东庄镇	王辛庄镇
村庄数/抽样村庄数	6/1	20/2	15/2	20/2	31/4	18/2	12/2	24/3
有效问卷数	20	46	44	56	84	46	36	66
乡镇名称	东高村镇	马昌营镇	南独乐河镇	刘家店镇	大华山镇	镇罗营镇	黄松峪乡	熊儿寨乡
村庄数/抽样村庄数	22/2	17/2	13/2	14/2	20/2	22/2	9/1	12/1
有效问卷数	52	44	38	40	50	60	30	36

资料来源：笔者对调查数据统计与整理编制。

2. 农户基本特征分析

（1）农户类型划分。目前，国内外学者对农户类型的划分方法各有不同，但主要还是基于农户收入和农户劳动力投入两类指标。据此，采用农户农业收入与非农收入关系、农户农业劳动力投入和非农劳动力投入关系，结合调查区域的农户收入和农户劳动力投入特征，将农户划分为农业主导型、农工兼具型和非农主导型 3 种类型（见 10 - 8）。

表 10 - 8　　　　　　　农户兼业类型划分标准

农户类型	兼业程度	划分标准		生计方式	增收来源
		兼业收入差	非农劳动投入		
农业主导型	低度兼业	-	0 ~ 20%	种植、养殖	种植业与畜禽饲养收入
农工兼具型	中度兼业	+	>20% ~ 50%	短期务工、种植、养殖	季节性务工收入与种植与养殖收入

续表

农户类型	兼业程度	划分标准		生计方式	增收来源
		兼业收入差	非农劳动投入		
非农主导型	高度兼业	+	>50%~100%	长期务工	打工收入、经商收入、工资性收入

注：兼业收入差＝非农收入－农业收入。

由表 10－9 可知，总体上平谷区兼业农户（农工兼具型和非农主导型农户）占调查总数的 81.28%，其中非农主导型占 37.70%，表明农民兼业已经成为平谷区的普遍现象。户均人口随农户兼业程度的提高呈先增后减的趋势，以农工兼具型为最多，平均每户家庭有 3.67 人为农工兼业，主体趋于较为完整的"三代型"家庭结构，两侧则趋于"两代型"家庭结构，但农业主导型是以老人与儿童为主的间隔式两代型，而非农主导型则是连续式两代型。与此对应，农户劳动参与程度则呈现出相反规律，表明家庭结构越完整，农户可提供的劳动力越多，兼业行为越多样化。家庭老龄人口与农户兼业程度呈负相关性，受教育程度则与农户兼业程度呈正相关性，主要是农村老年人在家庭中更多的承担看守庭院和照顾小孩的责任，较少参与兼业劳动，同时文化程度较低的农民因不具备或不适应城镇对劳动力的要求，也倾向于在农村从事第一产业。兼业是农民大幅增收的重要来源，户均收入与人均收入均随着兼业程度的提高而显著增加。

表 10－9　　　　　　平谷区不同类型农户的基本特征

农户类型	户数	户数比例/%	户均人口/个	60岁以上比例/%	初中以上劳动力/%	户均收入/元	人均收入/元
农业主导型	140	18.72	2.67	71.43	33.57	12000	4494
农工兼具型	326	43.58	3.67	56.75	53.37	28000	7629
非农主导型	282	37.70	3.15	43.26	72.70	46000	14603

资料来源：笔者对调查数据统计与整理编制。

（2）土地规模经营意愿。从土地经营现状来看（见图 10－8），平谷区户均耕地面积 0.15 公顷，相对较小。农户的耕作半径以小于 2 千米范围为主，其中，42.25% 的农户耕地距住房距离在 1 千米以内，45.19% 的农户耕地距住房距离在 1~2 千米范围，10.56% 的农户耕地距住房距离在 2~3 千米范围，另外 2.01% 的农户耕地距住房距离在 3 千米以外。在耕作半径的农户意愿方面，有 38.37% 的农户希望耕地距离居住地在 1 千米以内，主要是耕地资源相对丰富的平原区农户；51.47% 的农户表示可以接受 1~2 千米的耕作距离，主要是低山丘陵地区的农户；另外 10.16% 的农户表示可以接受大于 2 千米的耕作半径，主要为耕地资源较少的山地区农户。

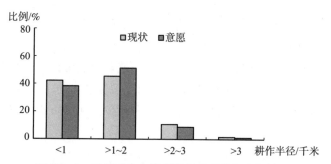

图 10-8　平谷区农户耕作半径的现状与意愿情况

资料来源：笔者对调查数据统计与整理编制。

（3）农村居民点整治认知与意愿。调查发现，全区有 43.58% 的农户不知道国家关于农村宅基地管理政策中的"一户一宅"的规定，对于"农村居民点整治与新农村建设"这一惠民政策是否了解的问题，有 71.93% 的农户听说过，但不了解，完全了解的仅有 12.57%，这也说明关于农村土地整治的宣传力度有待于进一步加大。但大多数农户认为当前宅基地闲置浪费的现象不合理，只有 10.16% 的受调查农户认为闲置宅基地应该保持现状，23.40% 的农户认为应该由村集体无偿收回，有 27.54% 的农户认为应由村集体收回并给予农户适当的补偿，38.90% 的农户认为应对宅基地统一整理、拆除建新（见图 10-9）。

关于农户对农村建房的调查意见中，有 85.56% 的农户认为应该由村内统一规划，不要随意乱建，尽量利用村内空闲地，严禁超标准占地。关于农户对农村整治和集中建设中心村的意愿中（见图 10-10），有 22.46% 的农户表示非常愿意，这类农户主要以偏远山地区的农户为

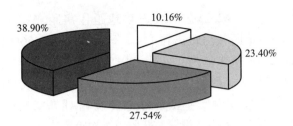

图 10 - 9　平谷区受调查农户对闲置宅基地处置意见

资料来源：笔者对调查数据统计与整理编制。

主，其居住条件和农村生活环境较差；有 55.61% 的农户表示满意，但取决于补偿条件，对于补偿条件主要以收回的宅基地以土地市场价格进行补偿、提供社会保障以及对子女上学与就业提供帮助等选择为主；只有 8.29% 的农户表示不愿意，究其原因主要是担心居住地离承包地太远或庭院经济和家庭养殖消失，收入来源减少，无力负担购置、维护新房的费用。

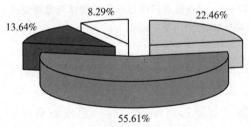

图 10 - 10　平谷区受调查农户对农村整治与中心村建设的意愿

资料来源：笔者对调查数据统计与整理编制。

3. 农户意愿分析

（1）农户意愿的 Logistic 回归方法，即微观行为主体基于综合效益最大化的理性选择分析。从农户角度来讲，根据个体选择的行为心理，在决定整治意愿之前，农户需要对现状生存环境与期望目标之间做相应的评价，当农户对现状生存环境感到不愿意时，便会产生相应的整治意愿，而整治意愿的强弱则建立在农户对生存环境背景特征评价的基础上。另外作为农村居民点整治的微观利益主体，农户对整治中关心的问题、改善农村经济发展的途径以及提高农村土地集约利用的工程措施等也具有理性选择权。因此，基于社会学理性选择理论，运用 Logistic 回归模型（式 10-6 至式 10-8）分析不同类型农户对农村居民点整治的意愿选择及其影响因素，进而剖析基于农户生存、经济和社会理性思考对农村居民点整治运作方式的响应。该模型在微观个体意愿及其影响因素研究方面得以广泛应用，因为它适用于因变量为两分变量的情况，同时自变量可以全部是定性变量、定量变量，或者是定性与定量变量相结合。这也正与本研究的变量特征相吻合。

基于人工分组，以不同类型农户及其是否支持农村居民点整治的意愿作为因变量，即 0~1 型因变量，当意愿为"赞同"时定义为 y=1，将意愿为"反对"定义为 y=0，p 为"赞同"的概率，1-p 为"反对"的概率，y 的分布函数为：

$$f(y) = p^y (1-p)^{(1-y)} \qquad (式 10-6)$$

式中，f(y) 为农村居民点整治的农户意愿函数；y 为农户意愿的二值码，取值为 0 和 1；p 为农户意愿的概率，取值范围在 0~1 之间；将此数 $p/(1-p)$ 取自然对数 $Ln(p/(1-p))$，即对 p 做 Logistic 转换，记作 Logit p，以 Logit p 为因变量，建立线形回归方程：

$$Logit\ p = \alpha + \beta_1 x_1 + \cdots\cdots + \beta_n x_n \qquad (式 10-7)$$

可得到 Logistic 回归模型：

$$p = 1/[1 + exp(\alpha + \beta_1 x_1 + \cdots\cdots + \beta_n x_n)] \qquad (式 10-8)$$

式中，p 的为农户支持农村居民点整治的概率；n 为影响因素编号；$\beta_1 \cdots\cdots \beta_n$ 为影响因素的回归系数；$x_1 \cdots\cdots x_n$ 为自变量；α 为回归常数项。

（2）农户意愿的回归结果。对调查得到农村居民点整治意愿进行判断，认为"有条件的赞成"是农户对农村居民点整治尚存在戒备或依赖心理，他们担心自己资产的流失或期望政府投入更多资金，这类群体实际上目前仍没有接受集中居住的农村居民点整治模式；持无所谓态度的农户对农村居民点整治的信心不足，视为不接受。所以，将完全赞成整治的视为接受，有条件的赞成和持无所谓态度的视为不接受。

然后，基于农村居民点整治主要内容的分析和实地调研，从农户户主、农户家庭、农户生存环境等方面，选取 22 个变量指标来表征农户对农村居民点整治意愿的影响因素，各指标的描述详如表 10-10 所示。

表 10 – 10   调查问卷主要内容和相关指标

调查内容	自变量指标	特征描述	平均值	标准差
户主自身特征	户主年龄 x_1	实际调查数据/岁	48.4	2.45
	户主受教育水平 x_2	文盲 = 0，小学 = 1，初中 = 2，高中 = 3，大学 = 4	2.85	0.82
	户主职业稳定度 x_3	不稳定 = 1，较稳定 = 2，稳定 = 3	2.66	3.67
	在家居住时长 x_4	户主在家居住时间/月	10.54	1.66
农户家庭特征	家庭常住人口数 x_5	常年在家居住人口数/人	3.58	1.02
	子女情况 $x_6^{[6]}$	无儿子常年在家 = 0（包括没有儿子或儿子常年在外）；有儿子常年在家 = 1	0.62	0.77
	劳动力投入 x_7	常年在家劳动力数量/人	2.75	0.95
	农业收入比例 x_8	农业收入占家庭总收入比重/%	40.12	8.34
	非农收入比例 x_9	非农业收入占家庭总收入比重/%	59.88	12.44
	人均纯收入 x_{10}	家庭成员人均收入/元	10584	122.32
	房屋建设年份 x_{11}	1980 年以前 = 1，1981～1990 年 = 2，1991～2000 年 = 3，2001 年至今 = 4	2.87	0.86
	房屋建筑面积 x_{12}	农户已建成房屋面积/m²	96.45	11.23
	房屋建筑结构 x_{13}	土木 = 1，砖瓦 = 2，钢混 = 3	1.88	0.36
	家庭承包耕地面积 x_{14}	农户承包集体耕地的面积/km²	0.11	0.33
生存环境特征	距离城镇中心距离 x_{15}	农村居民点距城区的距离/km	10.55	5.21
	交通条件 x_{16}	距主干路小于 100m = 1，距主干路大于 100m = 2	1.77	0.54
	所在村乡镇企业数 x_{17}	农村居民点内乡镇企业个数/个	5.86	1.32
	基础设施建设状况 x_{18}	卫生室、学校、集贸市场、室外活动、卫生处理设施、市政设施、生活基础设施，拥有 1 项得 1 分	4.43	1.56
	空废房屋状况 x_{19}	倒塌或无人居住 1 年以上的房屋比例/%	12.56	2.03
	当地农村建房风气 x_{20}	不改造住房 = 1，可改可不改造住房 = 2，大兴改造之风 = 3	1.89	1.22
	邻里关系 x_{21}	极少融入 = 1，部分融入 = 2，完全融入 = 3	1.74	0.94
	非农就业地点 x_{22}	本镇内 = 1，平谷城区 = 2，北京市区 = 3	1.85	0.66

资料来源：笔者对调查数据统计与整理编制。

最后，应用 SPSS18.0 对 748 份农户数据进行回归分析，从户主自身特征、农户家庭特征、农户生存环境选择变量，采用逐步向前法，根据偏似然比检验结果剔除变量，直到所有变量显著，构建 Logistic 回归模型。

对进入 Logistic 回归模型的变量统计（见表 10 - 11）来看，不同类型农户对农村居民点整治意愿的决策因素有明显差异，可以概括为两类，一是共同决策因素，二是特定决策因素，共同性决策因素表征了不同类型农户对农村居民点整治关注的共同点，而差异性决策因素表征了不同类型农户意愿决策还存在差异的特定因素。共同决策因素与特定决策因素综合构成了不同类型农户对农村居民点整治意愿选择的影响因素。

表 10 - 11　　不同类型农户对农村居民点整治意愿的 Logistic 回归结果

影响因素		农业主导型	农工兼具型	非农主导型
农户自身特征	户主年龄	0.534 ** (5.723)	0.281 * (3.238)	0.188 * (2.445)
	户主职业稳定度	—	1.216 ** (5.427)	1.405 ** (7.526)
农户家庭特征	非农收入比例	- 2.927 ** (8.747)	- 2.212 ** (6.527)	- 2.662 ** (7.832)
	房屋建设年份	- 0.684 ** (4.708)	- 0.387 * (3.960)	- 0.098 * (1.527)
	家庭常住劳动力	0.424 * (3.228)	—	—
	子女情况	0.672 ** (7.630)	—	—
	承包耕地面积	- 0.604 ** (7.223)		
农户生存环境	距离城镇中心距离	- 3.132 ** (8.244)	4.175 ** (8.904)	3.057 ** (7.884)
	空废房屋比例	0.568 ** (5.048)	0.362 * (4.040)	0.288 * (3.158)
	基础设施建设状况	- 1.017 ** (8.011)	0.235 (1.823)	—

影响因素		农业主导型	农工兼具型	非农主导型
农户生存环境	所在村乡镇企业数	—	0.846 ** (4.017)	—
	当地农村风气	—	—	-1.037 ** (5.741)
	非农就业地点	—	—	-0.962 ** (7.533)

注：**、*分别表示通过 0.05、0.1 水平的显著性检验；括号内的数据为沃尔德（Wald）统计值。

资料来源：笔者根据计算结果编制。

共同决策因素方面包括户主年龄、非农收入比例、房屋建设年份、距离城镇中心距离以及空废房屋比例等自变量。从农户自身特征来看，户主年龄是影响农村居民点整治农户意愿的主要因素，且为正向影响。调查发现：在 25 ~ 45 岁年龄段，完全赞同农村居民点整治的比例为 32.45%；在 46 ~ 65 岁年龄段，完全赞同农村居民点整治的比例为 38.66%；在 65 岁以上年龄段，完全赞同农村居民点整治的比例为 43.72%。青年阶段的农户虽然平均受教育水平较高，容易接受新鲜事物，但是由于他们组建家庭时间不长、宅院较新、积蓄较少，唯恐农村居民点整治给他们带来过重的经济负担和财产损失，更多的还是希望政府能够统筹拨款、统一规划村庄整治；而年龄长得农户大多数有更新旧房或为儿子筹建新房的需求，农村居民点整治对他们来说是一个改善居住条件的很好机遇，因此对农村居民点整治的期望值很高。从农户家庭特征来看，非农收入比例和房屋建设年份对农户的意愿影响显著，且均呈负向影响；非农收入高的农户家庭兼业程度较高，对农村环境的依赖性较弱，他们对改善农村基础设施与居住环境的意愿不强烈；而房屋建成时间越近，农户对政府统一规划集中整治村庄越抵触，因为其认为新建房屋价值较高，设施齐全，集中整治村庄可能会造成自己房屋资产的流失。从农户生存环境特征来看，距离城镇中心距离以及空废房屋比例对农户的意愿影响显著，但影响方向有所差异。距离城镇中心越近的农业主导型农户不赞同农村居民点整治，他们主要担心整治后既有的区位优势会丧失；但距离城镇中心越近的农工兼具型和非农主导型农户赞同的概率较大，他们对进城居住和整治带来的经济效益较为感兴趣。村庄内空废房屋比例越大，各类农户对其整治的意愿越强烈，主要是因为村庄空废房屋的增加破坏了村庄人居环境，打破了传统睦邻而居的生活方式，不仅造成农村生活和生产的不便，还会带来许多社会治安问题。

特定决策因素方面除上述共同决策因素以外，影响不同类型农户意愿的决策因素还存在一些差异性，这些特定决策因素也表现了不同类型农户对农村居民点整治理性选择的差异。农业主导型农户的特定决策因素为家庭常住劳动力、子女情况、承包耕地面积以及农村基础设施建设状况。其中，家庭常住劳动力与子女情况与农户赞同率呈正比，家庭常住劳动力越多，农户对村庄基础设施依赖程度越高，对农村居民点整治的意愿越强烈；有儿子常年在家的农户，考虑儿子未来结婚以及在农村长期发展的需求，赞同农村居民点整治的意愿强烈。承包耕地面积和农村基础设施建设状况与农户赞同率呈反比，农户承包率耕地面积越大，赞同率越小，主要是因为农户担心村中集中整治后耕作半径扩大或承包耕地面积减少，另外，由于农业主导型农户长期居住农村，期望改善较差的农村基础设施条件。可见，农业主导型农户的决策行为以生存理性为主，期望通过农村居民点整治改变当前的生存条件，但又怕失去赖以生存的耕地，对农村居民点整治带来的经济效益关注或就业机会的考虑较少。农工兼具型农户的特定决策因素为户主就业稳定程度和所在村乡镇企业数，均呈正向影响，这类农户收入较农业主导型农户进一步提高，对生存理性的追求逐渐弱化，特定决策因素集中为经济因素。这类农户处于农业主导向非农业主导的转折点，对农村居民点整治的经济效益较为感兴趣，同时开始关注农村居民点整治后是否有长远、稳定的经济效益和就业机会作为保障，通过对户主就业稳定程度作出意愿选择的理性判断，特定决策因素趋于可持续的经济理性。与农工兼具型农户相比，非农主导型农户特定决策因素增加了当地农村风气和非农就业地点两项因素，且均呈负相关。这类农户家庭收入显著提升，农户意愿的特定决策因素除受户主就业稳定性这一经济因素影响以外，更多的关注社会因素的影响，寻求一种心理满足。当地农村建房风气越浓厚，农户出于攀比心理越积极参与其中，其居住条件的改善越好，赞同农村居民点整治的概率越低；农户就业地点越靠近大城市，农户适应当地环境的压力越大，赞同农村居民点整治的概率越低，而当农户逐渐融入非农就业的人际关系且生活幸福感增强时，可能会提高赞同农村居民点整治的概率。

227

10.4.4 平谷区农村居民点整治的典型地域模式①

1. 基于地域功能导向的农村居民点整治模式

首先，基于地域功能分区结果，遵循差异性、典型性和可对比性原则，同时考虑村庄发展所处的生命周期阶段和未来规划发展情况，分别选取英城村、东鹿角村、南太务村、老泉口村和白云寺村作为不同地域功能区的典型村庄作为研究案例（见图 10 - 11 和表 10 - 12）。其中，英城村位于近郊平原工业区马坊镇的中部，镇政府驻地，高速公路从村西穿过、交通方便，北部紧邻物流园区，南部为马坊工业园区，依托镇中心区经济政治功能和南北工业园区带动，区域中心村作用显著。东鹿角村位于新城综合发展区南侧，属于平原地带，北侧紧邻兴谷开发区，区位优势独特，内外交通便利，在新一轮城市规划中，村域北部被划入新城集中建设区。南太务村位于近郊平原现代农业区的夏各庄镇东北部，交通条件相对较好，村域西部地势平坦，农村干部能力较强，村办企业发展良好，现代农业发展的基础比较优越。老泉口村地处远郊山区生态旅游地熊儿寨乡的西北部，位于生态涵养发展带，三面环山，自然景观优美，生态环境独特，水资源丰富，长年有山泉水从山上顺流而下，素有"天然氧吧""世外桃源"之称，周边旅游景点密集，乡村旅游发展潜力较大。白云寺村位于远郊山地生态农业区的黄松峪乡西南部，地处深山区，村庄四周环山，村内没有县级以上干路通过，交通相对闭塞；村内地下水资源为基岩裂隙水贫富水区，水资源相对匮乏，不利于大面积农业种植，集体经济薄弱，农民生活条件十分贫苦。

表 10 - 12　　　　　　　　典型村庄基本情况比较

村庄名称	村庄规模/公顷	人口规模/个	经济水平/元·人$^{-1}$	生命周期阶段	规划情况	位序
东鹿角村	109.54	2340	17000	稳定期	纳入城镇化建设与改造	28
英城村	92.37	1880	13800	兴盛期	建设区域级中心社区	95

① 资料来源：本节数据来自实地调查。

村庄名称	村庄规模/公顷	人口规模/个	经济水平/元·人	生命周期阶段	规划情况	位序
南太务村	40.48	1250	11000	成长期	保留型加速发展	173
老泉口村	18.75	564	8680	初始期	保留型重点发展	268
白云寺村	6.12	224	6750	衰退期	拆迁重建再发展	345

注：村庄规模是指农村建设用地面积；人口规模是指村庄的户籍总人数；经济水平是指农村人均收入；位序是各村庄规模、人口和经济综合水平在全区370个村庄中的排名，基本上位于村庄数量五等级划分的中位数范围。

资料来源：笔者对调查数据统计与整理编制。

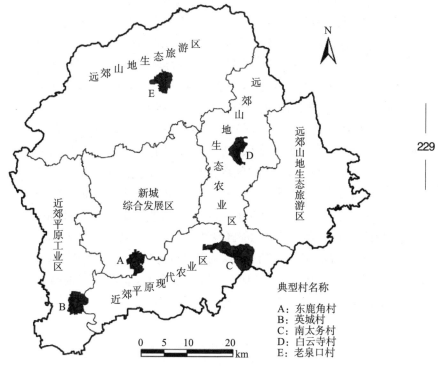

图 10–11　基于地域功能差异的农村居民点典型村域分布

资料来源：笔者根据研究内容绘制。

　　然后，对 5 个典型村庄的人居环境质量进行评价分析。人居环境质量优劣与否是判断区域乡村宜居的主要依据，提升人居环境质量也就成为农村居民点整治的核心目标。根据人地关系地域系统理论和农村居民点整治的内部性特征，农村居民点内部组成要素与空间结构是人居环境质量优劣判别的重要依据。因此，针对研究区农村生产生活的实际和新农村建设发展现状，借鉴相关研究的有益经验，从人居环境概念的内涵出发，以展现农村居民点生活、生产和生态多功能为目标，遵循理论科学性、指标可比性和数据可获得性的原则，选择21项因子作为人居环境质量评价指标（见表10-13）。由于各指标的量纲、数量均有差异，并考虑评价过程中如何体现以人为本和农民参与原则，利用李克特农民满意度五分制量表方法进行指标量化与测度，以表达农民作为利益主体对农村居民点内部结构信息的公众反馈与整治意愿，并为农民提供评价人居环境质量优劣的机会，即对每个指标采取"非常满意""比较满意""一般""比较不满意"和"非常不满意"五级评价，将满意度进行量化时依次赋予分值5、4、3、2和1分。另外，农村居民点整治的目标即为优化和提升人居环境质量，只要出现指标满意度分值偏低，就认定为整治的重点对象，不受指标间重要程度影响，因此采用等权重均值法计算各村庄的人居环境质量评价指标分值；同时，记录关于农村居民点整治的农民意愿，作为模式内核设计的参考。

对各农村居民点人居环境系统要素的农民满意程度计算来看（见表10-13，图10-12），各农村居民点整体上以村庄生态绿化为代表的生态环境满意度最高，这与平谷区特质的自然本底相一致；生活环境较为满意，但家庭暖冷设施和教育、医疗、储蓄等基础设施建设亟待改进；生产环境尚待大幅度提升，生产交通设施、乡村工业发展以及水利水电设施的农户满意度较低。另外，不同地域功能区典型村庄人居环境的综合质量差异显著，农户满意度综合分值从大到小依次为英城村（4.23）、东鹿角村（4.04）、南太务村（3.58）、老泉口村（3.03）和白云寺村（2.03），分别属于比较满意、比较满意、一般、一般和比较不满意的等别。各村庄具体情况如下介绍。

表10-13　　　　　农村人居环境质量评价指标与分值

功能目标	评价指标	指标内涵与说明	各村庄指标均值				
			东鹿角村	英城村	南太务村	白云寺村	老泉口村
生活环境	生活交通设施	村庄内部道路与公共交通情况	4.6	4.4	3.8	1.4	2.7
	信息通讯设施	邮电、有线电视、电脑上网情况	4.5	4.2	3.3	1.2	2.2
	教育设施	幼儿园、中小学等设施条件	3.6	4.4	3.5	1.0	2.3

续表

功能目标	评价指标	指标内涵与说明	各村庄指标均值				
			东鹿角村	英城村	南太务村	白云寺村	老泉口村
生活环境	文体设施	文化站、健身广场等设施条件	4.3	4.8	4.0	1.2	3.2
	医疗设施	卫生室、敬老院等设施条件	3.8	4.4	4.2	1.0	2.8
	储蓄设施	储蓄所、银行等服务机构	3.6	4.2	3.4	1.0	2.6
	商服设施	超市、商店等服务机构	4.5	4.7	4.1	1.6	3.2
	住房质量	房屋面积、结构与废弃情况	3.8	4.2	3.6	1.4	2.7
	取暖制冷设施	暖气、空调取暖制冷情况	3.2	3.4	2.7	1.2	2.1
	家庭水电设施	自来水和生活用电供给情况	5.0	5.0	5.0	4.6	4.8
	家庭卫生设施	厕所、洗澡等生活条件	4.1	4.5	3.7	2.0	3.2
生产环境	生产交通设施	村域内生产道路与耕作便利情况	3.6	3.8	2.4	1.2	1.8
	水利水电设施	生产性供水供电情况	3.7	4.1	3.2	1.6	2.2
	市场服务设施	专业市场、综合市场数量与规模	4.2	4.4	3.4	1.4	2.7
	乡村工业发展	供村民就业的村办企业情况	3.6	4.3	3.2	1.0	1.8
	商服资源禀赋	村民从事第三产业就业的资源条件	4.4	4.2	3.4	3.2	3.6
生态环境	水资源质量	地表水水质优良程度	4.2	3.3	4.2	3.6	4.8
	垃圾污水处理	生活垃圾和污水集中处理情况	3.7	4.2	3.3	3.0	3.5
	环境污染治理	粪便及污染物质无害化处理情况	3.4	3.6	3.2	2.2	2.8
	村庄生态绿化	村庄绿化与村容村貌情况	4.7	4.3	3.4	4.6	4.8
	防洪减灾设施	自然灾害控制情况	4.4	4.5	4.2	3.2	3.8

资料来源：笔者对调查数据统计与整理编制。

231

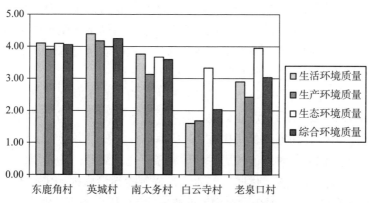

图10-12 平谷区典型村庄人居环境质量

资料来源：笔者根据计算结果编制。

（1）新城综合发展—城镇引领型整治模式——以东鹿角村为例。该村位于新城综合发展区南侧，属于平原地带，距离新城中心区2千米、距离高速公路0.5千米，北侧紧邻兴谷开发区，区位优势独特，内外交通便利，在新一轮城市规划中，村域北部被划入新城集中建设区，村域内驻有众多大中型企业。受新城发展的引领与辐射，该村2015年主营业务收入3105万元，三次产值比例为23.23%、28.12%和48.86%，全村劳动力人数约900人，三次产业构成比例为28.29%、55.29%和16.41%，具有明显的非农生产和非农收入为主的产业发展特征；但是本村劳动力结构与产业结构并非均衡，主要是外来人口较多，且大多从事第三产业经营，本村内居民则以从事农业和工厂打工为主，整体上造成该村的第三产业的产劳结构失衡。

全村土地总面积335公顷，主要由农用地、农村居民点用地和国有产业用地构成，耕地占49.21%，建设用地占36.40%，其中农村住宅用地面积占43.71%、产业用地占42.16%、公共管理与公共服务用地占6.37%、公园绿地占3.91%。村庄现状公共服务设施包括村委会、卫生室、社区服务站，经营性设施主要是2处商店和超市；现状市政设施包括5000米长的两条主干道、2000米长的支路、主干道两侧4米以上的消防通道、100%的自来水普及率、分类集中的垃圾处理站、排水明沟与暗沟1200米、改厕500户等，但没有污水集中处理设施；农村住宅多为20世纪90年代后的房屋，均为砖瓦房、坡屋顶形式，但大多没有保暖措施。整体上来看，该村基础设施相对完善，村民居住适宜性较高。在农村居民点集约利用方面，空间布局相对集中，但用地强度较大，人均农村居民点用地面积达180平方米，远高于城镇集约利用的标准，同时存在约1.5公顷的空闲地和部分闲置的农村宅基地，造成农村居民点整体上处于非集约化状态。

通过入户走访调查显示，该村农户人均收入在12000元以上，多是靠进城从事第二、第三产业就业，收入来源比较集中，部分家庭购置了空调和小汽车；住宅造价集中在10万元左右，在住房意愿上多趋向于两层或多层住宅，对当前的居住环境和条件比较满意，并希望对文体活动、教育设施、做饭、供暖、污水、洗澡等生活设施进一步完善，能达到城市化程度最好。对于农村居民点整治过程中需要解决的首要问题，一致认为是资金保障，并且大多不愿意投入一定资金改造自己的居住环境。

　　基于东鹿角村所处的地域环境、自身经济社会条件、土地利用特征以及农户意愿等综合考虑，确定该村未来农村居民点整治的主要内容应该包括：①产劳结构均衡化发展：依托农村产业结构变换与科技创新型企业的引入，加大农村居民第二、第三产业就业培训，增强农民文化水平与科技水平，加快劳动力非农就业转移；同时依托城镇化发展平台，创新城乡土地资源配置与收益分配机制，解决农民非农就业与居住的空间匹配问题。②农村居民点布局与用地集约化：将农村居民点纳入城镇建设扩展区进行统一规划，对农村居民点内的空闲地、废弃宅基地和低效利用的打谷场等土地进行整治，走"多占天、少占地、向空中要土地"的集约化路线，选择合适的区位建设多层公寓式社区化集中居住形式，将新建社区纳入城市一体化管理，并逐步把市政、环卫、供电、供水、供气以及治安等纳入城市管理范畴，实现农村居民居住城市化。

　　在组织机构与资金筹集方式上，考虑东鹿角村紧邻工业园区且未来规划为新城集中建设区的一部分，村庄整治后土地主要用于城镇和工业用地，可以采用市场主导的组织与集资形式。由政府制定政策、编制规划，引入竞争机制，吸引房地产商投资农村居民点用地整治项目。政府主要起到监督、引导、协调、调控的职能；企业作为整治项目的独立利益主体，也是资金投入主体，全面开展拆迁赔偿、安置、开发、建设等工作；村民可以对整治项目规划、补偿安置等进行监督，提出要求和意见。

　　在整合方式与工程措施上，首先应对整治区域内农民建房进行限制，整治期间不再审批新宅基地，不可在整治区内私建新房；其次将农村居民点转为国有，农民转为居民，整合村委会组织，形成新的社区化管理模式和行业协会组织；最后对农民进行科学合理的征地补偿，根据近期城市总体规划，在规划居住区内选址建设安置小区或组团式公寓将农民逐步地搬入新区。整治过程中涉及的工程措施主要包括旧村拆迁、新社区设计与建设、旧宅基地复垦还耕等，但考虑到农民的工作性质、收入水平、居住习惯、接受程度等，又与城市市民要求不同，居住社区的户型、居住面积、容积率、基础设施配套等方面要多元化，满足不同层次人的需求。

　　此外，农民文化水平低、技能差是一个普遍的历史问题，对于进城的农民提高其自身的竞争实力，是增加收入、降低失业比例的最重要途

233

径，政府借此机会组建职业技能培训班，加强对农民的思想观念、文化教育，使他们真正融入城市。同时，由于农民在城市竞争中的不利地位且无社会保障，还应建立转制后农民的社保体系，以保障城中村农民的生活，可以由农民个人、政府财政共同投入，而国家投入比例应比城市居民稍高，多方筹集资金，建立城中村村民的社保基金。

（2）工业带动—中心村整合型整治模式——以英城村为例。该村位于近郊平原工业区马坊镇的中部，是镇政府驻地，东北距离新城集中区5千米，密三高速公路从村西穿过，交通方便，村域北部为物流园区，南部为马坊工业园区，依托镇中心区的经济政治功能和南北工业园区的带动，英城村发挥着区域中心辐射的功能，是未来全镇发展的重点村和中心村。全村2015年主营业务收入2663万元，人均收入10000元以上，村集体经济较好，三次产值比例为43.06%、15.85%和41.09%，全村劳动力人数约1050人，三次产业就业构成比例为32.38%、23.81%和43.81%，第一产业和第三产业为该村经济收入和劳动力就业的主导，整体上产劳结构呈均衡化。其中第一产业收入主要源自水产养殖、果业和农作物种植、牲畜集中养殖，第三产业收入主要依托南北工业园区发展的商贸服务业。

全村土地总面积405.75公顷，主要由农用地、农村居民点和工矿仓储用地构成，农用地占68%，建设用地占32%，其中农村住宅用地面积占42.23%、产业用地占42.71%、公共管理与公共服务用地占4.15%、公园绿地占3.50%，整体上适宜村民居住，但公共管理与公共服务设施还不足，与中心村建设的标准还有一定的差距，村中闲置地较多，缺少公共浴室、卫生室、垃圾运转站、公厕、休闲活动中心等公共设施。在农村居民点集约利用方面，空间布局相对集中，但用地强度较大，人均农村居民点用地面积达210平方米，远高于城镇集约利用的标准，同时建设用地中存在约7.4%的空闲地和部分闲置的农村宅基地，造成农村居民点处于低度集约化状态。

通过入户走访调查显示，该村农户对目前居住条件比较满意，有80%以上的农户表示愿意对村庄进行统一规划和集中居住，对公共基础设施建设还存在一些不满，最急需解决的问题依次是公共浴室、公厕、卫生站、污水处理站、垃圾收集设施和改厕等。另外，由于中心村建设周期长、投入大，资金也是一个关键问题，大部分农户一方面希望改变居住条件，但又担心自己的利益受损，多数家庭承担不起按新标准建设的新房费用。

英城村总体上属于产劳结构均衡—宜居低度集约化型的农村居民点，针对其区位条件和土地利用特征，未来农村居民点整治的主要内容应该包括：①加强农村基础设施建设：按照农户需求的优先时序，近期先后开展公共浴室建设、卫生站建设、公厕建设、老年活动室建设、公共绿地及健身广场建设、改厕工程及部分道路硬化工程以及室外休闲娱乐设施建设等，不断完善中心村职能、增强中心村服务半径。②提高农村居民点集约利用程度：针对农民集中居住和土地规模化经营的要求，对现有村庄格局进行革新与重构，一方面按照规划，在村域北侧选址建设新型农村社区，逐渐引导周边规模小、不宜居低度集约化的农村居民点迁村并点；另一方面重点整治中心村村内废弃的宅基地、空闲地，配套必要地公共设施，重新加以综合利用或作为新宅基地分给新建房户；本着规模化经营的原则，对中心村以外的空闲宅基地实行退宅还田。③适度规划中心村产业发展，优化产业发展空间布局，建设新的村庄行政组织和经济组织。

在组织机构与资金筹集方式上，由于马坊镇是平谷区的经济社会发展次中心，又是全市基本农田集中区之一，未来建设用地需求和耕地保护的压力较大，加之整治用费之大，所以北京市与平谷区开展小城镇整治试点，将马坊镇 17 个村集中到 5 处安置点，其中英城村北部就有一处规划新建农村社区，主要采取市财政拨款—区政府主导的组织形式。即在开展的农村宅基地整治项目中每户均获 45 万元补偿费，该费用由市财政拨款，待整治后的建设用地出让后，再偿还市财政；对整治土地的用途分配提出了"343 分配模式"，即整治的农村居民点面积的 30% 用于农民社区建设、40% 用于土地储备用地（城镇与工业用地）、30% 用于退宅还田；同时按照城镇区内外的土地产权差异，在城镇区内整治后的土地用于农村社区建设外，全部转为国有土地产权性质，对城镇区外地用地，主要用于农村产业发展和农地规模化经营需要。

在整合方式与工程措施上，以缩并自然村，建设中心村为主导，坚持土地向规模经营集中，产业向园区集中，农民居民向中心村集中的原则，实现农村空间、组织和产业的三整合，即将英城村周边规模小、集体经济薄弱、配套基础设施差的村庄，采取一次性整体搬迁或分期逐步搬迁的策略迁并至英城村北部的新建社区，并对小自然村进行复垦还耕，将分散变为集中，既增加耕地面积又方便管理；依托农村社区建设，建立新的社区两委，打破原村庄行政建制，把公共服务延伸至社区，通过社区公共服务设施的统一配置，改善农村居民的生产生活条件，也增强基层组织的凝聚力和领导协作能力；以现代农业、物流产业和新型都市工业为产业支撑，就地转移农村剩余劳动力，增加农民就业机会，提高农民收入。整个过程中涉及的工程措施主要包括旧村拆迁、新农村社区建设、配套基础设施建设、农业生产设施建设以及旧宅基地复垦还耕的平整等工程，其中最难执行的应该是拆迁工程，最容易导致群体性事件的发生，可以采取"依法拆迁、协议拆迁、主动拆迁和安置拆迁"等措施，保证拆迁的效率和群众的认可度与满意度（刘彦随，2011）。

（3）农业主导—村内集约型整治模式——以南太务村为例。该村位于近郊平原现代农业区的夏各庄镇东北部，距离平谷城区 7 千米，距镇中心区 1.5 千米，东南路从村南通过，交通条件相对较好，村域地势呈东高西低，西部地势平坦，以耕地和园地为主，东部低山丘陵，以生态林为主，无地质灾害。2015 年全村经济总收入 1160 万元，人均收入 9000 余元，村集体产业经济结构以农业为主，三次产值比例为 59.16%、20.23% 和 20.61%，农业以蔬菜和果树种植为主，第二产业有砖厂、酱菜厂和鸡场等村办企业，为全村经济发展奠定了基础；全村劳动力人数约 900 人，三次产业就业构成比例为 30.63%、36.28% 和 33.09%，从业结构比较均衡，进厂打工或自主创业的农户较多，单一进行农业生产的比重较低；综合产业结构和就业机构来看，该村第二产业、第三产业的产劳结构失衡，较多的劳动力并没有创造出相应的产值，也说明劳动力技术水平和专门从业能力还有待提高。

全村土地总面积 844.09 公顷，主要由农用地和农村建设用地构成，农用地占 93%，农村建设用地仅占 7%，其中农村住宅用地面积占 67.89%、产业用地占 25.36%、公共管理与公共服务用地占 4.29%、公园绿地占 1.10%，其中农村宅基地主要以砖瓦结构为主，建筑质量和居住环境一般；公共管理与公共服务用地与公园绿地面积比例偏低，现状村委会建筑质量较差、设施一般、有待完善，村内目前没有诊所、村民看病不便，村委会西侧建有文化活动广场和健身广场，但建设不完善、设施匮乏，全村改水完成，村民用水基本得到保障，村庄没有上下水设施，一般采用沟边排水、排污，村内只有 10% 的农户完成改厕，道路硬化度较高，但部分道路宽度不够，道路设置不合理，较为零乱；整体上来看该村的农民居住适宜程度偏低，亟待改善。在农村居民点集约利用方面，农村集聚区主要分布在村域西部地势平坦区，空间布局相对集中，人均农村居民点用地面积 148 平方米，农村居民点集约利用程度较高，但也存在多出废弃农宅和 1.6% 的建设空闲地需要加强整治。

通过入户走访调查显示，该村农户对目前居住条件比较满意，原因是当地较强房屋改建之风较大，尤其是年轻家庭，家庭居住环境改造的比较舒适，大部分农户表示不愿意对村庄进行统一规划和集中居住，仅有少数老年人有改善自家居住环境的意愿。农户普遍认为村内用地布局和基础设施偏差，如村内房屋格局参差不齐，道路质量差且偏窄，行车不便，生活垃圾随意堆放、排污不便，医疗与教育资源匮乏等。另外，调查发现该村农户兼业行为较多，出耕作忙季以外，村内多为留守的妇女、老人和儿童，年轻男劳动力进城打工、年轻女劳动力在村办企业工作较多，这也说明了南太务村产劳结构失衡的原因。

南太务村村总体上属于产劳结构失衡—不宜居高度集约化型的农村居民点，其整治的核心思想是解决农村产业与劳动力优化配置、农村居住环境改善和公共资源配置效率与效益等问题。具体内容包括：①优化产业结构，提高农民技术水平：调整农业产业结构，以种植业与现代农业为主，引导、强化农民科技兴农意识，实行统一整地、统一供地、统一播种、统一施肥、统一病虫害防治的一体化农业管理模式；依托当地丰富的农业资源与产品，继续发展乡村农产品深加工与商旅服务等新型产业，同时搞好当地农民生产技能培训以及劳务输出职业教育，增强农民的知识和技能在创造更多就业机会的同时，实现农户更快更多的增收。②加强农村居住环境改善：主要包括现状住宅整治、道路整治、公共设施整治、环境整治和市政设施整治，对于一些建筑质量极差的危房及布局不合理影响村容村貌和道路畅通的居民点拆除；村内主要道路及次要道路进行适度拓宽，现状土路和老化的道路进行沥青铺建，同时加强道路两侧绿化；完善村委会已有的老年活动站、健身广场等休闲娱乐功能，增建一处卫生站，根据农户需要和服务半径大小，增设几处商服点；对现状的空闲地及现状绿地进行规划，并设置简单游憩设施，建设

237

村民共享的休闲景观开敞空间;按照地势特征,修建排水暗沟,生活污水统一排入污水管道,经污水处理站处理后排入农田,在垃圾处理上可通过"门前三包、集中收集、定期清理、就地分拣、综合利用、无害化处理"等环节,实现垃圾分类与有效处理。

在组织机构与资金筹集方式上,由于整治建设的规模较小,农民对村庄整治增加耕地面积的意愿不强烈,但农民很希望通过村庄整治改善农村人居环境条件。与前两种模式相比较,该村的整治相对简单、易于推行,且村集体产业发达、经济实力较强、居民凝聚力强、村干部工作能力突出,可以采取村集体自主组织整治和农民自主投工投劳整治相结合的方式,整治资金利用村企合作方式的获取,地方政府通过出台优惠政策引导农村集体与农民自愿进行整理,从村集体资金积累或企业盈利中获取资金,对于整治过程中所需劳力可以由村民解决、节约资金。

在整合方式与工程措施上,主要以村内集约利用为主,在村庄原址上的规范建设与改造,在乡镇统一规划与指导下整治村庄人居环境,即划定村庄边界和优化土地配置,限制村庄进一步向外扩张,加强基本农田保护,鼓励闲置宅基地的村内流转,充分利用村内空闲地、边角地和废弃宅基地进行新建住宅、植树造林和发展农村产业等。整治主要以农村道路、公共服务设施及绿地系统建设等工程为主。通过制定新建宅基地用地标准、细化村庄闲置宅基地和村内空闲土地盘活利用的调控措施,促进农村居民点用地的高效利用。

(4)农业主导—异地重建型整治模式——以白云寺村为例。该村位于远郊山地生态农业区的黄松峪乡西南部,距离平谷城区15千米,距乡政府3千米,村内没有县级以上干路通过,村东北有一条路与胡黄公路,交通相对闭塞;该村地处深山区,村庄四周环山,自然条件与资源禀赋差,村内地下水资源为基岩裂隙水贫富水区,水资源相对匮乏,不利大面积农业种植。村庄经济基础整体较差,全村2015年主营业务收入224万元,人均收入仅有2000余元,处于全区低等落后水平,村集体产业经济结构以农业为主,三次产值比例为79.52%、8.80%和11.68%,农业收入主要以山场干果种植为主,村内没有其他产业。全村共有89户村民,户籍人口265人,劳动力人数185人,三次产业就业构成比例为55.56%、17.59%和26.85%,农民以单一的农业生产方式为主，进厂打工或自主创业的农户较少；综合产业结构和就业机构来看，该村第二产业、第三产业的产劳结构失衡，较多的劳动力并没有创造出相应的产值，也说明劳动力技术水平和专门从业能力亟需提高。

全村土地总面积356.48公顷，主要由农村建设用地、园地和山场三部分组成，山场占76.69%、园地占21.54%、农村建设用地仅占1.72%，其中农村建设用地仅仅包括农村住宅用地和公共管理与服务用地，前者占97.54%、后者占2.46%；农村住宅用地主要建于20世纪五六十年代，房屋质量较差，布局也比较零散，局部民宅受地势影响比较杂乱拥挤；公共管理与服务用地即为村委会院落，办公条件相对不完善，全村内没有医疗卫生站、没有学校、没有绿地公园、没有公共浴室、没有公厕、没有商店、更没有污水与垃圾排放与处理设施，该村现状完全不具备宜居的条件，亟须推进新农村建设与村庄改造。在农村居民点集约利用方面，该村包括2个自然村，空间分布比较零散，人均农村居民点用地面积215平方米，村内宅基地108处，现状闲置有20多处，农村居民点空心化比较严重，集约化程度很低，亟须加强整治。

通过入户走访调查显示，该村90%以上农户对目前居住条件不满意，原因是地处偏僻深山、交通不便，生活设施匮乏，房屋质量差，有的农户一到雨天就得跑到街上避雨、防止房屋倒塌，日常所需的一些简单生活用品还需跑到5千米以外的其他村购买；由于自然条件较差，村内的果树也主要是年久的老树，新种树苗很难成活，年轻一点的劳动力基本上都出去务工，留守的均是老年和儿童，有的家庭带着孩子常年在打工，民宅长期闲置，农民的生活条件相当贫苦。调查中，大部分农民双手赞同对村庄进行统一规划和集中居住，有甚者还说"只要能改善居住条件、搬进新房，远近和其他问题都无所谓"，可见该村农户对新农村建设和改善居住条件的意愿之急迫。

白玉寺村整体上处于产劳结构失衡—不宜居低度集约化的农村居民点，迫切的需要开展农村居民点整治，而整治的核心思想是解决农村居住环境改善、农村宅基地集约利用和农村产业结优化的问题。具体内容为：①选址建设新村：考虑现状农村居民点规模、布局、区位特征以及就地改造住宅和增建基础设施的改造难度、资金投入大等问题，借助新农村建设的政策，在就近中心村或重新选址建设新农村社区，将两处自然村一次性或逐渐搬迁到新村，统一设计住宅标准、统一配套公共设施与市政基础设施、统一规划农村产业发展方向。②依托资源优势，整合产业结构与布局：由于该村处于生态涵养发展核心区，不存在第二产业业发展的环境，但白云寺村相邻黄松峪水库和黄松峪乡地质公园，适度发展旅游业，同时村内有果树种植的基础，发展规模化的果园种植基地，因此，白云寺村产业发展以生态农业和绿色民俗旅游为主；但由于白云寺村长期处于较落后的农业生产阶段，农业规划发展的产业链和服务设施还有待改进，因此在进行整村搬迁后，还要加强农田生产基础设施建设，促进规划经营。

在组织机构与资金筹集方式上，由于农村生活环境太差、村集体经济薄弱，加上农户对村庄整治和集中居住的意愿强烈，整体搬迁建设新村的时机相对成熟，同时考虑区域产业发展的资源优势，可以采取政府和集体组织、农民参与、企业承担建设开发与经营收益的方式，地方政府在新农村建设上给予一定的政策优惠，引导农村集体和农民参与整治，在组织上成立由专门负责的副乡长和土管、城建等部门精干人员成立工作组，监督指导整治工程并动员村民进行拆旧建新；村集体负责联系开发企业，对新农村建设标准、旧村开发与收益分配以及农户搬迁等方案征求农户意愿，制定合理方案；农民在整治与建设过程中以劳动力的形式投入其中，并参与整治方案的意见征求；企业则是整个新村建设与开发的主体，包括巨大资金的投入、建设方案设计、旧村开发再利用的收益分配等内容。这样，各利益相关者的责权分明、各司其职和共同努力，必然促成白云寺村新农村建设的顺利开展。

在整合方式与工程措施上，针对白云寺村村庄原址不适宜建设，如自然环境条件恶劣，交通不便、信息不灵的偏远山区、生态保护区的特征，从农村长远发展的角度出发，应逐步进行异地迁移，整体搬迁到经济条件好、发展空间大的农村居民点或城镇，或选择合宜的地区建设独立新村，并对老宅基地进行复垦或适度开发再利用。考虑未来农村产业经济发展与企业收益的需要，旧村原址一部分用于企业开发，一部分进行复垦还果还林，通过企业的商服设施建设与开发可以促进村集体经济的壮大，也可以提供更多的工作岗位，解决当地农民的就业问题；通过旧宅复垦还果还林，可以扩大生态农业生产的规划化经营，也可以实现生态保护的目标，从而实现村落第一产业和第三产业的结构调整与发展。在这过程中所涉及的整治工程措施主要包括新村住宅设计与建设、旧村改造再利用、旧宅复垦、公共服务设施及绿地系统建设以及保障规模化经营的农田水利、土地平整等工程。

（5）旅游服务—村内集约型整治模式——以老泉口村为例。该村位于远郊山地生态旅游区的熊儿寨乡的西北部，距离平谷城区17千米，距熊儿寨乡政府所在地2千米，属于燕山山脉，平程路贯穿村域南北而过，交通相对便利。该村位于生态涵养发展带上，三面环山，自然景观优美，生态环境十分独特，人均林地面积19.5亩，居全区之首，水资源丰富，长年有山泉水从山上顺流而下，素有"天然氧吧"和"世外桃源"之称，同时村域周边旅游景点密集，带动着乡村旅游产业蓬勃发展。2015年全村主营业务收入562万元，人均收入仅有8680余元，处于生态涵养发展带的高等水平，村集体产业经济结构以第一产业和第三产业为主，产值比例分别为61.84%和38.16%，没有第二产业收入，也符合生态涵养发展的要求，农业收入主要以干果种植，第三产业收入则来自民俗旅游商服业。全村共有220户村民，户籍人口650人，劳动力人数420人，三次产业就业构成比例为50.81%、1.46%和37.72%，村民主要收入来源于桃树种植以及外出务工、民俗接待，另外还有部分从事建筑业、交通运输业、养殖业等产业，全村民俗户60多户，日接待量4000人次。综合产业结构和就业机构来看，该村产劳结构均衡，农村经济已经形成产业化和规模化发展态势。

全村土地总面积337.24公顷，主要由农村建设用地、园地和林地三部分组成，林地占48.80%、园地占44.35%、农村建设用地占6.79%，其中农村建设用地主要包括农村住宅用地、公共管理与服务用地以及部分空闲地，农村住宅用地占90.18%，建筑年代有所差别，部分新建民宅质量较好，大部分建筑年久，有的保存完好，可以满足旅游居住的需求，有的破旧失修，不适宜居住；公共管理与服务用地面积占6.50%，主要包括村委会院落、一处公园绿地和几处商铺，缺少医疗站、教育教学设施、文化活动站，同时生活垃圾缺乏管理、卫生条件差，造成村庄整体上的宜居性能偏低。在农村居民点集约利用方面，该村包括3个自然村，现在的村庄面貌是长时间以来农民自发建设而形成的，虽然有其自身特点，但由于建设过程中没有规范性的指导，在结构和施工质量上得不到保证，绝大部分民居达不到抵抗地震洪水的基本要求，无序化蔓延也造成了自然环境的破坏，同时受地形影响，居民住房布局较散乱，部分居民点周围山势坡度较大，容易因天气等原因引发山体滑坡和泥石流等自然灾害，全村人均农村居民点用地面积高达 320 平方米，并且农村建设用地存在着 3.30% 的空闲地，土地资源利用严重浪费，集约程度亟须提高。

通过入户走访调查显示，该村农户对提高自己的收入、改善居住条件和村庄环境整治比较赞同，其中 80% 以上农户表示赞成进行村庄整治改造，并迫切希望伴随西山景区开发为村庄农家乐旅游带来契机，进而改善自己的生活条件，这部分农户约占全村的 65%。调查中还发现，村落内住宅除少量有传统特色的老宅院外，绝大部分房屋建筑形式单一，缺乏特色，缺乏作为旅游景点的基本景观价值，而对于少量传统老宅院的重视程度不足，没有充分意识到其历史意义与艺术价值，限制了老泉口村旅游观光业的发展；另外，该村现有产业都属于初级产业，产业高度不够，缺乏文化主题与文化氛围，难以形成自己的特色与旅游品牌，缺乏产业高度与文化品位。

老泉口村整体上属于产劳结构均衡—不宜居低度集约化型农村居民点，在良好经济产业发展态势下，亟需开展农村居民点整治，其核心思想是以提高农村居民点集约利用程度和改善农村居住环境为支撑，快速推进农村产业结构优化与村域经济发展。具体内容包括：①挖掘农村居民点用地潜力，提高土地集约利用程度：对现状超标建筑进行标准化整治，充分利用闲置民宅和空闲地作为新建房屋和增建基础设施的主要来源，提高农村建设用地再利用效率；②大力加强农村生产生活必需的基础设施建设，按照农户需求的迫切程度，近期优先改善道路状况、增建医疗站、文化活动站与健身设施、生活垃圾与污水处理设施以及防灾减灾设施、供暖设施等；③从建筑艺术与景观角度修缮具有重要历史价值的古建筑，恢复其生活、商服和示范等综合功能，④提升产业内涵、优化产业空间布局：依托现状乡村旅游态势与资源条件，深度挖潜生态旅游的内涵，发展集"采摘—体悟自然与人文灵性—特产"与"登山—康体娱乐—品茗赏景"的生态旅游与休闲旅游为一体的田园式度假旅游产业，并以此为主导，以果树种植业和特色养殖业为支撑的多业结合、综合发展的产业经济布局，以平程路为发展带，将全村划分为中心服务、景观风貌、风俗农家接待、采摘、休闲与绿源会议度假的六大产业功能区。

在组织机构与资金筹集方式上，由于地处山地区，农民对村庄整治增加耕地面积的意愿不强烈，但农民很希望通过村庄整治改善农村人居环境条件、增加经济收入，虽然农户生活水平较高，但村集体经济实力还一般，如果整治资金单靠村集体和农民自主筹集难以保障，该村整治可以尝试政府—村集体和农民共同参与的形式，政府主动发动、详细规划、合理引导，村集体组织具体操作，村民积极参与。政府根据土地利用总体规划、土地整治专题规划、城镇体系规划，帮助村庄制定村庄用地整治规划，采用"一村一策"制定村庄适合的整治政策，各级政府从财政拿出一定比例的资金与村集体投资和村民投资共同组成整治基金用于村内基础、公共设施的建设、宅基地的调整、旧宅基地房产的回收改造等。

在整合方式与工程措施上，考虑老泉口村优越的资源条件、保存完整的传统建筑街巷风貌以及旅游业配套发展的需要，采取原址保留、局部调整、适度发展的村内集约型整合模式。全村三个自然村整体上保留现状原址，对现状质量好和具有地域特色的老宅保留作为旅游开发，对布局零散、不利于整体管线改造和位于主要开场空间节点的民宅进行拆除，对建筑形式、建筑色彩、建筑材料等整体风格不统一的民宅进行局部改造，对沿路、沿河分布的发展旅游潜力大的民宅进行适度的开发和功能置换、改住宅建筑为商服建筑。整个村庄整治过程中涉及的工程措施包括民宅设计与改造工程、道路改建工程、雨洪工程、公共服务设施建设、环卫设施建设以及村庄绿化、美化、亮化建设工程等。

2. 基于类型差异的农村居民点整治模式

从农村居民点的产劳结构、宜居性和集约化三个方面来看，农村产业转型不足、农业劳动力剩余、公共服务设施与生活基础设施建设差、农村建设用地闲置、人均用地超标以及空间分布零散等问题是平谷区农村居民点持续利用与发展的主要瓶颈。因此，针对不同类型农村居民点的限制性要素与特征，分别从资源配置、结构优化和空间重构三个方面，探讨适合区域实际的农村产业与劳动力均衡、农村居民点宜居建设和农村居民点集约利用的多元化整治模式，具体内涵如表 10 - 14 所示。

243

表 10 – 14　　　　　基于类型差异的农村居民点整治模式

模式类型		基本内涵	适宜条件	整合动力
基于资源配置的农村产业与劳动力均衡型整治模式	新城发展反哺型	依托优越的区位条件和便利的融资渠道与消费市场，加速城市资本和产业在农村地区的流动，发展城市周边经济，带动村民参与城镇商服、餐饮、旅游等服务产业，转移农村剩余劳动力	适于新城集中建设区周边产劳失衡型农村，由于农业产值较低，这些农村的劳动力结构均衡，非农就业比较稳定，农事空闲期大量劳动力剩余，缺乏近地支柱性产业	新型城镇化的强力吸引和城市劳动力市场的需求
	工业企业带动型	凭借高新技术产业集聚的优势，调动个体企业活力，创新"村企结对"模式和新股份合作机制，盘活农村集体经营性建设用地，发展基础配套产业，提高集体经济增收，拓宽剩余劳动力非农就业渠道	适于马坊镇、夏各庄镇和峪口镇重点乡镇产劳失衡型村庄，这些村庄区位条件比较优越，临近产业园区，农村劳动力愿意非农就业，但农村专业技能水平较低，低门槛的非农产业基础缺乏	产业梯度转移的强力助推和高新技术产业发展的辐射带动
	现代农业发展型	立足区域农业资源和劳动力充足的优势，建设农业专业化生产基地，创新农村土地流转政策，引导土地集中，探索"家庭农场""公司+农户""基地+组织+农户"等多元组织形式，推进规模化、标准化经营，就地安排农村劳动力	适于平原农区的马昌营镇、大兴庄镇、东高村镇、金海湖等乡镇产劳失衡型农村，该地区以传统农业生产为主，具有丰富的农业资源和劳动力资源，生产经验丰富，但生产技术落后，专业化市场环境相对较差	区域发展功能定位的现实要求，都市区大宗型农产品市场的需要
	特色产业培育型	发挥生态环境和特色资源优势，以生态村和生态沟建设为载体，依靠龙头企业和专业合作组织，发展"仙桃生产、采摘、加工、销售一体化产业链，打造京郊"旅游观光-采摘体验-娱乐休闲-知识教育"一体化生态涵养型项目，培育沟域产业经济新模式，就地安排农村劳动力	适于山区大华山镇、刘家店镇、镇罗营、黄松峪等乡镇产劳失衡型农村，地域微环境特征显著，生态优美，特色农产品资源优势显著，但专业化生产经验不足，产业理发展念和定位不明确，缺乏一定的市场导向和经济支持	特色农产品的市场需求，城市居民生活的需要以及自身良好的生态环境条件

模式类型		基本内涵	适宜条件	整合动力
基于结构优化的农村居民点宜居性整治模式	产住分离型	建立与规范农村经营性建设用地退出与市场进入机制，发挥产业园区的引力和集聚作用，引导农村宅基地与农村产业用地有效分离；加强分离后居住区的基础设施建设和环境污染治理，避免农村居民点用地"重生产、轻生活"的不良发展倾向，建设功能完善的新型社区	适合于新城集中建设区和新城组团区内宜居性较差的村庄，该区域农村居民点内部工业用地比例较高，但空间布局与住宅用地形成犬牙交错之势，且存在一定的污染，受外部性影响，农村居民对基础服务设施的需求可以从城区或镇区得到满足，农村内部设施建设相对薄弱	城市发展规划的要求，新型社区建设与"三集中"模式的有效经验与引导
	要素更新型	培育"一村一品"产业增长极，投放适当的建设用地指标，促进农村传统产业转型发展，严格控制新增宅基地审批，优先利用闲置和低效用地，改善农村陈旧的基础设施，补充居民需求的公共服务设施和公园绿地，推进富丽乡村建设	适合于传统平原农区宜居性差、但具有一定建设潜力的村庄，该地区农村经济和社会景观没有完全摆脱传统的农村发展模式，居住用地占据主导，产业用地少，居住房屋和基础设施陈旧且更新缓慢，存在空心化现象	新型城镇化与乡村转型发展的需要，农民收入水平提高对改善居住环境的要求
	安全重建型	以人文本，推进山区落后、洪灾和地灾易发农村"下山进川"，向中心村迁并或新址重建，科学设计农村重构格局，合理安排农村居住、交通、卫生、教育、服务等基础设施，提高房屋抗灾能力，并依托资源优势发展乡村生态旅游和林果特色产业，提升功能、美化环境，促进生态型村镇建设	适合于山区信息阻塞、交通不便的落后型村庄和地质灾害或洪灾易发区的不宜居性农村居民点，这些农村缺少城镇的辐射与带动，以留守老龄化居民和儿童为主，经济基础薄弱，居住条件极其简陋，基础设施匮乏，安全性较差，但乡村景观十分突出，具备一定的开发潜力	新农村建设和居民对人身安全保障、基本生活条件改变的需求迫切
基于空间重构的农村居民点集约化整治模式	全域极点总领型	依据地域发展功能定位，在现有南部（马坊）、西部（峪口）、中部（夏各庄）和东部（金海湖）四个区域中心城镇的基础上，打造北部大华山新的增长极，带动山区乡镇特色产业和乡村旅游发展，重构城乡一体化格局，发挥规划与政策的约束力，强力吸纳极点周边潜力大、迫切性强的居民点集聚，实现"五极"总领区域城乡协调发展的战略任务	该模式主要体现全域发展战略，起到空间引领作用，新的增长极适于辐射区域内刘家店镇、镇罗营镇、黄松峪乡和熊儿寨乡生态环境差、居民用地"小、散、乱"不集约，同时又严重缺乏经济基础与产业支撑的农村居民点	区域协调均衡发展迫切，城镇化和农村居民点整治时机已经成熟

245

模式类型		基本内涵	适宜条件	整合动力
基于空间重构的农村居民点集约化整治模式	局地节点引导型	围绕全域极点布局,在保留现有10个乡镇节点的基础上,按照城乡地域比较优势,发展英城村、靠山集等6个新的局地节点,发挥各节点的产业引领和要素配置作用,依托城乡建设用地增减挂钩项目,助推农村生产、生活和生态空间重构,将结余指标用于极点和节点建设与发展,促进城乡要素对称性流动	该模式辅助于"五极"格局实现区域城乡一体化发展,适于各局地极点影响范围内用地强度高、节点潜力大、空间布局无序,同时农民提高劳动技能和从事非农就业愿望强烈的农村居民点	城乡统筹发展要求要素流动,城镇建设与农村非农化发展需求强烈
	中心村集聚型(新址重建型)	以局地节点为中心,从各节点作用范围内选取规模大、人口多、经济发达、辐射能力强的38个农村居民点作为中心村,利用"引导+自愿"的模式,居民外出意愿强烈的村庄适当推行农村居民点异地迁并,居民留守意愿强的村庄按照空间临近、方便生产、文化传承等条件,推行就近新址重建与农村社区化建设,发挥以人为本的整治理念	该模式从微观居民意愿的角度,推行异地迁并和就近重建的引导作用,适于极点和节点辐射范围以外,相对较小的区域内人居环境差、用地强度高、布局零散,居民意愿差异显著的农村居民点	中心村功能增强,居民集中居住和土地规模化经营的要求强烈
	一般村挖潜型	向区域极点、节点、中心村迁并整合后,保留下来的农村居民点个体,其区位条件较好,基础设施相对健全,具备发展现代农业或第二、第三产业的经济和劳动力基础,规模适度、人口集聚,划定村庄建设边界,建立有效的宅基地退出和流转机制,引入经营性建设用地市场化运行模式,加强人居环境建设,加快新陈代谢,促进个体均衡、积极发展	该模式以培育农村个体发展促进土地集约利用,适未迁而保留,但同时存在一定的住宅闲置、流通不畅,经营性建设用地低效、价值失真,空间布局缺乏规划引导以及基础设施陈旧等不集约利用现象的农村居民点,具有普遍性	新农村建设规划引导与科学管理技术完善,土地合法流转与市场育发健全

（1）基于资源禀赋的农村产劳均衡型整治模式。平谷区产劳失衡型村庄表现出一定的差异性和多样化特征，主要原因是农村产业发展动力不足、定位不明确、支撑产业缺乏。如新城周边地区的农村缺少城市化和工业化的外部性带动，农村工业和商业经济发展缓慢；平原地区的农村农业发展比较快，但规模化经营缺乏力度，出现季节性劳动力剩余问题；远离新城地区的农村缺乏对自身资源禀赋和生态环境优势的认识和挖掘，现代农业、特色产业和乡村旅游产业滞后。据此，根据农村产业发展的动力差异，从外缘引力和内生动力两个方面引导农村产业整合；同时考虑劳动力受教育程度低，专业技术缺乏，农民组织结构弱化等问题造成的农村劳动力与产业匹配不均衡问题，在完成农村产业整合的基础上，还应加大农民培训力度，建立劳务转移机制。

（2）基于结构优化的农村居民点宜居性整治模式。农村居民点作为一个多功能的用地载体，具有复杂的内部结构，影响着农村居民的生活和生产活动。平谷区近年来，经济的快速发展使得农村住房用地面积持续增加；农村第二、第三产业的转型发展，促使了农村居民点内部企业用地和服务设施用地成同向波动态势；在农村人口不断涌入城市的过程中，农村居民点内部空闲宅基地也不断增加。因此，整合与优化农村居民点内部结构，是发挥农村居民点多功能性和改善农村人居环境的一种有效途径。按照农村居民点结构要素组合的区位特征，探讨建立农村产业与居住用地分离、传统产业与陈旧设施更新、人居环境安全重建等宜居性整治模式。

（3）基于空间重构的农村居民点集约化整治模式。随着农村无序态的发展态势，平谷区村庄数量多、平均规模小、分布散、实力弱等问题凸显，难以应对新形势下城镇化发展的需要。如何促进农村居民点集约化？主要还是要从源头根治，一种有效解决长期历史遗留问题的途径就是进行村镇体系空间重构。在城乡一体化空间布局引导下，通过农村居民点拆迁、改造、合并等形式，实现农村居民点集约化利用。因此，依据现有城镇与村庄布局，基于中心地理论的空间范式，分布设定区级极点、集镇节点和中心村，其中待形成的节点和中心村选取以农村居民点宜居性和集约化评价结果为依据，对规模大、集约度高，区位条件优越的村庄优先设定，形成等级有序、布局合理的城乡一体化空间体系，如图 10-13 所示，从区域全局战略、局地发展策略和农村居民点个体

247

集约的层面，构建全域极点总领、镇级节点引导、中心村集聚和一般村内部挖潜的集约化整治模式。

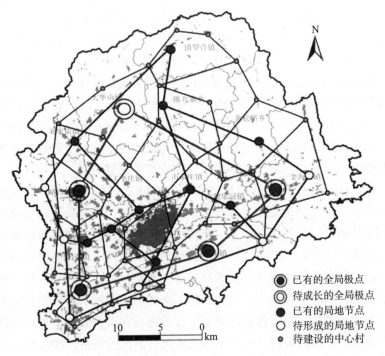

图 10-13　平谷区村镇空间格局重构

资料来源：笔者根据研究内容绘制。

（4）多要素限制的农村居民点整治模式组合。按照人地关系系统要素特征组成的农村居民点类型多样，相应的每一种类型农村居民点可持续利用的限制因素也具多元化。而以上 3 个层面形成的 11 种整治模式主要目的是改进单一的限制要素，对单一限制因素的农村居民点可以直接采用相应的整治模式；对于同类型多因素限制的农村居民点可以通过横向比较，按照限制程度确定主导模式和辅助模式，形成主次搭配的复合整治模式；对于不同类型多因素限制的农村居民点可以进行纵向层级比较，按照农村经济社会发展—人居环境优化—土地集约利用的自上而下的层次特征，依次选择优先模式、重点模式和一般模式，形成多元组合的层级整治模式。

3. 基于农户意愿的农村居民点整治模式

基于不同类型农户对农村居民点整治意愿的共同决策因素和特定决策因素，从农户、村庄和区域尺度，以农户类型为主导，辅以农村居民点和区位特征，判别各行政村相应的农村居民点整治模式。具体实现过程为：①以行政村为单元，对各行政村调查的农户类型进行统计，利用均值—标准差法确定各行政村的主要农户类型，即农业主导型、农工兼具型和非农主导型。②将影响农户意愿的决策因素分别归类为农户特征指标（户主年龄、户主职业稳定度、非农收入比例、房屋建设年份、家庭常住劳动力、子女情况、承包耕地面积）、村庄特征指标（空废房屋比例、基础设施建设状况、当地农村风气、所在村乡镇企业数）和区域特征指标（距离城镇中心距离、非农就业地点），对不同指标以行政村为单元进行均值处理，近似的看作为各行政村整治模式评判的指标值。③利用 SPSS 18.0 中的二步聚类法，对农户类型主导下的农户特征、村庄特征和区域特征等变量进行聚类，划分相应的整治模式。表 10-15 显示：全区农民就业已由纯农业向半工半农业和非农业领域转型，农户意愿也由生存理性向经济效益、社会地位的综合转变。平谷区在外从事非农产业的农户占 37.70%，亟需通过城镇化途径来实现其城镇"安居乐业"；半工半农的农工兼具型农户不断追求更好生存理性和更高的经济收益，亟需通过乡镇企业集聚与非农就业源社区化的途径实现其"安居乐业"；从事纯农业生产的农户仍以传统的追求稳定生存为主，可通过农村居民点整治还田、扩大规模经营和改善农村生活基础设施等途径，促进农业增效和农村发展。所以，基于上述农户主体特征及其农村居民点整治的需求和意愿，平谷区农村居民点整治的模式应该从城镇转移、产业带动、中心村整合和村内集约的角度进行空间整合。

表 10-15 农户类型主导下的平谷区农村居民点整治模式汇总

农户/模式类型	城镇转移模式	产业带动模式	中心村整合模式	村内集约模式	合计
农业主导型	16	9	54	27	106
农工兼具型	15	15	10	31	71
非农主导型	32	30	15	21	98
小计	63	54	79	82	275

资料来源：笔者根据计算结果整理编制。

从空间和时间上来讲，农村居民点整治不仅包括满足不同农户居住需求和居住意愿，还应考虑农户所在村庄的总体状况与所处的地域环境，对不同类型农户主导的农村居民点规模来看：①以农业主导型农户为主的 106 个行政村的农村居民点主要分布在东部和北部山地区，农户以农业种植收入为主，扩大规模种植的倾向较为强烈，且对土地耕作半径和质量要求不高，从事平谷仙桃和板栗等干果种植的农户集中分布于此；另外，受区位条件和地理环境的影响，农村居民点分布零散、结构失衡、功能弱化，具有强烈的改善居住环境的意愿，借助于新农村建设政策的中心村整合模式为这一类农村居民点整治的主导，数量占一半以上。②以农工兼具型农户为主的 71 个行政村的农村居民点主要分布在中部低山丘陵区和南部地势相对平坦区，属于以果树和粮食种植为主的传统农区，伴随着农户季节性外出打工较多，对中心社区建设和通过转包、转租土地扩大耕作规模的意愿不是很强烈，但比较赞同对村庄内部环境改造、生活条件改善，结合城乡统筹发展，以完善现有基础设施与公共设施的村内集约整治模式为主。③以非农主导型农户为主的 98 个行政村的农村居民点分布在西南部工业发展带和新城周边地区，受区域产业发展和城区多功能化带动，农民进厂、进城务工较多，对城镇生活的向往，使其对小城镇建设和农村居民点整治的意愿强烈，并且具有一定的经济支撑，借助城乡建设用地增减挂钩政策，以社区化集中居住的城镇转移和邻近产业园区布设的产业带动模式是这一类农村居民点整治的首选。基于不同农户意愿的农村居民点整治模式具体内涵如表 10-16 所示。

表 10-16　　平谷区农村居民点整治模式类型及其基本特征

模式类型	农户特征	村庄与区域特征	整治内容	整治途径
城镇转移模式	农户外出打工较多，农民对耕作性收入的依赖性不强，具有进城务工与居住生活的愿望，对推进村庄整治和中小城镇建设很赞同	新城边缘区和中心城镇周边地区；农村规模小、基础设施相对薄弱、且以非农就业和非农收入为主的农村居民点	以新型城镇化建设为平台，将农村居民点纳入城镇建设扩展区统一规划，解决农民非农业与居住的空间匹配问题，规避城乡资源的双重占用	政府主导，企业参与；城镇居住区建设，完善市政服务设施；实行农村户籍制度改革与村改居的组织整合；整治后土地试行城乡建设用地增减挂钩，适当的补充耕地、扩大规模经营

续表

模式类型	农户特征	村庄与区域特征	整治内容	整治途径
产业带动模式	农户以季节性进厂打工与农业耕作或以商服经营为主要收入来源,对进城务工与居住的愿望不是很强烈,对村庄搬迁改造和中心社区建设不是很赞同	工业园区、经济开发区等周边地区以及典型非农产业发展的村庄;农村基础设施相对完善、且以非农收入与农业收入相结合的农村居民点	依靠产业区的辐射和典型第三产业发展的带动,加强农村基础服务设施建设,改善人均环境,控制农村建设的无序扩张,优化农村居民点空间结构与基本功能	政府主导,村集体参与;着力推行新农村建设,革新农村居民点结构布局,引导农村居民点功能区划,挖潜废弃和闲置用地效率;立足产业基础,加快支柱性产业发展,以农村工业化实现村企联动,促进城乡发展
中心村整合模式	农户以农业种植为主,扩大耕作规模的愿望较强,能够接受较大的耕作半径,具有推进农村整治、中心社区建设以及改善人居环境的意愿强烈	远离新城地区和中心城镇,村庄规模小、布局散、基础设施差、且以纯农收入为主农村居民点,或地处生态脆弱、地质灾害易发地区的农村居民点	迁村并点至就近中心村或选址新建农村社区,加强农村公共服务设施建设;整治旧宅与空闲土地,退宅还田还林,集中建设规模连片的优质农区和环境稳定的生态涵养区	政府主导,农用地整理公司与村集体适当参与;合理选取并入中心村和新社区建设选址,设计适合农业生产需求的住房格局;腾退后土地主要用于发展现代农业和特色生态农业,适当尝试地票交易,增进农业收入
村内集约模式	农户常年在外打工较少、以季节性农工兼具和纯农收入为主,对扩大耕作规模和中心社区建设的意愿不强,但对村庄内部环境改造、生活条件改善的愿望强烈	分布在广阔的农村腹地,距离城区或中心镇较远,农村居民点规模大且密集,农村基础设施较差,闲置土地较多,农户收入来源多样化的农村居民点	以农村居民点内部废弃和空闲土地挖潜为主,规划农村居民点边界,限制无序扩展;改造村内交通与基础服务设施,改善农户居住生活条件和居住环境,适度发展多样化农村产业	整治难度较小,村集体自行组织与筹集资金、农户自主投工投劳相结合;加强农村建设规划引导,制定农村节约集约用地激励机制和土地流转策略,合理配置农业资源与增进农村经济发展,深入开展新农村建设

10.5 小 结

(1) 农村居民点整治作为一项涉及面较广的复杂系统工程，包括诸多内容和影响要素，而当前所开展农村居民点整治模式主要偏重于"城镇社区""旧村改造"以及"迁村并点"等空间整治方式的狭义上的研究，缺少对整治模式的内部性与外部性的综合探讨。鉴于此，本章利用"内核—外缘"的系统学理论知识，探讨了农村居民点整治模式的内涵、基本特征及其形成机理，并基于概念模型解释，从内核和外缘系统两个角度，综合区域、乡村和农户不同尺度，建立了集"地域功能差异—村庄问题诊断—农户意愿调查"的农村居民点整治模式的识别方法体系；然后以北京市平谷区为例，在进行区域功能划分、村庄类型诊断和农户意愿分析的基础上，进一步剖析五种具有典型性的村域农村居民点整治模式，并归纳了研究区农村居民点整治主导模式及其基本特征。从理论和实践上丰富了农村居民点整治模式的研究，为科学推进农村土地整治和新农村建设提供了决策参考。

(2) 在区域尺度上，平谷区划分为新城综合发展区、近郊平原工业区、近郊平原现代农业区、远郊山地生态农业区和远郊山地生态旅游区五大功能区，农村居民点整治模式应按照地域功能的要求，体现因地制宜的原则。在村域尺度上，平谷区 275 个村庄划分为产劳均衡和产劳失衡两大类型和相应的八个小类，对于产劳结构失衡、宜居性弱、集约度低中存在 2 项以上的 142 个农村居民点应进行重点整治。在农户尺度上，影响不同类型农户对农村居民点整治意愿的因素包括共同决策因素和特定决策因素两大类，前者表征了不同类型农户对农村居民点整治关注的共同点，包括户主年龄、非农收入比例、房屋建设年份、距离城镇中心距离以及空废房屋比例等因素；后者则表征了不同类型农户意愿决策还存在差异的特定因素，农业主导型农户意愿还受家庭常住劳动力、子女情况、承包耕地面积以及农村基础设施建设状况特定决策因素影响，农工兼具型农户意愿则受户主就业稳定程度和所在村乡镇企业数特定决策因素影响，非农主导型农户意愿较农工兼具型农户的特定决策因素多了当地农村风气和非农就业地点两项因素影响。

第11章 城乡建设用地增减挂钩分区与联建

城乡建设用地增减挂钩作为一项群众得实惠、政府得指标、社会得发展的惠民工程，是我国城乡统筹发展背景下农村建设用地整治的重要手段，为统筹城乡经济发展、资源环境保护和保障土地利用规划顺利实施提供了重要的政策支撑。其实，挂钩也好、整治也好、规划也好，其出发点是要为社会提供一个最优化的土地空间利用结构，使所有的土地高效率发挥作用，满足经济发展、粮食安全等多方面的需要，而不是只单纯地考虑建设用地指标不足问题，实质是土地利用空间的调整与优化（郝晋珉，2010）。然而，目前挂钩实践还存在着若干问题和偏差，例如：挂钩项目区的筛选及规模布局缺少科学地评价和论证，挂钩实施缺少有针对性的保障机制；有些地方政府在用地指标和经济利益的驱动下，重拆迁、轻安置，重复垦、轻保护，导致农民利益遭受损失等。如何解决好挂钩问题？关键在于理清城乡社会经济发展和土地利用之间的动态关系是解决问题的关键。

11.1 研究思路

按照城乡建设用地增减挂钩（简称"增减挂钩"）的内涵，可以将增减挂钩理解为三层含义，一是通过增减挂钩实现城镇建设的用地需求，即与上位土地利用总体规划制定的城镇建设用地指标相比，本位规划中的城镇建设用地需求量大于上位指标规模，那么超出部分的城镇建设用地指标需要通过农村居民点拆旧实现；二是通过增减挂钩实现耕地占补平衡的用地需求，即新城镇建设用地占用耕地的规模，超出农用地整理和未利用开发补充有效耕地面积的情况下，通过农村居民点拆旧复垦实现；三是在保证城镇建设需求、城乡建设用地总量不突破、耕地面积不减少、质量不降低的情况下，通过建立增减挂钩项目区，调整城乡用地结构，优化城乡空间布局。

这样，增减挂钩中需要剖析的基本问题就包括：（1）区域新增城镇建设用地规模及其占用耕地情况；（2）区域农村居民点整治补充有效耕地的数量潜力；（3）区域不同行政单元之间城乡建设用地增减挂钩的能力水平；（4）区域内拟增城镇建设用地（建新区）、适宜拆迁农村居民点用地（拆旧区）的选择及其组合方法。在这些问题理清的基础上，可以进行区域城乡建设用地增减挂钩空间分区、组合联动以及布局优化。

因此，从计量模型和空间关联的角度，首先对增减挂钩中城镇建新规模和村庄拆旧潜力进行分析，前者即研究区土地利用总体规划中新增城镇建设用地规模及其占用耕地情况，后者即为前文第8章研究区农村居民点整治补充耕地数量进行乡镇单元汇总，在此基础上建立基于需求与供给原理的增减挂钩能力模型，进行乡镇单元内部与相互之间挂钩能力分析，并形成增减挂钩分区、探讨不同分区的差异化挂钩方式；然后从空间地块尺度，以城镇建设用地与农村居民点地块为单元，以极差地租理论为指导，对建新区和拆旧区进行适宜程度评价与筛选，通过建立建新区与拆旧区的空间联建关系，形成增减挂钩项目区的时空布局，指导城乡建设用地的空间结构调整与布局优化。具体研究过程与方法如图11-1所示。

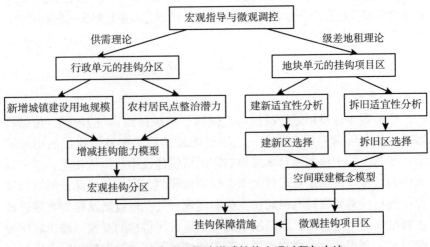

图11-1 城乡建设用地增减挂钩实现过程与方法

资料来源：笔者根据研究内容绘制。

11.2 城乡建设用地增减挂钩分区

11.2.1 增减挂钩能力模型

在城镇建设用地规划总量控制的前提下，当新增城镇建设用地可占用耕地的指标量（简称"有效建设指标"）不足时，将若干可以复垦为耕地的农村居民点用地（拆旧区）和有效建设指标以外的新增城镇建设用地（建新区）组成挂钩区，通过拆旧建新和土地复垦，最终实现城镇建设用地总量和耕地保护面积控制在规划指标约束范围内。因此，本研究将有效建设指标以外的新增城镇建设用地占用的耕地量与通过农村居民点用地整理可以增加的有效耕地量作为比较参数，建立城乡建设用地增减挂钩能力指数模型（式 11-1），当 $M_t > N_t$ 时，$G > 0$，说明评价单元内部农村居民点用地整治增加的有效耕地面积，在保障新增城镇建设用地总量需求的基础上，还有一定的盈余，有能力与外部单元进行挂钩指标的交易和置换；当 $M_t < N_t$ 时，$G < 0$，说明评价单元内部农村居民点用地整治增加的有效耕地面积无法满足新增城镇建设用地的总量需求，挂钩能力不足，需要与外部挂钩能力盈余的单元建立异地挂钩区；当 $M_t = N_t$ 时，$G = 0$，说明评价单元内部农村居民点用地整治增加的有效耕地面积基本上可以满足新增城镇建设用地的总量需求，挂钩能力均衡，不适宜与外部单元进行挂钩指标的交易或置换，应大力挖掘自身整理潜力，保障发展用地需求。这样一来，可以为挂钩组合的区间选择和联动机制的建立的提供科学依据。

$$G = M_t - N_t$$
$$N_t = N_i - N_0 \qquad\qquad （式 11-1）$$

式中，G——城乡建设用地增减挂钩能力指数；M_t——农村居民点整治增加的有效耕地数量；N_t——有效建设指标以外的新增城镇建设用地占用耕地的数量；N_i——新增城镇建设用地占用耕地总量；N_0——土地利用总体规划确定的新增城镇建设用地可占用耕地的指标量，即"有效建设指标"。

1. 新增城镇建设用地需求与占用耕地情况

在《平谷区土地利用总体规划（2006～2020 年）》（以下简称"规划"）编制中计划新增城镇建设用地规模为 5250 公顷，而市级规划下达的指标为 3870 公顷，剩余 1380 公顷的指标需要通过存量挖潜来实现。考虑新增城镇建设用地需求的未来实施可能性，并按照规划中建设用地空间管制的要求，规划中将新增城镇建设用地划分为重点发展用地和一般发展用地，前者规模与市级规划下达的指标一致，并将指标落实到空间地块，即实际需求；后者划为有条件建设区，没有安排用地指标，即理论需求，如图 11 - 2 所示。

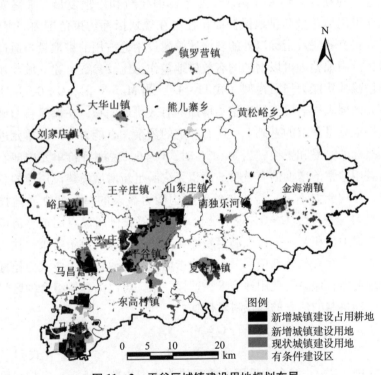

图 11 - 2 平谷区城镇建设用地规划布局

资料来源：笔者根据研究内容绘制。

规划中，重点发展实际需求的新增城镇建设用地占用耕地规模（N_i）为 1530 公顷，但规划中确定的新增城镇建设用地可占用耕地的指标量为 1100 公顷，即"有效建设指标（N_0）"，按照要求该指标也要占补平衡。因此，在规划专题研究中，分别对研究区农用地整理和未利用地开发潜力进行了研究与分析，在农用地整理方面，从土层厚度、灌溉保证率、排灌能力、地面高低不平状况和地块大小五个因素进行了各乡镇耕地整理潜力分析，结果表明全区通过农用地整理共可增加有效耕地面积为 795.71 公顷；在未利用地开发方面，从自然适宜性、生态环境成本以及社会经济可行性等方面（关小克，2010）对未利用地开发潜力分析表明，全区宜耕未利用地面积为 292.07 公顷；这样全区农用地整理和未利用开发可以补充有效耕地面积为 1087.78 公顷，基本能够保证有效建设指标的占补平衡，所以研究中对此没有考虑，重点在于分析有效建设指标以外的新增城镇建设占用耕地与农村居民点整治潜力之间的关系。这样，扣除有效建设指标以外，规划中全区新增城镇建设用地占用耕地中还存在 430 公顷的耕地占补平衡任务，该部分差值就需要通过增减挂钩来实现。

2. 农村居民点整治增加有效耕地面积

基于第 5 章农村居民点整治补充有效耕地潜力测算方法与结果，以乡镇为单元，汇总各乡镇农村居民点整治的理论潜力和现实潜力。结果表明，全区农村居民点整治的理论潜力为 1978.53 公顷，现实潜力为 514.27 公顷，理论潜力流失量为 1464.26 公顷。与新增城镇建设用地需求相比，农村居民点整治的理论潜力流失量可以满足城镇建设用地的理论需求量（1380 公顷），而农村居民点整治的现实潜力也可以保障规划中新增城镇建设用地占用耕地占补平衡的挂钩需求（430 公顷）；另外，由于理论需求与理论潜力在规划中并没有落实到空间地块，只是理论上的一种满足，因此研究中增减挂钩能力指数的计算以现实需求与现实潜力为参数，进行研究区增减挂钩的空间分区探讨（见表 11 - 1）。

表 11 - 1　　　　研究区增减挂钩能力指数计算结果

乡镇名称	现实需求（N_i）	有效建设指标（N_0）	现实潜力（M_t）	挂钩需求量（N_t）	挂钩能力指数（G）
东高村镇	46.53	36.27	32.95	3.32	43.21
马昌营镇	48.03	179.15	170.44	8.71	39.32

乡镇名称	现实需求 (N_i)	有效建设指标 (N_0)	现实潜力 (M_t)	挂钩需求量 (N_t)	挂钩能力指数 (G)
大兴庄镇	40.64	83.93	79.88	4.05	36.59
南独乐河镇	31.03	34.47	29.67	4.80	26.23
峪口镇	35.66	111.04	85.26	25.78	9.89
刘家店镇	9.54	9.91	8.26	1.65	7.89
金海湖镇	41.38	52.83	20.00	32.83	8.55
熊儿寨乡	3.04	1.80	1.20	0.60	2.44
镇罗营镇	8.65	7.54	1.22	6.32	2.33
大华山镇	8.78	14.45	7.24	7.21	1.57
黄松峪乡	5.77	10.32	4.32	6.00	-0.23
王辛庄镇	54.14	166.38	99.13	67.25	-13.10
山东庄镇	76.71	150.98	59.01	91.97	-15.26
夏各庄镇	18.35	48.70	12.15	36.55	-18.20
平谷镇	14.23	166.32	128.94	37.37	-23.14
马坊镇	71.78	455.91	360.32	95.59	-23.81
小计	514.27	1530.00	1100.00	430.00	84.27

资料来源：笔者根据计算结果整理编制。

11.2.2 基于能力均衡分配的挂钩分区

将全区农村居民点整治增加有效耕地面积（M_t）与新增城镇建设用地占用耕地占补平衡的挂钩需求量（N_t）相减，得出全区城乡建设用地增加挂钩能力指数（G）为84.27公顷，表明平谷区通过农村居民点整治可以满足城镇发展的用地需求。但从各乡镇挂钩能力指数来看，不同乡镇之间存在着较大的差异（见图11-3）。在现实潜力（M_t）上，王辛庄镇、金海湖镇、东高村镇、南独乐河镇、峪口镇和马坊镇现状农村居民点用地规模较大，整理理论潜力较高；马坊镇、夏各庄镇、平谷镇、王辛庄镇和峪口镇区位条件优越，经济和社会发展水平较快，相应的经济社会限制指数较低；平谷镇、大兴庄镇、马昌营镇、东高村镇、峪口镇和马坊镇处于平原地区，农业生产条件好，耕地的自然限制性弱，相应的耕地适宜度指数较大；综合考虑这一系列因素得出，山东庄镇、王辛庄镇、马坊镇、峪口镇、金海湖镇等农村居民点用地整理的现实潜力较大，未来可加大农村居民点用地的整治力度，为城镇发展空间提供必要的指标保证。

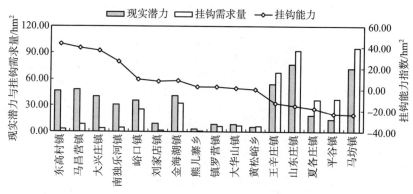

图 11-3　平谷区城乡建设用地增减挂钩能力指数分布

资料来源：笔者根据计算结果绘制。

在耕地占补平衡的挂钩需求量上，经济水平较高、发展速度较快的平谷镇、马坊镇、峪口镇、山东庄镇和王辛庄镇新增镇建设用地的现实需求较大，均在 100 公顷以上；同时在农用地整理和未利用地开发补充耕地数量上，处于平原地区的马坊镇、马昌营镇、大兴庄镇、王辛庄镇和平谷镇的整理潜力相对较大，而受此影响，在挂钩需求量上表现出城区及其周边的平谷镇、马坊镇、王辛庄镇、山东庄镇和夏各庄镇的需求量较大，而北部山区的熊儿寨乡、镇罗营镇、黄松峪乡和大华山镇的挂钩净需求量较小。

因此，为有效调节各乡镇之间挂钩能力的不均衡性，实现区域不同层次地区的协调发展，研究中选取挂钩能力指数曲线分布的突变拐点，将全区划分为三个挂钩类型区（见图 11-4），即潜力不足—优先挂钩区、潜力盈余—重点挂钩区和潜力均衡—限制挂钩区，通过对不同区域农村居民点的人口与用地规模、区位特征、经济发展水平以及自然资源禀赋条件等分析，从挂钩模式、保障机制和补偿安置等角度提出相关措施，统筹安排挂钩指标。

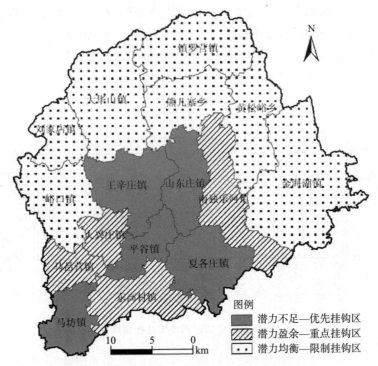

图11-4 平谷区城乡建设用地增减挂钩分区

资料来源：笔者根据计算结果绘制。

（1）潜力不足—优先挂钩区。该区包括平谷镇、山东庄镇、王辛庄镇、夏各庄镇和马坊镇，是平谷新城及新城组团区，未来发展对城镇建设用地需求量较大，这些镇的城乡建设用地增减挂钩能力指数均小于0，镇区内的农村居民点用地整治的现实潜力不能完全满足自身的城镇发展用地需求，需要与其他乡镇进行异地挂钩。为全力打造平谷新城经济增长核心和建设区域协调发展中心，应优先保障新城及其组团区建设的用地需求，所以将其确定为优先异地挂钩区。该区近期要加快各镇区内的农村居民点用地整治，立足自身潜力挖潜；远期可通过与其他乡镇建立联动关系，实施异地挂钩。

本区各乡镇内部挂钩可实行城乡一体化的挂钩模式，由于本区内农村居民点用地主要位于新城集中建设区和紧靠新城，具有优越的市政设施条件和区位条件，村集体经济强大，凝聚力强，人均耕地少，大部分村民观念更新快，信息获取途径多，多从事第二、第三产业，根据经济实力和村民建房的期望，可实行一次性拆迁安置，进行公寓式或社区化建设。挂钩资金一般采用市场主导型筹集模式，政府通过制定一定优惠政策，引入竞争机制，吸引房地产商投资整理项目，政府从中起监督、引导和协调的作用，实现政府、村民、开发商的多赢；对于村集体经济实力强大、村委会凝聚力强的村庄，可以采用村集体自主型筹资模式，集体投资、集体组织开发，政府只给予优惠政策支持。对拆旧区的征地补偿，提供多种补偿方案，供农民自由选择，但补偿标准需要科学制定；对拆旧区农民的安置，结合土地利用总体规划和城镇规划，集中建设居住社区统一安置，并实施城镇管理体系。

与区外实行异地挂钩，应按照就近原则，拆旧区尽量集中连片，挂钩项目区内新建和拆旧地块应相对接近，便于实施和管理。拆旧区的农村居民点用地整治模式应按照所在乡镇特定的文化特征和社会形态，因地制宜，科学选取；拆旧区农民安置尽量满足其要求，在本乡镇内安置。异地挂钩的资金筹集应以政府主导型为主，可由政府财政出资，进行被征地农民的补偿和安置，补偿标准应不低于本镇区内已开展的挂钩补偿标准，政府对收回的原宅基地整理后，进行储备，对需要异地挂钩的镇区进行公开竞标，通过土地增值、相关税费等收回资金，建立专门的农村居民点用地整理基金，为后续异地挂钩作资金保障。

（2）潜力盈余—重点挂钩区。该区包括大兴庄镇、东高村镇、马昌营镇和南独乐河镇，这些镇的城乡建设用地增减挂钩能力指数均大于30 公顷，在保证各自镇区发展需求的基础上，农村居民点用地整治潜力还有较大的剩余，并且在空间上与优先异地挂钩区的乡镇紧密连接，为解决平谷新城及新城组团区挂钩能力不足的问题起着关键作用，所以本区应作为重点异地挂钩区，区内应加大农村居民点用地整治力度，储备更多的挂钩指标。

本区各乡镇内部挂钩以建立中心村、缩并自然村为主要模式，该区内部分农村居民点经济发展速度较快，人均产值和产出率较高，经济相对强大，农村居民点规模不断外扩，按照土地利用总体规划和村镇总体规划，规划期内这部分农村居民点应与主镇区建设融为一体，逐渐发展为区域的中心村，发挥主镇区——中心村的辐射作用；在此基础上，将镇区内其他分散的农村居民点，按照就近原则，采取一次性整体搬迁或分期逐步搬迁的策略，合并到主镇区或中心村，将分散变为集聚，增加耕地面积的同时，既方便了管理，又有利于公共基础设施配置。该模式的资金筹集应本着"谁受益、谁投资"的原则，政府、村集体、个人、社会等多方筹资，政府可以从地方财政中挤出一部分资金，或者出台优惠政策；村集体可以从集体资金积蓄或者村级企业盈利中拿出一部分资金；村民劳力可以参加宅基地整理和新村建设，既节约了资金，又增强了村民的凝聚力；另外，可以动员社会各界力量，捐助农村发展基金，支持农村居民点用地整治。拆旧区的征地补偿，本着不降低农民现有生活水平的原则，适当提高；拆旧区的农民安置，主要还是以主镇区和中心村为主，在其外缘集中建设居住区，统一安置。

（3）潜力均衡—限制挂钩区。该区包括峪口镇、金海湖镇、刘家店镇、大华山镇、镇罗营镇、黄松峪乡和熊儿寨乡，这些镇的城乡建设用地增减挂钩能力指数处于0～10公顷，在保证各自镇区发展需求的基础上，农村居民点用地整治潜力略有盈余。但是这些乡镇处于半山区和山区，是全区乃至北京东部的生态屏障和水源保护区，大规模的农村居民点用地整治可能会产生一系列的生态和环境问题，而且，居民点复垦出来的耕地质量差，利用不便，也难以可持续利用，所以该区作为限制异地挂钩区，农村居民点整治主要用于自身发展需求。

本区内各乡镇情况比较复杂，应该分类采取不同的挂钩模式。峪口镇和金海湖镇资源优势显著，经济发展较快，人均产值中等，农村居民点数量较多、具有一定的人口和用地规模，外延趋势强烈，除采用上述"建立中心村、缩并自然村"的挂钩模式外，对一些搬迁难度大、占用耕地多、一户多宅、严重空心的村庄，在挂钩中，采取内部改造的模式，将农村居民点中的旧宅基收回，把道路、水、电、通讯等基础设施建好，改善现有村容村貌，消除传统的农民不愿离乡的思想；同时将外围空置的宅基地进行复垦，增加挂钩指标，并防止村庄无限外延。该模式在实施过程中，应严格宅基地审批制度，对农户多出的宅基地，按不同情况采取无偿或适当有偿等方式收回，建新要充分利用废地、坡地和空闲地。

大华山镇、刘家店镇、大华山镇、镇罗营镇、黄松峪乡和熊儿寨乡属于典型的山区乡镇，地形条件复杂，农民为便利耕种，有散居的习惯，因而形成分散、规模小的迷你型村庄，使得农村基础设施配套难度大，管理不便，并制约着村庄发展。对于这部分村庄，可以分类采用上述的"建立中心村、缩并自然村"和"内部改造"的整治模式。对处于水土资源条件匮乏、交通不便、信息不灵的偏远村庄，或者农村居民点原址处于泥石流等地质灾害易发区、生态环境脆弱区的村庄，其发展难以为继，需要采取生态迁移的整治模式，逐步将村庄整理搬迁到具有一定规模、经济条件较好、发展空间较大的农村居民点，或者选择适宜的地区建设独立新村，使之能依附异地良好的区位条件，提高村民的生活水平。这类农村居民点用地整治后不适宜作为耕地，应逐渐培育成生态林，保障生态安全。这种模式需要以政府为筹资主体，制定科学的宅基地安置、权属调整和农用地分配等政策，进行合理运作；同时建立专门的管理机构，制定与土地利用总体规划相衔接的专项整理规划，保障村庄迁移顺利实施。

11.3　城乡建设用地增减挂钩项目区联建

　　按照城乡建设用地增减挂钩政策的理论内涵，挂钩项目区包括建新区和拆旧区。其中，建新区是指重点发展对建设用地的需求大于本区可以供给的地区；其城镇扩展新增建设用地即为城镇建新地块；本研究中确定城镇建新地块为平谷区土地利用规划中落地的新增城镇建设用地占用其他地类的地块，即表 11 - 1 中 1530 公顷的城镇建设的现实需求。拆旧区是指挖掘农村居民点整治潜力、提供城镇建设用地指标的区域，相应的适宜拆除的农村居民点用地即为拆旧地块；出于对城镇建设占用耕地占补平衡任务的考虑，确定拆旧地块为平谷区具有整理为有效耕地潜力的农村居民点地块，即表 11 - 1 中 514.27 公顷的农村居民点整治的现实潜力。如何建立两者之间合理的统筹联动关系是编制城乡建设用地增减挂钩规划的关键。

　　研究与实践表明，城镇建新与农村拆旧是人为的、强烈的城乡土地利用演替过程，其实现的可行性源于经济发展和社会进步的动力，这说明了城镇建新的经济效益可以为农村拆旧及安置提供资金支持。也就是通过挂钩可为农村居民点整治提供固定的资金支持。这样，与传统的农村居民点整治不同，农村拆旧地块的区位条件及经济水平退居其次，而农村居民点整治潜力及拆旧的难易程度则成为主要因素，而城镇建新地块则相反，城镇发展建设则主要受区位条件及经济发展水平的限制（周小平，陈百明，2010）。基于以上认识，城乡建设用地增减挂钩实质上通过土地位置的改变，农村居民点转为城镇建设用地，挂钩项目的经济效益则来源于土地的级差收益，因此，以级差地租理论为指导，通过城镇建新适宜程度与农村拆旧适宜程度评价与分析，构建建新区与拆旧区的联建对应关系。理论上，级差地租较低的地区不适宜作为建设用地，无论是城镇建设用地还是农村居民点用地；对于城镇建设用地来说，级差地租较高的地区，建新的适宜程度越大，应该优先设置建新区；对于农村居民点用地而言，级差地租较低的地区，拆旧的适宜程度越大，应该优先设置为拆旧区；由此，基于城镇建新与农村拆旧的数量规模与适宜程度的对比，将城镇建新的高适宜等级和农村居民点拆旧的高适宜等级进行逐级关联，从而形成增减挂钩项目区。

需要说明的是，建新区和拆旧区的级差地租的内涵是不一致的，前者级差地租形成条件是以土地的位置以及在建设地块上进行投资的能力为主，即区位条件和经济水平；后者级差地租形成条件则是以土地肥力以及进行建设地块拆除的难易程度为主，即整理潜力和发展强度。所以，两者在适宜性评价过程中的指标和方法有所差异。

11.3.1 城镇建新适宜度评价与建新区确定

1. 城镇建设用地适宜性评价

该评价以城镇建设的区位条件和经济条件为主要衡量指标，另外建新区的主要任务是为经济发展提供用地保障，而平谷区在《北京市城市总体规划（2006～2020年)》中的发展定位为"生态涵养区"，自然生态状况对城镇建设的制约性极大，所以城镇建设用地适宜性评价的指标体系从区位条件、经济条件和自然生态条件三个方面选取与构建（见表11-2）。考虑各指标对城镇建设适宜性影响程度不同，对单因子采用9、7、5、3、1五级量化标准，其中距离城区距离、距离镇中心距离、交通便捷度和基础设施与繁华度考虑路网密度和参考县域尺度的相关研究确定量化临界值（王介勇，2007；宗跃光，2007），经济指标采用自然断点法将各指标值划分为四级，坡度主要参考我国地形地貌划分标准和植被分布特征进行量化，土地覆被与利用状况考虑保护生态用地和各地类转化为城镇建设用地的难易程度进行量化，灾害风险性和地基承载力参考城市规划中地质灾害分区和工程地质分区进行赋值量化。并运用德尔菲法对指标层赋权重，采用加权求和法计算城镇建设的适宜度指数（式 11-2）。

表 11-2　　　　平谷区城镇建设用地适宜性评价指标体系

系统层（权重）	指标层	指标量化标准					指标权重
		1	3	5	7	9	
区位条件(0.30)	A_1	>3000	1500~3000	800~1500	500~800	<500	0.19
	A_2	>2000	1000~2000	500~1000	200~500	<200	0.17
	A_3	>2000	1200~2000	600~1200	300~600	<300	0.28
	A_4	<40	40~60	60~75	75~100	100	0.36
经济条件(0.40)	B_1	<6	6~2	12~30	30~57	>57	0.31
	B_1	<1	1~3	3~8	6~10	>10	0.26
	B_1	<8	8~18	18~30	30~42	>42	0.23
	B_1	<1	1.0~1.6	1.6~2.5	2.5~4.5	>4.5	0.20
自然生态条件(0.30)	C_1	>30	15~30	10~15	5~10	0~5	0.27
	C_2	基本农田、水域保护地	林地、未利用地	园地、草地	普通耕地	存量建设用地	0.22
	C_3	—	高易发区	中易发区	低易发区	非易发区	0.26
	C_4	—	地质条件较差区	地质条件一般区	地质条件较好区	地质条件良好区	0.25

注：A_1 表示距离城区距离（m）；A_2 表示距离主镇区距离（m）；A_3 表示交通便捷度（m）；A_4 表示基础设施完备度（%）；B_1 表示地均固定资产投资（万元/公顷）；B_2 表示地均第二、第三产业就业人数（人/公顷）；B_3 表示地均第二、第三产业产值（万元/公顷）；B_4 表示人均GDP（万元/人）；C_1 表示坡度（°）；C_2 表示土地覆被与利用状况；C_3 表示灾害风险性；C_4 表示地基载力。

$$Q_J = \sum_{i=1}^{m=i} w_i \times \left(\sum_{j=1}^{n=j} x_{ij} \times w_{ij} \right) \qquad （式 11-2）$$

265

式中，Q_J——研究区城镇建设的适宜度指数；x_{ij}——系统层 i 指标 j 的指标值，w_{ij}——系统层 i 指标 j 的指标权重，w_i——系统层 i 的权重，n——各系统层的指标个数，m—系统层个数。

利用上述评价方法，得到研究区城镇建设的适宜度指数空间分布（见图 11 – 5）。结果表明，研究区城镇建设适宜度指数在 1.55 ～ 8.68，高值区位于中部平原以平谷镇为中心的新城建设区和西部平原以马坊、马昌营和峪口为节点的工业经济发展带上，低值区分布在北部生态脆弱、涵养发展的山地丘陵区，整体上呈现以城区和重点镇区位中心的向四周缓冲减弱的特征。在此基础上，将研究区城镇建新地块与城镇建设用地适宜性等级进行空间叠加，按照适宜度指数频率直方图分布特征，将其建新地块划分为高适宜度、中适宜度和低适宜度三个等级（见图 11 – 6），并以乡镇为单元统计汇总相应的等级比例（见图 11 – 7）。

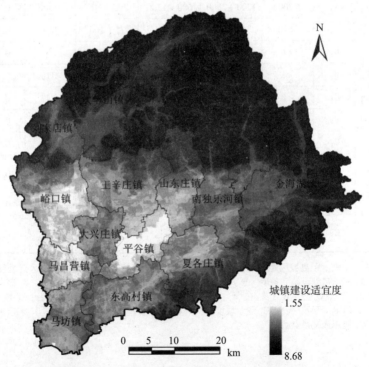

图 11 – 5　平谷区城镇建设用地适宜度指数分布

资料来源：笔者根据计算结果绘制。

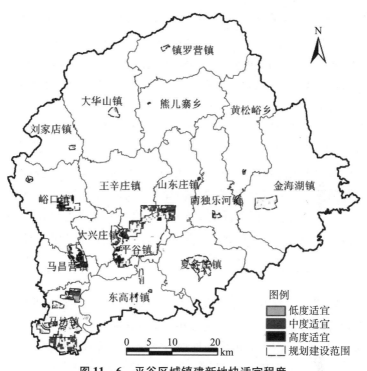

图 11-6　平谷区城镇建新地块适宜程度

资料来源：笔者根据计算结果绘制。

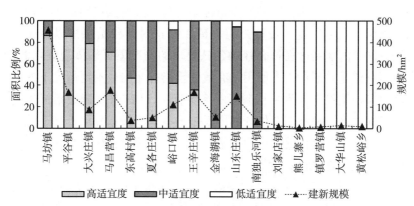

图 11-7　平谷区城镇建新地块适宜程度分布统计

资料来源：笔者根据计算结果绘制。

结果显示，全区城镇建新地块中不同适宜程度等级的面积与比例分别为：高适宜度 1182.51 公顷、占 77.29%，中适宜度 281.02 公顷、占

18.37%，低适宜度 66.47 公顷、占 4.34%。从各乡镇分布（见图 11-7）及城镇建新地块属性特征来看，在规模上以马坊镇、平谷镇、王辛庄镇、山东庄镇、大兴庄镇为多，其中马坊镇是全区经济发展的次中心、其他四镇是新城集中建设区所在乡镇，建新地块的属性主要是未来新城建设、工业园区建设、镇中心区建设以及部分区级以上重点建设的需求；在各乡镇城镇建新地块适宜程度等级上，大兴庄镇、马坊镇、平谷镇、马昌营镇以高适宜度为主，高适宜度比例占 70% 以上，东高村镇、夏各庄镇、峪口镇和王辛庄镇以中适宜度和高适宜度为主，基本上各占 50% 左右，金海湖镇、山东庄镇和南独乐河镇以中适宜度为主，占 90% 以上，刘家店镇、大华山镇、镇罗营镇、熊儿寨乡和黄松峪乡均为低适宜度，这与各乡镇区位差异、经济发展水平和对应的自然生态条件密切相关。

2. 建新区的确定

从城镇建新适宜度评价的角度来看，虽然评价出的适宜度等级是多因素综合考虑的结果，但就与城市和土地利用总体规划一致性上还体现的不够突出。这是因为城镇建新地块并非全部需要通过增减挂钩给予满足，其包含了土地利用总体规划中设定的有效建设指标（1100 公顷）和需要挂钩实现的建设指标（430 公顷），其中有效建设指标可以直接建设占用，需要挂钩实现的建设指标则需要通过增减挂钩给予实现。因此，利用"规划"这一最重要和关键性因素对评价结果加以修正，使得最终确定的建新区在符合挂钩条件要求的情况下更能体现规划意图，这包括有效建设指标优先使用和有效建设指标超出或不足情况下的城镇建新地块挂钩设定与重要性判断三个方面：（1）有效建设指标优先使用，即优先将土地利用总体规划中设定的有效建设指标用于高适宜度的城镇建新地块，这样就存在两种情况，即有效建设指标超出或不足情况下的城镇建新地块挂钩设定；（2）当有效建设指标高于高适宜度的城镇建新需求时，多余的有效建设指标优先安排于中适宜度的城镇建新，然后通过挂钩周转指标满足剩余的中适宜度和低适宜度的城镇建新需求；当有效建设指标低于高适宜度的城镇建新需求时，不足的高适宜度城镇建新需求以及中适宜度和低适宜度城镇建新需求均通过增减挂钩给予实现；（3）对超出或不足的有效建设指标在高适宜度或中适宜度中的使用以规划中实际需求的重要程度进行安排。

基于上述考虑，对研究区城镇建新地块筛选表明，研究区属于有效建设指标低于高适宜度城镇需求类型，那么首先将有效建设指标用于高适宜度的城镇建新地块，不足的高适宜度城镇建新需求（82.51 公顷）与其他中适宜度和低适宜度城镇建新需求通过挂钩给予保障。按照规划中优先满足新城集中建设区、工业园区以及重点镇中心区发展的原则，将高适宜度城镇建新地块中的马坊镇 ABC 地块和一般发展乡镇的部分建新地块筛选出，作为高适宜度的挂钩需求量，并形成建新区（见图 11 -8）。

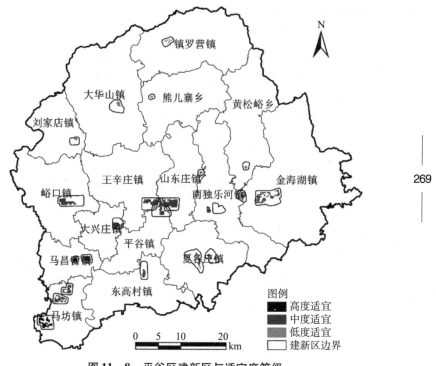

图 11 -8   平谷区建新区与适宜度等级

资料来源：笔者根据计算结果绘制。

11.3.2 农村居民点拆旧适宜度评价与拆旧区确定

1. 农村居民点拆旧适宜度评价

该评价主要考虑农村居民点整治潜力和农村居民点发展强度两个方

面，从整治潜力来讲，整治补充耕地潜力越大，可提供的挂钩指标越多，应优先拆除；从发展强度来讲，发展强度越大，拆旧难度就越大，拆旧的适宜性越低，相应的农村居民点应保留发展；因此，整治潜力大且发展强度低的农村居民点，拆旧的适宜度越高。鉴于前面有关农村居民点整治潜力和农村居民点生态适宜性评价研究方法，其中，农村居民点整治潜力在理论潜力分析的基础上，从农村居民点整治补充为耕地的自然适宜性、生态安全性、经济可行性、社会可接受性和规划导向性五个方面进行了综合评价，得到符合实际、易于实现的有效耕地面积和相应的潜力等级；农村居民点生态适宜性评价则从农村生存与发展的角度，从生产条件、生活条件和生态条件三个方面进行了综合分析，与农村居民点拆旧地块联系紧密，评价结果中适宜性越低的地块即为农村发展强度越低的区域，相应的应优先拆除、不适宜保留，反之亦然。综上，对于农村居民点拆旧地块的适宜度评价直接采用前文农村居民点整治潜力和生态适宜性评价结果，通过利用组合矩阵法划分农村居民点的拆旧适宜度等别（见表 11-3）。

270

表 11-3　　　　　　　平谷区农村居民点拆旧适宜度划分矩阵

农村居民点整治潜力等级	农村居民点发展强度			
	不宜发展	低强度	中强度	高强度
高潜力	高适宜度	高适宜度	中适宜度	中适宜度
中潜力	高适宜度	中适宜度	中适宜度	低适宜度
低潜力	中适宜度	中适宜度	低适宜度	低适宜度

按照农村居民点整治潜力和生态位适宜度评价结果，全区 275 个行政村中有 64 个行政村没有整理潜力，而全区适宜保留发展的农村居民点面积约占 25%，涉及 70 个行政村，从挂钩需求和农村发展的角度来看，这些农村居民点不具备作为拆旧地块的条件。这样，将农村居民点整治潜力等级和发展强度进行空间叠加后，得到全区农村居民点的拆旧适宜度等别（见图 11-9），对其行政村数量与拆旧潜力统计如表 11-4 所示。结果表明，全区适宜拆旧的行政村有 137 个，其中属于高适宜度拆旧的村庄为 36 个，中适宜度拆旧的村庄为 64 个，低适宜度拆旧的村庄为 37 个；在拆旧潜力上，高适宜度拆旧潜力为 223.73 公顷、中适宜

度拆旧潜力为 230.01 公顷、低适宜度拆旧潜力为 60.53 公顷，与城镇建新需求总量（430 公顷）比较来看，高适宜度和中适宜度拆旧的农村居民点拆旧潜力可满足城镇建新的需求总量，因此，在挂钩项目区联建过程中优先考虑高适宜度和中适宜度拆旧的农村居民点地块。

表 11 – 4　　　　平谷区农村居民点拆旧地块适宜度分布统计

乡镇名称	拆旧适宜程度/个			合计/个
	高适宜度	中适宜度	低适宜度	
马坊镇	5	3	0	8
平谷镇	3	0	0	3
大兴庄镇	5	8	3	16
马昌营镇	3	5	0	8
东高村镇	1	10	3	14
夏各庄镇	3	1	5	9
峪口镇	1	4	0	5
王辛庄镇	5	2	0	7
金海湖镇	3	4	10	17
山东庄镇	7	2	0	9
南独乐河镇	0	7	2	9
刘家店镇	0	5	3	8
大华山镇	0	4	4	8
镇罗营镇	0	2	3	5
熊儿寨乡	0	3	2	5
黄松峪乡	0	4	2	6
全区小计/个	36	64	37	137
拆旧潜力/公顷	223.73	230.01	60.53	514.27

资料来源：笔者根据计算结果整理编制。

2. 拆旧区的确定

经过以上农村居民点拆旧地块的初步筛选，所确定的 100 个农村居民点已经具备成为农村居民点拆旧地块的基本条件。但单个农村居民点个体无论从整治潜力还是项目投资经济性方面不足以作为挂钩拆旧区。根据因地制宜、零拆整建、突出重点的原则和已经完成挂钩项目地区的

图 11 - 9 平谷区农村居民点拆旧地块适宜度等级
资料来源：笔者根据计算结果绘制。

实践经验，拆旧区涉及的往往是几个相互影响、空间关系邻近的村庄。这样的拆旧模式与独个村庄自成项目区比较无疑存在很多优势，既可以提供更大的整治潜力、发挥规模效益，又可以使得更多的村庄和农民受惠于挂钩政策（王洋，2008）。从研究区适宜拆旧的农村居民点空间分布来看，高适宜度的农村居民点拆旧地块分布比较集聚，主要在新城集中建设区周边；而中适宜度和低适宜度的农村居民点拆旧地块分布零散分散，主要分布在东部和北部的山地丘陵地区。因此，为了最大程度地提高挂钩项目组织实施的效率，消除因居民点分散而造成的工程施工成本过高、运作不便等弊端，必要对农村居民点进行组合，形成空间相邻近的挂钩拆旧区。

综合农村居民点拆旧地块的空间相对集聚、拆旧适宜度一致性以及集中安置等原则，对初步筛选的农村居民点地块进行拆旧区划分。首先，运用 Arc GIS 中空间统计模块下的 Average nearest neighbor 功能，计算出农村居民点斑块的相邻距离平均值（即扩展半径 360 米），并依此距离为缓冲区半径创建农村居民点个体拆旧缓冲区。然后以农村居民点整治类型为参考，对于生态迁移型、城镇转化型、城乡挂钩型以及迁村并点型农村居民点采用集中安置的模式，同时考虑研究区平原和山地并存的地貌特征，对山地区的农村居民点拆旧缓冲区单独个体给予适当保留，平原区的农村居民点拆旧缓冲区个体进行剔除；对于内部挖潜型农村居民点拆旧缓冲区单独个体在山地和平原均剔除。最后按照拆旧适宜度等级，划分与识别高适宜度农村居民点拆旧区和中适宜度的农村居民点拆旧区，如图 11 – 10 所示。

图 11 – 10　平谷区农村居民点拆旧区与适宜度等级

资料来源：笔者根据计算结果绘制。

11.3.3　增减挂钩项目区空间联建

建新区和拆旧区的组合与联建是挂钩规划设计的关键和工程施工的

前提，只有将拆旧区和建新区合理组合，才能使得挂钩项目区成为一个整体，发挥整体效益。在城镇建新与农村居民点拆旧进行适宜性评价与分析的基础上，对研究区城乡建设用地增减挂钩在空间上的组合与联建进行探讨，确定联建原则：（1）依照挂钩政策的要求，挂钩项目区内建新区总面积必须小于拆旧区总面积；（2）为便于项目管理和实施，采取空间距离相对接近的拆旧区和建新区进行空间相互组合；（3）拆旧地块按照适宜程度由高向低的顺序依次与建新地块适宜程度由高向低的顺序进行拆建组合与联动，从而实现农村居民点的整理工作先易后难；（4）参考增减挂钩分区类型，潜力不足—优先挂钩和潜力均衡—限制挂钩区重点在本镇内构建增减挂钩项目区；潜力盈余—重点挂钩在满足本镇需求的基础上，可适当建立跨镇域的增减挂钩项目区；（5）在条件允许的情况下，尽量提高项目区新增耕地规模，以此提升拆旧区复耕后的粮食生产能力和生态效益。

　　基于上述原则与要求，结合建新区与拆旧区的规模与适宜程度，构建研究区城乡建设用地增减挂钩项目区联动关系的概念模型（见图 11 – 11），确定近、远期挂钩项目区的时序安排。并据此，形成研究区城乡建设用地增减挂钩项目区空间布局示意图（见图 11 – 12）。

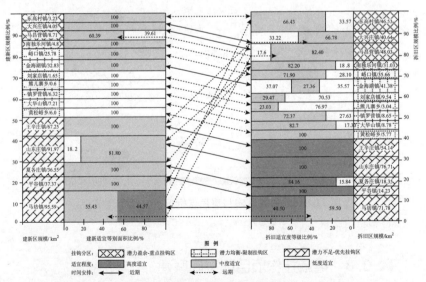

图 11 – 11　平谷区建新区与拆旧区联建关系与时序安排

资料来源：笔者根据计算结果绘制。

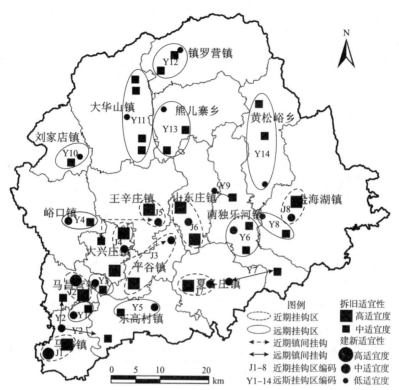

图 11-12　平谷区城乡建设用地增减挂钩项目区布局示意图
资料来源：笔者根据计算结果绘制。

结果统计显示（见表 11-5），全区共形成 22 个挂钩项目区，其中近期的 8 个挂钩项目区，包括三大挂钩分区中的潜力不足—优先挂钩区的 6 个单独乡镇内部的挂钩项目区和潜力不足—优先挂钩区与潜力盈余—重点挂钩区之间的 2 个挂钩项目区；远期的 14 个挂钩项目区，包括潜力均衡—限制挂钩区和潜力盈余—重点挂钩区的 11 个单独乡镇内部挂钩项目区，以及潜力不足—优先挂钩区与潜力盈余—重点挂钩区之间的 3 个挂钩项目区，从而实现了全区规划中新增城镇建设用地占用耕地的需求，也满足了挂钩增减挂钩的基本要求。对全区各乡镇增减挂钩项目区的数量、规模、建新用途以及拆旧安置方式等统计如表 11-5。结果表明，全区规划期内共拆旧农村居民点规模 796.02 公顷，建新需求总量为 430 公顷，对拆旧农村居民点安置用地为 287.76 公顷，通过拆旧可以补充有效耕地数量为 78.26 公顷。

表 11－5　　　　平谷区城乡建设用地增减挂钩项目区统计表　　　　单位：公顷

项目编号	拆旧区		建新区		安置区		新增耕地数量
	拆旧方式	拆旧规模	建新用途	建新需求	安置方式	安置规模	
J1	城镇转移型	88.54	产业发展	46.42	城镇社区化	41.496	0.624
J2	城镇转移型	29.44	城镇建设	3.44	城镇社区化	10.14	15.86
J3	城镇转移型	63.67	产业发展	37.37	城镇社区化	18.55	7.75
J4	城镇转移型	14.34	城镇建设	4.05	城镇社区化	3.60	6.69
J5	内部挖潜型 迁村并点型	29.86 73.56	产业发展	67.25	本村内安置 中心村建设	7.56 23.52	0.00 5.09
J6	迁村并点型	130.80	产业发展	88.30	中心村建设	39.96	2.54
J7	迁村并点型	34.68	城镇建设	20.05	中心村建设	14.63	0.00
J8	城镇转移型	35.60	城镇建设	22.57	城镇社区化	10.56	2.47
Y1	迁村并点型	45.86	产业发展	25.36	中心村建设	20.36	0.14
Y2	迁村并点型	44.26	产业发展	23.81	中心村建设	12.11	8.34
Y3	城镇转移型	23.25	城镇建设	5.27	城镇社区化	8.64	9.34
Y4	迁村并点型	45.01	城镇建设	25.78	中心村建设	14.34	4.89
Y5	内部挖潜型	10.84	城镇建设	3.32	本村内安置	3.36	4.16
Y6	内部挖潜型	15.62	城镇建设	4.80	本村内安置	8.96	1.86
Y7	迁村并点型	22.34	城镇建设	16.50	中心村建设	5.04	0.80
Y8	内部挖潜型	20.26	产业发展	10.26	本村内安置	7.28	2.72
Y9	内部挖潜型	9.57	产业发展	3.67	本村内安置	5.04	0.86
Y10	城镇转移型	6.22	城镇建设	1.65	城镇社区化	3.92	0.65
Y11	迁村并点型	18.10	城镇建设	7.21	中心村建设	9.52	1.37
Y12	内部挖潜型	18.45	城镇建设	6.32	本村内安置	10.92	1.21
Y13	迁村并点型	4.02	城镇建设	0.60	中心村建设	3.22	0.20
Y14	迁村并点型	11.73	城镇建设	6.00	中心村建设	5.04	0.69

资料来源：笔者根据计算结果整理编制。

（1）近期挂钩项目区：近期共安排 8 个挂钩项目区，拆旧区总规模为 500.49 公顷，以高适宜度农村居民点拆旧地块为主，共计 10 处拆旧区，主要分布在马坊镇、马昌营镇、大兴庄镇、平谷镇、王辛庄镇、

山东庄镇、夏各庄镇和金海湖镇内，在拆旧方式上包括城镇转移型 5
处、迁村并点型 4 处、内部挖潜型 1 处；建新区总需求量为 289.45 公
顷，以高适宜度和部分中适宜度的城镇建新地块为主，共计 8 处建新
区，其中高适宜度建新地块分布在马坊镇和马昌营镇内，中适宜度建新
地块分布在其他六个拆旧区所在乡镇，城镇建新地块的主要用途包括城
镇建设用地 4 处、产业发展用地 4 处；安置区总面积为 170.01 公顷，
安置区位置均选择本镇内，安置方式与拆旧类型相对应，包括城镇社区
化、中心村建设和本村内安置等方式，安置规模的确定以拆旧农村居民
点的人口数和人均用地标准测算得到；通过拆旧区、建新区以及安置区
面积的统计，近期全区通过增减挂钩在保障城镇建设与产业发展用地需
求的基础上可新增有效耕地面积 41.02 公顷，符合增减挂钩联建的基本
要求。

（2）远期挂钩项目区：近期共安排 14 个挂钩项目区，拆旧区总规
模为 295.53 公顷，以中适宜度农村居民点拆旧地块为主，共计 19 处拆
旧区，主要分布在东高村镇、南独乐河镇以及北部山地区的大华山镇、
刘家店镇、镇罗营镇、黄松峪乡和熊儿寨乡，在拆旧方式上包括城镇转
移型 2 处、迁村并点型 12 处、内部挖潜型 5 处；建新区总需求量为
140.55 公顷，以部分中适宜度和低适宜度的城镇建新地块为主，共计
14 处建新区，其中中适宜度建新地块 6 处，分布在马坊镇、马昌营镇、
东高村镇、峪口镇、夏各庄镇和南独乐河镇内，低适宜度建新地块 8
处，分布在金海湖镇、山东庄镇以及北部山地区，城镇建新地块的主要
用途包括城镇建设用地 10 处、产业发展用地 4 处；安置区总面积为
117.75 公顷，安置区位置均选择本镇内，安置方式与拆旧类型相对应，
包括城镇社区化 2 处、中心村建设 7 处和本村内安置 5 处；在此基础上
可新增有效耕地面积 37.24 公顷。

（3）基于增减挂钩分区指导，如何建立挂钩异地联动是实现挂钩
规划的关键。就平谷区而言，大兴庄镇是新城的重要组成部分，与平谷
镇和王辛庄镇连接，且挂钩能力指数最大，能够填补新城发展用地不足
的缺口，所以 J3 和 J5 挂钩项目区的拆旧区分别由大兴镇进行补充；马
昌营镇和东高村镇与马坊次中心区紧邻且盈余潜力能够解决次中心区建
设用地需求不能完全满足的问题，所以 Y2 挂钩项目区的拆旧区由东高
村镇和马昌营镇进行补充；南独乐河镇与新城组分山东庄镇、新城组团

夏各庄镇相邻、其自身挂钩剩余指标也可以满足山东庄镇和夏各庄镇发展的需求，因此 Y7 和 Y9 挂钩项目区的拆旧区均由南独乐河镇进行补充；并且这五个挂钩项目区根据建新需求和拆旧供给的强度分别建立了近期和远期挂钩联动关系，为研究区实现挂钩指标均衡化提供了重要保障。

11.4　小　　结

（1）基于现阶段城乡建设用地增减挂钩实践中存在的问题与不足，以土地利用总体规划成果为基础，利用土地供需理论和级差地租理论，通过构建计量模型和空间概念模型，对增减挂钩分区和项目区联建过程中的挂钩条件、挂钩供需规模、挂钩项目区选择以及挂钩空间布局等理论方法与实证分析进行了探讨，进而分析了不同分区的差异化挂钩方式和不同时序的挂钩项目区安排，以此丰富农村土地整治的内容，并为城乡建设用地增减挂钩规划提供参考。

（2）平谷区规划期内通过农村居民点用地整治能够满足全区整体上的城镇建设用地需求，但全区挂钩能力指数存在着较大的差异，需要进行分类指导，并采取相关的措施来调节这种不均衡性。按照这种差异，全区以乡镇为单元划分为三大挂钩区，在空间分布上呈显著的圈层结构，第一圈层即潜力不足—优先挂钩区，是平谷区经济增长和区域重点发展的核心，城镇建设用地需求较大，供不应求，近期应立足自身潜力挖潜，远期必须进行异地挂钩；第二圈层即潜力盈余—重点挂钩区，紧邻第一圈层的两个增长核心，农村居民点用地整治潜力较大，供大于求，是保障第一圈层稳定发展的基础，应尽快与第一圈层建立异地挂钩联动关系；第三圈层即潜力均衡—限制挂钩区，是全区乃至北京东部地区的生态屏障，自身供需基本保持平衡，不需主动异地挂钩，也不易被动异地挂钩，在保障生态安全的基础上，应加快农村居民点用地整治，推进小城镇和新农村建设。

（3）依据城镇建新适宜度评价，利用土地规划成果进行修正，得到全区的 22 处建新区，按高、中、低适宜度建新地块分别为 2 处、14 处和 6 处。综合农村居民点整治现实潜力和生态适宜性评价结果，经拆旧地块规模、空间相对集聚、拆旧适宜度一致性以及集中安置等因素修正，得到全区的 29 处拆旧区，分别包括高适宜度拆旧区 10 处、中适宜度拆旧区 19 处。据此，建立了建新区与拆旧区挂钩联动概念模型，确定全区规划期内增减挂钩项目区 22 个，近期 8 个、远期 14 个，拆旧区总规模 796.02 公顷，建新区总规模 430 公顷，安置区总规模 287.76 公顷，可以补充有效耕地数量为 78.26 公顷，且将近期挂钩项目区优先安排在城镇建新适宜度和农村居民点拆旧适宜度均较高的区域。

第 12 章 农村居民点整治策略与政策建议

　　随着新时期国家关于农村土地整治的相关政策、法规的出台，国家相关部委和地方政府开展了大量的示范工程和实践样板，如国土资源部的"万村整治"示范工程、农业部的"生态富民与农村清洁"工程、建设部的"旧村改造"工程，以及天津市"宅基地换房"、山东"村改社"、河北"新民居"、江苏"农村城镇化"等整治实践。从实践效果来看，国家部委及地方相关农村土地整治工作探索了新时期中国农村土地整治的战略方向、政策机制和保障措施，在一定程度上限制了农村粗放利用和无序扩张的现象。然而，一些地方把农村居民点整治看做可乘之机，在整治过程中违背农村土地整治的政策初衷，不利于农村的发展与城乡一体化格局的推进。另外，快速城镇化进程中农村土地整治在国际上也具有一定的普遍性，不同国家结合基本国情，因地因时制宜，通过一系列支持农村发展的政策，制订农村居民点建设规划方案等措施，有效解决了农村土地资源浪费和发展滞后等问题，良好的政策方案和成功的建设经验，对我国的农村居民点整治有着姣好的借鉴和经验启示。因此，本章在进行国外农村居民点整治的实践与启示分析的基础上，对农村居民点整治的主要策略、实施保障机制和相关政策制度等方面进行借鉴与创新探讨，确保农村居民点整治目标与内容的实现。

12.1　国外农村居民点整治的实践与启示

12.1.1　乡村整治实践成功案例

1. 德国：村庄更新

德国是世界上土地整理开展最广泛、效果最好的国家，形成了较为完备的土地整理体系。德国的农村居民点整治一般称为村庄更新，其特点是更新农民生活和工作条件，促进村庄健康发展，使农村与城市具有同等吸引力（何芳，1998）。改造村镇和开辟新的建设用地是德国进行村庄更新时的两个主要内容，其中村镇改造强调整个村庄的综合建设，包括保护、修缮、改造和加固旧房屋、建筑物，改善和增设村内公共设施，改善村内交通状况，修建步行区、人行道，增设大型机械停放及库房设施，注重农田水利设施，闲置旧房的改造与利用以及在一些风景区修建可供旅游的设施等。开辟建设用地主要用于以后农村发展用地，通过乡镇建设规划，依靠土地整理活动实施（施引芝，2001；严金明，1998）。此后又将景观和环境保护等内容纳入乡村土地整理，在更新村镇规划时，更加保护环境和生态平衡（Erich wei P，1998）。

2. 俄罗斯：农村城市化

苏联的土地整理可追溯到17世纪，土地整理内容完善、设计广泛，涉及农村土地利用和经济发展的各个方面，其农村居民点整治一般称为农庄整理或村庄整理，其主要内容包括农庄内居住区的设置、农庄间道路的配置以及农庄外生产部门的配置和集体农庄与苏维埃农庄居住区的建设（韩振华，2000；高燕，2004）。俄罗斯农村居民点整治在沿袭了苏联土地整理内容与形式的基础上发展了土地有偿使用制度，即为满足农民生活生产需要，无偿划定一定面积的土地，合理布局各类建筑物及各类附属设施，对于超过额定面积的部分实行有偿制度，并专门为农民私有土地进行土地整理，使居民点体系布局利于未来远景发展与保护环境，从而推进农村城市化（王邻孟，1997；原国家土地管理局规划司等，1998）。

3. 比利时：农村振兴工程

比利时是工业和农业都很发达的国家，在20世纪60年代，随着工业化和城市化进程的加快，农村地区逐渐出现了土地资源浪费严重、农村人口大量外流和乡村经济萧条等景象。因此，比利时土地整治一开始就包括两方面内容，一是加强土地整理；二是在土地整理过程中实施农村振兴工程。其中，土地整理工程的概念、内容和作用趋于完善，由初期的基础设施或农业经营需要进行单纯地块交换和重组，逐渐扩大到农村的现代化建设和农村新产业的用地安排，最后扩大到环境整治和生态保护的范畴；而农村振兴工程是农村整治在70年代后期的一项新发展，其目标是为农村的综合开发与今后的可持续发展提供支撑，包括以农村道路网及其他公用设施建设为主的村庄建设和以发展农村产业、扩大农村就业为主的促进经济综合发展工程。在这些措施的促进下，比利时的农村面貌焕然一新（文云朝，1998；薛永森，2006；姜广辉，2007）。

4. 日本：村镇综合建设示范工程

日本继粮食增产、农业基础设施建设完成之后，针对高速城市化过程中出现的乡村人口过疏问题和乡村经济社会衰退现象，实施了旨在改善农村生活环境、缩小城乡差别的"村镇综合建设示范工程"。该工程的主题通常由具体实施的政府制定，投资费用的50%由中央政府承担，先后经历以缩小城乡生活环境设施建设差距、建设具有地区特色的农村定居社会、地区居民利用并参与管理各种设施以及建设自立又具有特色的区域为主题的农村居民点整治活动，解决了不同阶段的村镇发展与建设问题（曲文俏，2006；马远军，2006；李阿林，2009）。

5. 韩国：新村运动

同样为了解决城镇化、工业化过程中出现的农村人口减少、农业经济萧条等现象，韩国实施了为促进农业发展的"新村运动"，其内容包括：进行土地整理和土地利用规划，改造农村环境，改良住宅条件，扩充农村公共设施，开展具有针对性的重点项目，其中环境改造包括设置卫生的供水和排水设施以及浴池、水井和洗衣场等，住宅改良包括屋顶改良、住宅结构改良以及村庄结构改良等，公共设施扩充则包括扩展农道、建设小型水库和排水网、农村电气化和通信网络，重点项目则包括了家畜养殖、植物栽培以及农村工厂建设等；后来又通过规划、协调、服务来推动新村的发展，取得了很好的效果（李水山，2004；董向荣，2008）。

6. 其他国家

此外，美国政府把发展权的转移作为保护公共土地和乡村农地的创新选择，针对农村居民点用地的某一特定社会现象，美国诸多学者对农村居民点演变过程、机制、乡村景观与乡村文化保护、土地利用对农村居民生产生活的影响、居民参与村庄整治态度、意愿及其切身利益等方面，利用 GIS 技术、IDRISI 技术、CA 等多种先进技术分析农村居民点的用地演变规律，制定乡村土地利用规划，促进农村社会经济的发展（W. Fleming，2001）。英国在建设大都市和城市区发展的同时，制定了许多乡村发展规划和一套综合性政策，大力推进农村地区中心村建设，加强乡村地区人口的集中，促进农村地区住房、就业、服务和基础设施向中心村集中，以加大对中心村的投资，支持中心村腹地的发展（马远军，2006）。而印度在 20 世纪 80 年代，城市严重拥挤和农村严重贫困，为改变这种状况，"乡村综合开发运动"开始在全国范围内推行，总体战略为"缓解贫困，制止农村人口外流"，其具体做法是：通过引进和利用先进的农业技术和设备，提高机械化生产水平，提高农业产出率，缓和并解决粮食短缺的问题；大力发展在农村地域的手工业或其他适合乡村的工业，解决农民就业问题；在中心村大力建设以工业为主的乡镇，以此发展壮大村镇经济；调整和控制村庄的规模，实现适度规模经济，改善农民居住条件，保证农民有房可住（赵庆海，2007）。

12.1.2 农村居民点整治的实践启示

从国外农村居民整理的实践来看，伴随着城市化和工业化的推进，无论是发达国家还是发展中国家都经历了农村重建的过程。受经济社会发展水平的不同，不同国家或地区所走的农村建设的道路也是不一样

283

的，但基本上包括五大特征：第一，将农村居民点整治与农业发展相结合，通过制定相关政策促进农业产业化、规模化发展，为村镇建设提供支持；第二，以提高农村现代化质量为目标，加强农村基础设施、社会服务设施建设和人居环境改造，促进城乡建设的互动发展；第三，体现以人为本的原则，重视公众参与，在公众的大力支持下能够顺利开展农村居民点整治；第四，注重乡村生态建设与景观保护，并保持乡村历史文化的连续性，促进城乡在经济社会文化观念、资源环境以及空间布局上的协调与融合；第五，强调农村居民点建设的规划引导作用，建立城乡一体化的发展体系，使城镇与农村发挥各自的优势，实现城乡共同繁荣。这些有关农村土地整理和建设的方法或措施对中国农村居民点整治工作的可持续性发展具有非常重要的借鉴意义。

12.2　农村居民点整治的策略

借鉴当前相关实践与研究成果，从系统性、差异性和导向性的角度分别对研究区农村居民点整治的"三整合"策略、差异化策略、精明增长策略进行阐述与说明。整合（组织整合、产业整合、空间整合）是推进城乡空间重构与中心村建设的系统性整体策略，差异化策略是因地制宜、分类指导、分步推进农村居民点整治的科学依据，精明增长策略是指导农村居民点整治规划、新农村建设规划等编制与实施的有效方法。

12.2.1　农村居民点整治的"三整合"策略

农村居民点整治与新农村建设是密不可分，互相促进的统一体（刘彦随，2010）。在农村居民点整治过程中，通过有强力的政府管控和有效的制度改革，促进农村地域系统的空间、产业和组织整合，可以阻碍农村土地的粗放利用和无序扩张，实现农村要素有序流动和优化配置。"三整合"中，组织整合是基础，通过组织整合建立农村居民点整治工作的坚强组织领导体系，提高基层组织的领导能力，促进农民增收，为促进空间重构积累资金；空间整合是农村居民点整治的目标，通过空间整合可以进一步提高农村组织的效率，促进农村产业集聚发展。

1. 组织整合

农村居民点整治是一项系统工程，涉及农村经济、社会、自然、生态等多方面，需要一个结构合理、功能完备的组织体系来推动、实行和管理。目前我国实行五级行政管理体系，处于高级层面的国家和省（市）级主要把握整治方向、制定政策措施，是宏观层面的领导层，具体的整治工作主要由地方施行，所以组织整合是建立一种"县—镇—村"自上而下的组织体系，通过明确各层组织机构的职能和任务，提高各环节相应的组织与管理能力，为产业整合和空间重构提供基本保障。具体组织整合操作如图 12-1 所示。

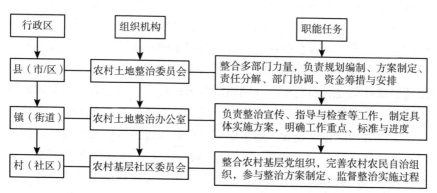

图 12-1　农村居民点整治组织整合流程图
资料来源：笔者根据研究内容绘制。

2. 产业整合

随着农村优质的劳动力、资本以及土地资源向城镇的流通，农村产业面临着严重的困境，如农业生产投入不足导致效率低下，农业非农产业由于技术落后和缺乏竞争力面临关停并转的困境。通过整合农村产业，建立现代化农业生产体系，促进农村非农产业集聚发展，实施乡村特色产业品牌发展，提升农村整体竞争力，为提高农村基层组织的凝聚力和推进空间整合提供保障。对于平谷区而言，是一个资源丰富、区位特征明显的区域，对农村三次产业发展均具备一定的条件，产业整合的优势显著，具体来说：

首先，农业现代化生产是提升平谷区农村产业竞争力的根本途径，因此在农村居民点整治过程中应注重以下几个方面：（1）科学确定乡村多功能农业发展重点，整合乡村优势生产资源，形成优势互补、分工明确的"平原粮牧菜、丘陵粮油果、山地林果草"的农业产业布局；（2）针对市场需求，积极推进农业结构调整，因地制宜发展"平谷仙桃"区域特色产品和乡村绿色农业和特色旅游产业；（3）创新农村土地流转制度，推行西南部平原地区的农业适度规模化经营，促进农业分工与合作，提高农业专业化和现代化水平；（4）实施农业生产和农产品加工的品质标准化，严把农产品质量关，加强农业生产投入，提升农产品竞争力。

其次，以乡镇企业和乡村旅游产业为代表的农村非农产业的发展为平谷区农村经济发展带来了新的活力，而面对农村低效工业用地比例大、布局混乱、技术落后等问题，在整治过程中对与分布在低山丘陵地带的废弃工矿、闲置企业用地、低效利用土地和落后产能用地作为调整优化的对象，敦促其退出复垦，或引导其由第二产业向第三产业转型，跟随经济社会发展而完成产业结构的升级；对于新城北部和西部物流发展区和工业贸易发展区内效益好、科技含量较高、支撑作用强、成片布局、方位合理的村镇企业，给予保留并在其周边预留适度发展区，使新增工业用地向其集中，促使乡村产业向园区化、高效化方向发展；另外，在第三产业方面，继续挖掘地方特色历史文化和自然景观资源、并大力发展，同时加强北部山区农村基础设施建设，提升农村服务设施水平，优化农村生态环境与污染治理，推动生态涵养发展与农村品牌产业的建设。

3. 空间整合

随着农村无序态的发展态势，原有村镇数量多、规模小、分布散、水平低、实力弱等问题将更加凸显，难以应对新形势下城乡转型发展的需要。所以，应该结合区域城镇化进程推进农村居民点整治，实施城乡一体化空间布局规划，通过农村居民点拆迁、改造、合并，引导农民向中心村、城镇社区集中，建立等级有序的城乡空间体系，从而依托不同等级的"中心地"，实现城镇与农村的功能衔接，搭建统筹城乡与新农村建设的新平台，促进城乡要素有序流动与空间优化。对于平谷区，依据现有的城镇与村庄布局，考虑区域交通、水利等基础设施，村庄规模及整治潜力、整治类型等情况，基于中心地理论的空间模式，通过新建、扩展中心村的模式，扩大城镇—村镇—中心村规模，形成等级有序、布局合理的城乡一体化空间网络体系。保留西部（马坊镇）、南部（峪口镇）、中部（夏各庄镇）和东部（金海湖镇）的四个中心城镇，发展壮大北部集贸中心（大华山镇），形成支撑新城区的 5 个区级节点；保留现有的 10 个乡镇和较大规模的农村居民点，形成不同片区的16 个镇级节点；依托镇级中心，保留或扩建 40 个左右的中心村，引领广大农村向村镇化和社区化发展。在空间重构完成的基础上，按照不同等级中心的辐射能量和影响半径，完善农民急需的生产生活设施，如农村道路建设、农村饮水安全设施、农村能源基础设施、农村信息网络设施等，推动农村人口集中和产业集聚；同时遵循自然生态条件，加强水源涵养地、生态敏感区重点保护，优化农村生态景观格局，提升农村生态服务系统，防控城镇或工业污染向农村地区转移和农业面源污染的产生，强化农村生态环境保护与建设。从而形成农村居民点生产、生活、生态及基础设施的一体化整合，实现农村由单一的"生活"功能向"生产、生活、生态"的综合功能的转型，进而推进社会主义新农村建设。

287

12.2.2　农村居民点整治的差异性策略

农村居民点整治是一项长期、复杂、艰巨的工作，不能急于求成、搞一刀切，应循序渐进，根据实际情况分步实施、逐步推进。首先，要认清农村居民点现状和使用过程中的特征和问题，即摸清家底，实事求是的制订切实可行的农村居民点整治目标，对于有条件开展农村居民点整治、干部群众积极性又比较高的村庄，可以成片改造，培育一批试点村或模范村，相应的影响或辐射周边村庄，对于目前不具备整治条件，经济基础比较薄弱、农民意愿不强烈的地区，不能急于求成，应根据实际情况分步实施，逐步推进；其次，农村居民点整治应实行分类指导，如按照地形地貌特征划分为山区、丘陵和平原等，按照经济发展水平可以划分为经济发达地区、经济不发达地区和贫困地区，按照产业带动类型可以分为农业主导型、非农业主导型和综合引领型，根据不同类型和不同地区的农村居民点特点，制定相应的整治策略和实施方案。就平谷区而言，根据农村居民点用地特征、存在问题以及区域差异性和农户意愿等特征，可以采取差异化的整治对策。

（1）新城周边地区，受城市化的直接影响，农村人口流动和就业转移较快，农民非农就业率较高，也比较向往和愿意到城市生活，这类地区包括平谷镇、大兴庄镇、王辛庄镇和东高村镇部分农村居民点，其要顺应城市化的发展趋势，实行城乡土地一体化配置，统筹土地利用规划，整域、整村推进，强化农村社区化管理，遏制"小产权房"的持续扩张，稳步推进"城中村"改造，并着力建立城乡一体化的社会保障体系，实现农村土地和人口的双向城市化。

（2）平原农区，受交通、水利设施等影响，加之缺乏规划引导，农村居民呈"摊饼式"无序扩张且"一户多宅"现象较多，大量优质耕地被占用，不利于农业规模化和农村集中化的发展趋势。这类地区的农村居民点整治应按照"三整合"的原则，通过区域范围内统一规划，以农村居民点空间重构实现农村资源整合和土地高效利用；尊重农户意愿，以规模化中心村建设引导村庄合并和退宅还田，补充耕地面积，推动农业规模化和农村集聚化。

（3）山地丘陵区，受自然环境和基础设施的影响较大，村庄建设规模偏小，呈"天女散花"式零散分布，农民外出务工比例较大，村庄扩建较少、但空心闲置率较高。这类地区的农村居民点应结合北京市生态涵养发展和沟域经济发展的机遇，加强山区生态环境建设、协调人地关系，推进沟域型、生态型小城镇建设，大力发展特色生态产业和绿色低碳经济，推动农村人口转移与中心村镇建设的有机结合。

12.2.3 农村居民点整治的"精明增长"策略

"精明增长"作为一种城市发展理念，针对城市日益严重的无序扩张蔓延而提出，通过土地使用功能组合，优化土地利用结构，限制城市边界成长，提高土地使用效率，保护农田、绿地、自然景观生态保护区，改变交通模式，加强对现有社区的改造等方式来解决城市蔓延中出现的经济、社会和环境问题，促使城市协调发展（韩宏伟，2012）。而面对目前无序扩张的农村居民点而言同样适用，其常用的 UGB 管理、TOD 发展模式（黄慧明，2007）对于农村土地整治和新农村建设规划具有很好的引导作用。根据"精明增长"理论，农村居民点整治后，不仅可以挖掘建设用地指标，同时可以达到改善农民生产、生活条件和农村生态环境的目标，具体操作路径如下。

1. 设定"扩展边界"

设定"扩展边界"是引导城市向合理方向增长并能严格控制城市蔓延的规划途径，已在我国新一轮土地利用总体规划中得以应用，扩展边界之外是农用地，在边界之外的区域严禁进行城市开发和建设新城镇。在农村居民点整治规划中，通过潜力测算与类型划分，对保留的农村居民点预留了农民居住生活必需的建设用地，但没有考虑农村居民点潜在用地，即便是保留发展的农村居民点也是如此，这必然将导致整治后的农村居民点无法发展，所以在农村居民点整治规划中对现有或规划扩建的中心村设定必要的"扩展边界"，明确其发展方向和利用范围，可以避免农村居民点的无序扩张，而预留发展空间将减少和控制违法用地的大量出现，同时，预留发展空间的不断减少会提高农民节约集约用地的意识。

2. 划定土地利用功能区

划定土地利用功能区是 TOD 发展模式的核心，即通过土地混合利用，实现土地的多功能性，通过公共交通将居住、商业、办公等功能单元连接起来，同时在各单元间保留大量的绿化开敞空间，以满足市民生活的多样性需求。就农村居民点整治而言，农村居民点本身是一个复杂的系统，不仅包括农民居住生活场所，还是农产品种植和加工的主要场所，通过农村居民点整治，虽然解决了土地混杂使用带来的无序状态，但同时导致了农村居民点仅包括单一的居住功能，所以在农村居民点整治或新农村建设规划中，根据最大效益原则和适度混合使用原则，采用土地利用功能区划理念，通过交通道路将农民居住、耕作、休闲等基础单元连接起来，并且设计居住单元与生产单元、生态单元的利用方式与管控规则，不仅解决整治后农村居民点用途功能单一对农民生产生活带来的不便，同时也解决了土地混杂使用问题。

3. 提供多选择的交通方式

"精明增长"理论提倡完善公共交通系统，为居民提供多样化出行选择，同时面对小汽车带来的大气污染与噪声污染造成的城镇环境恶化的问题，应优先考虑步行及自行车交通，积极发展依托与城市公共交通网络的公交体系，鼓励居民绿色、低碳出行，尽量减少小汽车造成的环境破坏。在农村居民点整治过程中，通过中心村集中模式置换出大量的建设用地指标，但同时导致农民耕作半径增大，对生产生活又造成了不便，导致农民交通方式的发生转变，所以在中心村建设与设计中，依托现状交通设施，设计多样化的出行方式，强化水、电、路等公共基础设施，解决农民交通出行和耕作距离的影响等问题。

12.3　农村居民点整治的创新机制与政策建议

目前，农村居民点整治工程正热火朝天的在各地开展着，在补充耕地资源、改善农村生产生活条件、助推新农村建设、促进城乡统筹发展等方面取得了显著的社会绩效，同时形成了诸多具有代表性和借鉴性的整治类型和典型模式，但通过对不同类型或模式的比较来看（见表 12－1），无论采取哪种整理类型，都不同程度地存在资金、产权、微观动力不足、利用监管等方面的问题。即便国土资源部于 2005 年底开始推行的"挂钩"政策，作为实现城乡建设用地优化配置的一种制度创新，在实践过程中依然面临着权属调整如何操作、安置补偿标准怎样确定以及如何实现真正的公众参与等问题，因为缺乏相关的制度与管理支撑，也受到相关学者的关注。农村居民点整治相关制度完善与否，决定了农村居民点整治技术、规划编制的科学性以及资金筹集等关键措施的运行情况（刘洋，2008）。因此，为了更好的把握农村居民点整治的定位和目标，保障农村居民点整治的顺利实施，必须改革创新农村居民点整治实施保障机制与相关政策制度。

表 12－1　　　　　　　　农村居民点整治类型比较

整理类型与模式	资金需求	主要制约问题	整理后用途	推进周期
城镇转化型	大	权属调整、资金筹集	城镇建设与产业发展	快
城乡挂钩型	大	权属调整、安置补偿、公众参与不够	城镇建设	较快

整理类型与模式	资金需求	主要制约问题	整理后用途	推进周期
迁村并点型	较大	安置补偿、权属调整	综合利用	较慢
生态迁移型	较小	后期利用、监管困难	退耕还林还草	较快
内部挖潜型	小	微观动力不足	农业开发	慢

资料来源：笔者根据收集资料整理编制。

12.3.1 农村居民点整治的创新机制

针对目前农村居民点整治实践中存在的主要制约问题，本节主要从农村居民点整治的产权激励机制、多元融资机制、收益分配机制和公众参与机制等方面进行阐述与探讨。

1. 产权激励机制

土地权属调整是农村居民点整治的主要内容之一，但长期以来中国农村集体土地的产权主体不明晰和农村宅基地使用的固定性与自用性，成为农村居民点整治的重要阻碍。一方面，农村宅基地实行无偿使用，加之宅基地使用审批的管理不严，使得农村建房多占地、占好地、"一户多宅"等问题存在；另一方面，《土地管理法》《物权法》等限制宅基地流转且不允许设定抵押，这就造成农村宅基地缺乏合理有效的流转途径，加上对空闲宅基地又没有相应的惩罚措施，即使已经进城安家的农民也不愿主动退出农村的宅基地。

这种现象与国有企业以及改革前的公房制度有类似之处，真正实现农村居民点的高效利用，通过农村居民点整治来实现集约用地，必须通过农村土地产权的改革，明晰宅基地产权主体，完善其权能设置，取消现行法规对宅基地的限制，做好新旧宅权属注销替换登记，并推动宅基地流转市场的形成，显化宅基地的市场价格（韩俊，2007）。首先，由于村民小组一级行政干预最难介入，能在较大程度上维护土地权益的公平，可确定其为实际产权主体；同时在扩大农村宅基地使用权流转范围的基础上，适当增设抵押权（中国土地政策综合改革课题组，2008），这是因为农村集体土地所有权是一种用益物权，尽管在现阶段具有一定的福利性质，但不能因此掩盖其民事权利，理应具备一般用益物权的抵

291

押权（杨一介，2007），以保障土地财产功能的实现。其次，土地权属调整关系复杂，但其实质是人地关系（占有、使用、收益、处分）的调整过程，通过土地资源产权重组及资产的重新分配，达到提高资源配置的目的，可以在合理评估现有宅基地及房屋市场价值的基础上，按照等价交换的原则进行，并及时准确地开展土地变更登记，以维护相关权利主体的根本利益。

2. 多元融资机制

农村居民点整治涉及房屋拆迁、土地平整复耕、基础设施完善以及新居建设等，需要大量的资金投入，资金问题已成为制约目前农村居民点整治的主要瓶颈。《土地管理法》规定"新增建设用地的土地有偿使用费中30%上缴中央财政，70%留给有关地方人民政府用于专项耕地开发。"除新增建设用地土地有偿使用费外，土地整治资金还源于土地出让金中用于农业、土地开发复垦费、耕地占用税等，但其中很大资金比例用于农地整理和未利用地开发，农村居民点整治可用资金很少。目前已开展的农村居民点整治地区，大多以政府投资为主导，村集体、农民与其他社会筹资较少，这对农村居民点整治工作的开展很不利，亟须良好的资金运作机制作保障。

（1）建立从国家到地方的农村居民点整治资金保障体系，实施资金专款专用，配以分阶段的管理、监督和检查机制，杜绝挤占、挪用现象的发生，确保整治工作具有稳定的资金来源。

（2）通过法规的制定适当扩大农村居民点整治项目资金支出的范围，对基础设施建设给予定量补助，通过政府配套、集体自筹，结合民政部门、扶贫办等相关机构的投入解决资金问题。

（3）引入市场机制，采用占补平衡指标市场化、土地整理证券化、BOT融资模式等市场运作融资模式，调动公司、企业、其他经济组织对农村居民点整治投入的积极性，逐步形成农村居民点整治的市场化、产业化发展。

（4）在明晰农村土地产权和调整收益分配关系的基础上，按照"谁投资、谁受益"的原则，制定农村居民点整治的优惠政策，鼓励单位、个人投资，如对整理补充的耕地指标，可与投资主体折抵部分指标作为奖励；对主动搬迁或拆除违法用房、退出闲置宅基地的农户给予一定的奖励等。

这样，形成一种政府引导、市场推进、多元投入、社会参与的农村居民点整治投融资机制。

3. 收益分配机制

农村居民点整治微观动力不足的一个重要原因在于，整理过程中合理的收益分配机制尚未形成，盲目大拆大建不仅破坏了农村居民点的自然形态特征和人文传统，也加重了农民负担；加上现有法律法规对农村居民点整治过程中农民的安置补偿问题缺乏明确规定，在实际运作过程中地方政府不仅获得了土地用途变更的差额收益，而且可换取新的建设用地折抵指标和个人政绩。虽然"挂钩"政策中提出，试点地区要"通过开展土地评估、界定土地权属，按照同类土地等价交换的原则，合理进行土地调整、互换和补偿"。但由于我国农村建设用地估价技术缺乏，在整理过程中往往采取"暗补"的形式进行，即村集体和农户虽然是宅基地的所有权和使用权人，但由于缺乏谈判权，获得的只是补偿价值而非交换价值（刘洋，2008）。

为此，应当完善农村建设用地估价制，参考城镇建设用地估价理论与方法，形成农村建设用地基准地价，作为农村居民点整治过程中拆迁补偿的依据，根据市场价值对农民进行补偿。同时，还应建立防投机联盟博弈机制和项目后评价机制（段浩，2008），前者是提高农民在农村居民点整治过程中的博弈地位和能力，防止地方政府和地产开发商的联盟博弈；后者则通过整理项目前期工作、实施情况、投资执行情况和项目影响进行综合跟踪评价，分析整理收益在实施整理过程中的形成和分配状况，明确各个参与主体最终的投资和折抵投资的投劳所占的份额，保障收益分配均衡。另外，建立农村居民点整治投资与收益相挂钩的激励机制极有必要，积极鼓励村集体和农户等多方主体积极参与农村居民点整治，既可以解决资金问题，也能保障农村居民点整治目标的实现。

4. 农民参与机制

农村居民点整治涉及到农村居民的根本权力和利益，尤其是整理过程中，有关产权调整和利益分配问题，是民众关心的根本性问题。但目前公众参与土地整理的相关制度还是缺位的，更不必说农民参与农村居

293

民点整治的活动中。实际上，当前中国的农村土地整治是政府占据主导地位，强调土地整治以国家鼓励、政府支持为前提，以政府制定的土地利用总体规划为依据，只有在政府的介入下才能有效解决多元土地整治主体间的利益分配进而产权明晰等问题，是一种典型的"统治型"模式（赵谦，2011）。农村居民点整治作为一种与农村、农业、农民息息相关的公共服务项目，应该实现农民对农村居民点整治活动的充分参与，介入到农村居民点整治的全过程中。政府部门应该给公众提供知情权和意愿表达权的机会和渠道，形成"政府—专家—公众"多边参与的互动机制（严金明，2008）。

为此，首先需要在中国农村土地整治立法中予以明确规定，通过法律的规范实现固化，从而构建农民参与农村土地整治制度促成我国农村土地整治制度从"统治型"向"治理型"转变。在农民参与机制的具体操作上，可以参考德国和荷兰等一些国家的做法，相应的途径和方法如下：

（1）提升农民参与农村居民点整治的能力，包括提高以主体意识为基础的认知能力，提高以权力意识为基础的思维能力和表达能力，提高参与农村居民点整治的热情，相应的辅以法律规范、科学培育和奖励机制等措施予以实现。

（2）成立农村居民点整治参加者联合会，作为农民参与整理活动的组织平台，属于非营利性、非常设性组织，一般由农民自发组织，鼓励具有一定专业知识和技能的志愿者加入，该组织也是农民与出资企业、政府之间对话的桥梁，可有效激发农民参与整理活动的主动性和积极性。

（3）设定农村居民点整治各阶段的多样化参与准则，如在整理项目规划与设计阶段，通过组织召开座谈，发布征求意见，让农民获取各种可公开的信息（包括项目基本概况、规划文本、说明与图件以及相关费用预算等）；在项目实施阶段，农民通过出资、出力、行使信访、检举、揭发等监督权实现参与；在验收阶段，农民通过参加验收以及参加决定权属调整、收益分配等事宜实现参与。

12.3.2　农村居民点整治的政策建议

1. 完善农村宅基地管理制度

坚持农村宅基地所有权与使用的分离，在保留集体建设用地所有权不变的前提下，发挥市场机制与计划调节的双重作用，实行农村宅基地有偿使用与转让，建立合理的农村宅基地流转制度和相应的流转市场。

首先，加强农村宅基地立法体系建设，规划宅基地管理与审批制度。针对宅基地管理立法滞后和法律效率低等问题，尽快出台《农村宅基地管理办法》和《农村土地登记条例》等政策，明晰农村宅基地产权，推进宅基地流转、收益分配以及宅基地登记确权发证等工作，并制定农村宅基地配置标准，严格落实"一户一宅"政策。完善宅基地审批制度的重点在于，加强新增宅基地的行政审批，鼓励或引导农民在统一规划的中心城镇购房或新农村社区建房。

其次，建立农村宅基地有偿使用制度。城市土地有偿使用制度与农村土地集体所有以及无偿使用制度在政策上的差异，为农村居民点无约束性发展和农村土地隐形市场提供了发展动力。创新农村宅基地有偿使用制度有利于农村土地产权制度的确立，使集体所有权在经济上得以实现，从而可以促进农村建设用地的市场化配置，并有利于推动农村土地隐形市场向公开化和规范化的竞争市场发展。

最后，建立农村宅基地使用权流转制度，并逐步形成宅基地流转市场。可以参照土地承包经营权改革的策略，调整农村宅基地永久性产权设置，在集体所有权保持不变的前提下，在严格的土地用途管制下，允许农村宅基地通过出让、置换、转让、出租、抵押、联营、作价入股等多种方式进行流转。同时建立健康有序的农村宅基地流转市场，打破城乡二元分割的土地管理机制，允许农村宅基地在城乡间有条件流转，并建立与之相配套的财税体制和产权制度。

2. 协调各层次相关规划，编制农村居民点整治规划

目前与农村居民点相关的规划众多，如土地利用总体规划、城市规划、土地整治规划、乡镇规划、城乡建设用地增减挂钩规划、新农村建设规划等，由于编制规划的部门不同，规划所涉及的内容和重点也有所差异，加上各部门编制规划时缺少必要的沟通，往往在农村居民点整治与建设问题上造成部门间的意见分歧，不利于农村居民点整治的顺利实施。因此，有必要对各项规划进行梳理与衔接，形成一套自上而下的规划指导体系。

首先，在规划编制的主管部门上以国土资源部门和城市规划部门为

主导，国土部门以涉及的土地类型和主要内容为标准，把土地利用总体规划作为一级规划，开展制定土地整治二级规划，城乡建设用地增减挂钩规划作为三级规划，也是土地整治规划的专题规划；城市规划部门则以规划的地域范围为标准，把城市规划作为一级规划，相应的开展二级乡镇规划和三级农村建设规划。在厘清这些规划纵向层级关系的基础上，还应加强横行同位规划之间的协调与衔接。

其次，农村居民点属于土地利用分类中的三级地类，相应的农村居民点整治虽然是土地整治规划的重要内容之一和城乡建设用地增减挂钩规划的基础，但国土资源部门定义的农村居民点整治仅偏重于增加有效利用土地的数量，缺乏与乡镇体系规划、新农村建设规划的沟通协调机制，难免就"整理"而"整理"，不能满足农村居民点整治需要；虽然在隶属城乡规划体系的乡镇规划、农村建设规划中具有关于农村居民点较为详细的内容，但对释放耕地潜力、提高用地效率、生态建设考虑相对欠缺。村镇建设离不开土地，农村居民点整治也不能脱离村庄建设，两者在规划空间上统一，在编制内容上重叠，在管理对象上交叉的情况使这两个规划在规划和操作层面上必须要协调和衔接，但具体到村庄层面上，恰恰缺乏农村建设规划与农村居民点整治间的有效衔接机制，所以，应该在上位总体规划总领下，按照城乡统筹发展的要求，编制农村居民点整治规划。

3. 创新城乡增减挂钩政策，尝试挂钩指标市场化运行

城乡建设用地增减挂钩政策作为一项探索性的制度，在促进土地节约集约利用，统筹城乡发展方面意义重大。而挂钩政策的实施，是合理配置土地资源，推进新农村建设，实现城乡统筹，建立城乡一体化土地市场的必然要求，也是缓解建设用地供需矛盾的有效途径。因此，在农村居民点整治中，应充分利用这项政策，以缓解农村居民点整治资金匮乏、建设用地指标不足的问题。从破解新农村建设难题和解决挂钩实施过程中拆少建多、侵害农民合法权益、农民"被上楼"以区域间整理资金与整理潜力的不协调等问题的角度来讲，还应对增减挂钩政策进行些许创新。

首先，完善挂钩规划体系，在开展农村居民点整治详细规划的基础上，进一步分析区域增减挂钩的适宜性，防止拆迁农民沦落为新的城市

贫民；丰富挂钩内涵、扩大挂钩范围，在解决村镇建设用地供需矛盾中，可以实行"村村挂钩"，即新村建设用地增加与旧村建设用地减少相挂钩。

其次，转变挂钩方式，变"先用后还"为"先拆后用"，尝试组建农村居民点整治的拆迁安置公司，由国土部门参股，对公司的拆迁、安置和土地整理工作进行指导，公司运用自有资金，先行对整理区进行拆迁、安置和土地整理，待整理完成并验收合格后，再申请挂钩指标；而公司可以将申请到的挂钩指标用于项目建设或挂牌上市，筹得资金投入下一轮农村居民点整治，这样实现良性循环，也有利于对挂钩指标进行控制。

再次，为了提高地区农村居民点整治的积极性，保证地区内整理资金和整理潜力的均衡化，应尝试进行挂钩指标市场化运作模式，在各个县（市、区）内部的乡镇之间，甚至打破跨县（市、区）之间进行配置。这可以借鉴"重庆地票模式"的运行方式，即在农民自愿和村集体同意的前提下，将闲置的农村集体建设用地进行专业整理，经土地管理部门会同农业等部门严格验收后，腾出的建设用地指标作为地票的来源，通过农村土地交易所面向社会公开交易，凭地票办理征收转用手续并完成补偿安置后，按招、拍、挂有关规定取得国有建设用地使用权（吴义茂，2010；刘彦随，2011）。这样既为"出售地票"的地区提供了宝贵的整理资金，又为"购买地票"的地区开拓了城镇建设用地空间。需要建设占用耕地指标的乡镇或单位通过自由谈判或统一竞价的方式，确定指标转让的价格，指标转让的收益除支付整理的成本外，全部用于各个区县的新农村建设。

最后，在挂钩政策实施保障方面，应需尊重当地农民意愿，维护集体和农户合法权益；同时坚持"因地制宜、统筹安排、先易后难、分步实施"的原则，优先考虑自然条件较好、经济较发达、整理潜力较大、政府和农民积极性较高的地区实施（陈科，2011；刘建生，2011）；而国家层面上，应借助挂钩试点实施的经验，及时完善《增减挂钩试点办法》，制定实施细则，规范指导项目实施，并加大监控力度。

第13章 总结与展望

农村土地整治利国利民，功在千秋。目前，中国正处于经济社会转型快速发展时期，工业化、城镇化进程高速推进，建设用地需求巨大，耕地保护红线一触即破，亟须寻找替代资源。在农用地、未利用地等耕地后备资源开发殆尽的情况下，政府寄希望于存量巨大的农村居民点（农村建设用地），提出了开展农村土地整治的重大战略。农村土地整治作为一个"全能选手"，既具有挖潜耕地后备资源的"潜力"，又具备提高土地利用效率的"素质"，还是一把推进新农村建设和城乡统筹发展的"利器"。基于农村居民点整治的"魅力"，这项活动深受青睐，但由于缺乏全局性的规划指导和科学的理论与技术支撑，造成实践中一些新情况和新问题的出现，在一定程度上磨灭了农村居民点整治的锐利，并引起诸多质疑。因此，农村土地整治引起了国内外学者的广泛关注，许多学者投入该领域研究。充分认清当前城乡关系和农村居民点利用过程中存在的问题和面临的形势，基于多要素、多视角、多尺度、多方法等统筹考虑的研究思维，深入开展农村居民点整治基础性理论和关键性方法的系统研究，可以丰富农村土地整治研究的理论和方法，也为解决农村土地整治、城乡建设用地增减挂钩、迁村并点与中心村建设等国土资源管理热点问题，促进资源节约型社会建设和城乡统筹发展提供基础支持与决策依据。

13.1 研究内容总结

本书在明晰研究范畴和理论依据的基础上，将农村居民点整治放在乡村转型和城乡一体化发展的背景中去认识与把握，综合认识农村居民点利用特征与整治背景环境，提出农村居民点整治的战略重点，进而利用多种数学方法和计量模型，对农村居民点整治潜力、整治类型、整治时空配置、整治模式以及城乡建设用地增减挂钩等内容进行理论、方法和实践研究，并提出相应的保障措施和政策建议。

13.1.1　农村居民点整治的理论概括

（1）土地利用形态是经济社会发展到一定阶段的产物。就农村地区而言，农村土地利用形态通常与特定的农村经济社会发展阶段相对应，两者的密切关系决定了农村土地利用转型与农村经济社会发展阶段的转型相对应。通过剖析农村经济社会与土地利用转型的态势和协调关系，考察农村居民点集约利用特征，可以揭示乡村转型发展的规律和存在的问题，对明确区域适时开展农村居民点整治活动具有重要的指导作用。

（2）农村居民点整治与国家粮食安全、新农村建设等一系列国计民生战略紧密关联，扎实推进农村居民点整治活动势在必行，但亟需科学理论的支撑与技术方法的创新。在既有的城乡经济社会发展制度体系下，农村居民点整治应纳入其中，在明确指导思想、基本原则与战略目标的基础上，应统筹农民居民点整治的耕地产能提升、土地集约利用、新农村建设以及城乡格局优化等功能，深入探讨有关农村居民点整治潜力测算、整治类型与时空格局识辨、农村整治模式构建、城乡增减挂钩规划的理论与方法，以及支撑农村居民点整治的策略与制度创新，建立独具特色的农村居民点整治科学理论体系和行之有效的科学方法论。

（3）科学、准确测算农村居民点整治潜力是编制农村土地整治规划的重要前提，应统筹补充耕地数量与质量两个方面。一套完善的农村居民点整治潜力测算体系，应在明确整治潜力内涵的基础上，全面考虑包括自然生态环境（地形地貌、土壤、水资源、地质灾害、生物保护等）和社会经济（经济水平、整治成本与效益、土地利用主体行为、技术发展等）等方面的限制因素，建立科学理论指导的计量模型和评价方法。其中，自然环境和技术发展是影响整治潜力释放的宏观性和区域性背景，经济增长和人口变化是整治潜力释放的直接驱动因素，通过改变农村经济社会发展环境，影响农村主体行为的意愿和选择，而有效的土地利用规划和管理政策，通过存量建设用地的重复利用，在一定程度上也影响着整治潜力的释放。

（4）农村居民点具有多功能性，相应的农村居民点整治也就有多种类型和多重目标，这也决定了农村居民点整治必须遵循因地制宜和分类有序的原则。农村居民点整治类型划分是区域农村居民点整治多目标实现和时空安排的重要基础和依据，其实质就是体现农村居民点利用的现势性、适宜性和预见性。按照农村居民点整治的时空维度特征，以实现农村居民点整治多重目标为导向，通过对实现不同目标影响因素的组合与分析，可以列举出农村居民点整治不同目标实现的时间排序方案，并基于综合目标的时序安排，能够对农村居民点整治进行空间的最佳组织与配置。

（5）农村居民点整治典型模式是对区域内成长性好、代表性强、特色鲜明和易于推广的农村居民点整治范式的总结，有助于深入推进因地制宜和分类指导农村居民点整治实践。由于地域资源禀赋和功能差异，农村居民点用地和乡村发展表现出不同的特征，相应的不同地域整治实践内容与经验启示也有所不同，即农村居民点整治模式具有地域性、多样性和尺度性等特性。有效、适宜的农村居民点整治模式必须坚持从实际出发，综合考虑不同区域地理环境、主导产业与功能、农村约束性问题以及农民行为与意愿等多方面差异，分层次、分类型构建区域具有针对性的典型村域模式。

（6）城乡建设用地增减挂钩作为我国城乡统筹发展背景下农村居民点整治和城乡格局优化的重要手段，具有宏观区域指导和微观项目组建的双重属性。一套科学、可行的挂钩规划应与土地利用总体规划相衔接，在明晰区域新增城镇建设用地规模及其占用耕地情况、区域农村居民点整治补充有效耕地潜力的基础上，通过不同行政区之间城乡建设用地增减挂钩能力、区域挂钩建新区与拆旧区的选择及其组合方式等关键技术与方法的深入探讨，能够提出不同分区的差异化挂钩方式和不同时序的挂钩项目区安排。

（7）考虑当前农村居民点整治中尚存的非技术性问题，还应从整治策略、政策法规、体制、机制等方面提出促进农村居民点整治实施的政策建议。

13.1.2 农村居民点整治的方法总结

（1）从农村经济社会转型与农村土地利用转型两个方面提出乡村转型发展的理论与假设，并结合中国农村发展具有的阶段性特征，从反映区域农村经济社会形态与结构变化及其产生的农村土地利用变化的质变特征中选取指标，建立乡村转型度与转型协调度评价方法，进行北京市平谷区实证分析。

（2）遵循"体系建立——模式识别——障碍诊断"的逻辑思维，利用要素投入—产出理论和脱钩原理，将表现农村居民点利用特征的强度指标和农村综合发展的效用指标相结合，建立农村居民点集约化测度体系，识别农村居民点集约化模式，揭示农村居民点集约化障碍因素，创新农村居民点集约利用评价方法。

（3）按照影响因素的类型和作用程度的不同，从自然适宜性、生态安全性、规划导向性、经济可行性和社会可接受性五个方面构建农村居民点整治补充耕地数量的综合修正模型和测算体系，在判定适宜整治为耕地地块空间分布和数量潜力的基础上，应用农用地分等理论与邻域替代法，量化评价农村居民点整治后耕地质量等级，并统筹补充耕地数量与整理后耕地质量，核算农村居民点整治后耕地单产和总产潜力。

（4）按照"生产发展、生活宽裕、生态文明"的乡村振兴目标，从农村居民点生产、生活和生态功能三个方面，开展农村居民点生存与发展所需资源条件与其所在生境可供资源条件的生态位适宜度评价与主导性限制因素分析，划分农村居民点整治类型。在此基础上，以实现农村居民点整治多重目标为导向，按照农村居民点整治的时空维度及其表现特征，建立耦合农村居民点整治类型与潜力的迫切—适宜性组合矩阵，列举出农村居民点整治不同目标实现的时间排序方案，并基于综合目标的时间排序，构建农村居民点整治空间分区。

（5）基于农村居民点整治模式概念、特征及其形成机理的"内核—外缘"系统解释，分别建立"地域功能差异—村庄问题诊断—农户意愿辨析"的农村居民点整治模式外缘系统多尺度特征识别方法体系，划分"组织机构—投资方式—整合类型—工程措施"的农村居民点整治模式内核系统多要素组合类型。然后通过研究区五个典型村域模式的定性和定量化诊断与分析，归纳出研究区农村居民点整治主导模式及其基本特征。

（6）以城镇建设用地新增需求与农村居民点用地整理潜力为比较参数，建立城乡建设用地增减挂钩能力计量模型，基于供需之间的互动关系，可以划分出三大挂钩区。以级差地租理论为指导，通过城镇建新适宜程度与农村拆旧适宜程度评价与分析，经规划与集聚度修正，通过建新与拆旧的地块规模与适宜程度的对比分析，筛选出挂钩建新区和拆旧区，并建立挂钩联建关系概念模型，指导挂钩项目区的构建与时空安排。

13.1.3　农村居民点整治的实证结果

（1）当前平谷区乡村转型发展整体上处于加速转型的初级阶段，也是关键时期；从乡村转型发展的可持续性来看，平谷区农村"两型"转变具有一定的不协调性，即农村土地利用转型滞后于农村经济社会转型。在农村经济社会快速转型带动的城乡经济社会差距缩小并保持稳定的状况下，亟须开展以农村居民点整治为加速器的农村土地利用转型，否则，会造成整治等待期间的土地和资金的"过程性浪费"。所以，在当前乡村转型与城乡一体化发展状态下，平谷区开展农村居民点整治正当其时。

（2）平谷区生态安全性和规划导向性因素对农村居民点整治补充耕地数量潜力影响的区域差异较其他3个方面更加显著。在快速城镇化和工业化进程中的都市山地生态涵养发展区，在修正因素不重复的前提下，应该结合区域特征从自然、生态、经济、社会和政策等方面综合考虑、全面修正，估算出更加符合实际的农村居民点整理潜力。按照整治补充耕地数量与质量的区域差异与组合特征，平谷区农村居民点整治后耕地生产能力划分为四个等级，相应的主控因素包括自然限制类、生态限制类、规划限制类和综合限制类四类。

（3）地形复杂、地质灾害和水源保护等因素是限制平谷区农村居民点生存与发展的主导因素，综合生态适宜性评价结果，研究区农村居民点整治类型分为生态迁移型、城镇转化型、城乡挂钩型、迁村并点型、内部挖潜型和保留发展型。另外，农村居民点整治类型与整治潜力等级在空间分布上存在着一定的关联性，两者的对照与组合形成了不同目标导向的农村居民点整治时序安排和优先、重点、适度、非整治的空间布局，为研究区农村居民点整治规划提供了重要参考。

（4）平谷区可划分为新城综合发展区、近郊平原工业区、近郊平原现代农业区、远郊山地生态农业区和远郊山地生态旅游区五大地域功能区，产劳结构失衡、宜居性弱、集约度低是农村主导问题与整治重点，而不同类型农户对农村居民点整治作出选择所考虑的因素有共同决策因素（户主年龄、非农收入比例、房屋建设年份、距离城镇中心距离以及空废房屋比例）和特定决策因素两种。对此，从五大地域功能区，选取具有代表性的村庄，剖析了五种具有典型性的村域农村居民点整治模式，并从区域特征、农户意愿、整治内容、操作条件与途径、模式难点以及政策创新等方面提炼农村居民点整治典型范式的基本要点。

（5）依据城乡建设用地增减挂钩能力指数的乡镇间差异水平，平谷区划分为潜力不足—优先挂钩、潜力盈余—重点挂钩、潜力均衡—限制挂钩三大挂钩分区，在空间分布上呈显著的圈层结构。通过城镇建新和农村居民点拆旧适宜度评价与分析，经建新地块的土地利用总体规划修正和拆旧地块的空间相对集聚、拆旧适宜度一致性以及集中安置的修正，确定出平谷区 22 处建新区和 29 处拆旧区，并形成 22 个挂钩项目区，包括近期 8 个、远期 14 个。

（6）在农村居民点整治的策略与政策方面，要统筹城乡发展与新农村建设，构建组织集中化、产业集聚化和空间集约化的"三整合"策略，并借鉴国际上或相关领域的先进理念和方法，强化农村居民点整治评价、设计、规划等方面的应用与实践创新；应综合考虑区域差异、功能主导和问题制约等因素，建立农村居民点整治与新农村建设实验区，实行因地制宜、分类指导的差异化整治对策；此外，还应加强农村居民点整治的产权激励机制、多元融资机制、收益分配机制和农民参与机制等作用的发挥，并探讨农村宅基地流转、编制农村居民点整治详细规划和增减挂钩市场化作用等方面的创新。

13.2 本书的创新点

（1）综合农村经济社会发展与农村土地利用变化两个方面，提出一种将农村土地利用转型与农村社会和环境变化的时间尺度和历史背景相整合的综合研究方法，丰富乡村转型发展研究的理论体系，并弥补中国农村土地利用转型纵向比较研究的不足。

（2）着眼于区域耕地保护、土地集约利用、新农村建设以及城乡用地互动的良性发展，构建"农村居民点整治战略—潜力—类型—时序—格局—模式—挂钩—策略"综合研究体系，对农村居民点整治的基础理论和关键方法进行了系统研究。

（3）从自然适宜性、生态安全性、经济可行性、社会可接受性、规划导向性5个方面建立农村居民点整治补充耕地数量潜力综合修正模型，完善人均建设用地标准法测算的不足；基于农用地分等的理论方法和农村居民点与耕地空间分布的近邻关系，提出农村居民点整治后耕地质量评价的邻域替代方法，丰富农村居民点整治潜力研究的理论与方法。

（4）从新农村建设的角度，提出农村居民点生态位适宜度理论与评价方法，并在农村居民点整治分类、时空配置以及城乡建设用地增减挂钩中进行应用。

13.3　研究展望

前人对农村居民点整治的诸多环节作出了大量卓有成效的研究工作。本书在已有研究的基础上力求在乡村转型加速时期和城乡一体化发展的背景下，对农村居民点整治的系统研究有所提炼和总结，并期求有所创新。本研究在导师和国内知名学者的指导下，取得了些微的研究成绩与进展，对农村土地整治和新农村建设等土地调控与管理活动具有一定的指导和借鉴意义。然而，农村居民点整治是一项系统工程，涉及地理学、经济学、社会学、生态学、城乡规划学、工程设计和制度管理等多方面的研究内容，而由于本人的知识结构和能力的限制，本书在研究中更多的利用了地理学的相关知识，对其他内容考虑的缺失势必会造成研究成果有些不足和有失偏颇，借此将研究中值得深入讨论的问题和今后研究的方向总结如下：

（1）农村居民点整治的潜力研究是当前农村居民点整治的一大热

点，潜力的释放受整治过程中各项限制性因素制约。根据本研究构建的
农村居民点整治潜力修正体系和方法，各修正系数取值区间的理论范围
均是 0~1，但在不同情况下各修正系数具有一定的变化特征。①自然
适宜性修正中的空间非连续性评价指标值（如，灌溉保证率、排水条件
和盐渍化程度等）是根据农村居民点邻近耕地分等地块的属性，采用邻
域替代法获取，对邻近没有耕地的农村居民点地块的这些指标值即为
0，这可能造成自然适宜性修正系数偏低，导致整理潜力测算值偏小，
这在山地区域会比较普遍，是因为山区地貌复杂，土层厚度稀薄且土壤
壤养分较低，加上灌排水保证率不高，不适宜耕种，所以该方法在广阔
的平原地区具有普适性，而对于典型的山地区需要在验证的基础上择其
使用。②生态安全性修正是从区域综合生态安全的角度对农村居民点整
治后耕地适宜性进行修正，研究中采用综合生态安全中级以上的居民点
地块面积计算生态安全修正系数，在现实中综合生态安全低级的部分农
村居民点地块也是适宜整理为耕地的，如距离水系 100 米附近、自然或
人文景观开发的中度适宜区等区域即有耕地分布，但在修正系数计算上
的实现难度较大，可能造成生态安全性修正系数偏低，导致整理潜力测
算值偏小。③经济可行性和社会可接受性修正的指标数据获取与潜力测
算单元是一致的，受数据载体和人为作用对修正系数取值的影响较弱，
主要与评价单元的社会经济条件有关，经济发展好、政府能力强、农户
接受程度大的地区修正系数偏高、整理潜力测算值偏大，反之亦然。
④规划导向性修正与规划建设用地空间管制范围相关性较大，规划中城
镇用地、工矿用地和公路用地规模的人为扩大，可能导致整理潜力测算
值偏小。可见，土地利用的空间特征、评价指标的数据载体、未来发展
的土地需求等因素均与整理潜力修正系数的取值有关，结合相关因素探
讨农村居民点整治潜力修正体系与方法的限制条件和适用范围还有待进
一步深入。

（2）农村居民点整治补充后耕地质量评价是农村居民点整治研究
中的重要内容，本书提出邻域替代法，即利用农用地分等理论与数据，
通过分析土地整理工程类型与耕地质量因素之间的耦合关系，确定邻域
替代范围，修补叠加和缓冲过程中的地块分割和判别多属性地块指标分
值等一系列步骤，明晰了邻域替代法的计算过程和使用范围。该方法在
农村居民点整治规划中的应用，对合理制定整理补充耕地目标、项目区

305

时空安排与关键性工程措施，提高补充耕地质量和综合生产能力，以及实现国家粮食安全战略具有实践价值，但在研究中仍存在几点问题需要做进一步探讨：①研究中只是从自然适宜性的角度评价整理后耕地质量，对整理过程中经济社会和技术条件等限制因素没有考虑、有待完善；②本方法具有一定的适用条件和区域限制性，需要农村居民点与耕地在空间分布上具有一定的紧密依存关系，在广阔的平原地区适用性较广，而在山地区受地形、土壤的复杂性影响，可能需要作出些许调整或修正，所以在应用过程中，还需结合当地实际情况，在验证的基础上择其使用；③研究区所开展的农村居民点整治项目主要分布在山地生态灾害区，复垦为后多开发为林地或果园，对适宜整理为耕地的地块质量与产出还有待于进一步验证。

（3）关于农村居民点生态位适宜度评价，本研究具有一定的区域性，平谷区作为北京市东部未来发展新城，农村产业结构不断优化，第二、第三产业逐渐成为农民收入的主导，所以在评价指标选取上更多注重了产业用地特征。而对于传统居民点用地适宜性评价，还应更多地考虑农用地的数量、质量和效益等指标。另外，农村居民点作为农村人地关系的表现核心，其用地情况还受丰富多样的物质环境、文化景观和居民思想观念等因素影响，由于数据获取的原因，文章尚无法对这些相关因素进行定量分析，如何建立一套更加全面的农村居民点适宜性评价指标体系以及如何量化各指标的影响度等问题，值得做更深入的探究。

（4）不同地域条件与社会经济发展特征，是典型农村整治模式形成差异的基本背景，而农村经济发展与土地利用强度与结构功能类型的差异，则是各种整治模式之间差异的根本所在。中国农村居民点用地差别万千，没有全面深入的调查和研究，很难总结出具有普遍适用性的演变规律。正是受此影响，本研究受数据材料所限，仅以北京市平谷区为例，在区县尺度上针对地域差异和社会经济发展的梯度性，提炼出五种具有一定代表性的农村居民点整治模式，在北京市、甚至全国性的更大区域尺度的整治模式提炼还有待完善。但在践行本研究提炼的几种理论模式时，也会有一些共同特征，或者说应遵循一定的基本原则，如，因地制宜地开展农村居民点整治，适度推进农村社区化建设；耦合地域功能特征与村落产业发展的关系，优化乡村产业结构，创造就业机会，持续推行农民收入增长；切实推行村民自治和民主决策，综合利用主体意愿，共同努力推进农村土地整治；必须注重农村文化资源和景观环境保护，保障经济、社会、生态、环境效益均衡发展；积极争取相关政策扶持，建立"一村一策"的多元化整治策略。

（5）城乡建设用地增减挂钩与农村居民点整治有着一定的联系，也存在一定的区别：联系在于两者均是农村土地整治的重要组成部分，且农村居民点整治是增减挂钩的基础，需要明确整治潜力能否支撑挂钩的需求，即两者具有较强的联动关系；区别之处是，增减挂钩是存在城乡联动的机制，通过农村拆旧和城镇建新促进建设用地的节约集约利用，而居民点整治是独立的整治活动，没有挂钩中来自建新收益的资金支持，资金来源成为主要制约因素。所以，城乡建设用地增减挂钩的项目区选择，需要配合结合居民点整治潜力，一方面保障城镇化、工业化发展的用地需要，另一方面推进农村土地集约利用和新农村建设，从而实现城乡统筹发展的目标。另外，研究中还存在些许问题需要继续做深入的研究：①研究中建立的挂钩能力模型以及挂钩建新与拆旧项目区联建模型，只是从新增城镇建设占用耕地规模和农村居民点拆旧补充耕地数量的角度展开的分析，缺少了占用与补充耕地质量的考虑，还应参考农用地分等成果和按等折算的思想，综合耕地数量与质量两方面进行增减挂钩的分区与联建；②关于建新区和拆旧区的筛选，研究中只是应用土地规划成果进行了概念上的模糊阐述，还缺少相关的量化分析，如新增建新地块的重要性分析应是建新区筛选的一个重要依据，如何建立一套科学有效的挂钩项目区评价指标体系值得做研究；③关于增减挂钩的工程可行性分析（自然、经济、社会、生态等方面）和挂钩实施后的效益评价（复耕数量、质量、连片度等方面）等内容还需要深入探讨。

（6）面对统筹推进工业化、城市化、农业现代化与新农村建设的战略目标，农村居民点整治作为助推该目标实现的一个抓手和重要支点，当前关于农村居民点整治的工作开展的并不深入，理论体系的构建尚不完善。本书认为当前还应继续加强农村居民点整治基础性和前瞻性的研究和探索，概括若干需要探索的关键点如下：

①有关农村居民点整治的基础理论研究。探讨基于功能需求的农村居民点的分门别类，构建系统性、发展式的农村居民点分类检索体系，因地制宜，因时制宜地指导农村居民点整治。

307

②有关农村居民点整治的技术方法研究。创新与集成农村居民点整治的核心技术，科学研讨农村居民点整治内容的关键方法，形成农村居民点整治的技术与方法规范。

③有关农村居民点整治的规划和战略探讨。面向构建城乡经济社会一体化发展的新格局，合理编制农村居民点整治的详细性规划，科学制定农村居民点整治的阶段性推进战略。

④有关农村居民点整治典型模式的培育与示范。加大农村居民点整治试点投入，建立不同类型区农村居民点整治的典型示范样板，辐射与引领全国农村居民点整治工程。

⑤有关农村居民点整治的政策性试验。加快研究出台农村居民点整治管理办法与指导意见，建立农村居民点整治决策与监管系统。

此外，农村居民点整治作为一项系统工程，从工程的安排与实施的阶段来看，包括整治前、整治中和整治后三个环节，本书所研究的内容实质上是农村居民点整治前期的规划编制和可行性研究的主要内容，有关整治中的工程预算、工程设计、工程管理等内容与方法和整治后的综合效应评价、土地权属调整等方面的内容没有涉及。因此，从系统研究的角度来看，今后还应加强农村居民点整治工程与绩效评价等相关研究。

参 考 文 献

［1］Erich wei P，贾生华译：《联邦德国的乡村土地整理》，北京经济管理出版社 1998 年版。

［2］M. 歌德伯戈、P. 钦洛依著，国家土地管理局科技宣教司译：《城市土地经济学》，中国人民大学出版社 1990 年版。

［3］鲍超、方创琳：《水资源约束力的内涵、研究意义及战略框架》，载《自然资源学报》2006 年第 15 期。

［4］毕宝德：《土地经济学》（第四版），中国人民大学出版社 2001 年版。

［5］毕宇珠：《乡村土地整理规划中的公众参与研究——中德合作土地整理项目为例》，载《生态经济》2009 年第 5 期。

［6］蔡玉梅、刘彦随、宇振荣等：《土地利用变化空间模拟的进展》，载《地理科学进展》2004 年第 4 期。

［7］蔡运龙、陆大道、周一星等：《地理科学的中国进展与国际趋势》，载《地理学报》2004 年第 6 期。

［8］蔡运龙：《农业与农村可持续发展的地理学研究》，载《地球科学进展》1999 年第 6 期。

［9］曹绍甲、李显书：《城乡建设用地增减挂钩政策解读》，载《法制与社会》2009 年第 28 期。

［10］曹子剑、张凤荣、姜广辉等：《北京市平谷区不同区域农村居民点内部结构差异分析》，载《地理科学进展》2008 年第 2 期。

［11］陈百明：《土地资源学概论》，中国环境科学出版社 1999 年版。

［12］陈国阶、王青：《中国山区经济发展阶段的理论模型与预测》，载《地理学报》2004 年第 2 期。

［13］陈红宇、胡曰利、胡晓芙：《城市化进程中的农村居民点用地变化分析：以广州市为例》，载《中国农学通报》2005 年第 2 期。

[14] 陈红宇、胡月明、章牧等：《广州市农村居民点土地利用变化分析》，载《广东土地科学》2004年第5期。

[15] 陈红宇、朱道林、郧文聚等：《嘉兴市耕地细碎化和空间集聚格局分析》，载《农业工程学报》2012年第4期。

[16] 陈吉元、陈家骥、杨勋：《中国农村经济社会变迁1949~1989》，经济出版社1993年版。

[17] 陈科：《基于城市化角度的增减挂钩政策实施研究》，载《城市规划》2011年第7期。

[18] 陈美球、吴次芳：《论乡村城镇化与农村居民点用地整理》，载《经济地理》1999年第6期。

[19] 陈荣清、张凤荣、孟媛等：《农村居民点整理的现实潜力估算》，载《农业工程学报》2009年第4期。

[20] 陈锡文：《中国农村转型的必经阶段》，载《社会科学报》2008年第1期。

[21] 陈锡文：《资源配置与中国农村发展》，载《中国农村经济》2004年第1期。

[22] 陈旭晨：《基于GIS的农村居民点整理时空配置研究——以涪陵区义和镇为例》，西南大学硕士毕业论文，2011年。

[23] 陈妍英、陈亚恒、霍习良：《土地开发整理初步设计中目标等别确定方法探讨》，载《河北农业大学学报》2007年第5期。

[24] 陈永国：《统筹城乡发展的内涵、层次及思路》，载《商业研究》2008年第4期。

[25] 陈佑启、Verburg P H：《基于GIS的中国土地利用变化及其影响模型》，载《生态科学》2000年第3期。

[26] 陈佑启：《我国耕地利用变化及其对粮食生产的影响》，载《农业工程学报》2000年第6期。

[27] 陈玉福、孙虎、刘彦随：《中国典型农区空心村综合整治模式》，载《地理学报》2010年第6期。

[28] 陈宗兴、陈晓健：《乡村聚落地理研究的国外动态与国内趋势》，载《世界地理研究》1994年第1期。

[29] 道格拉斯·C·诺斯：《经济史的结构与变迁》，三联出版社1991年版。

[30] 邓祥征、刘纪远、战金艳等：《区域土地利用变化的多情景分析》，载《地球信息科学》2004 年第 1 期。

[31] 丁学智、赵亚伟：《规范土地开发整理工作实现耕地总量动态平衡》，载《科技情报开发与经济》2001 年第 11 期。

[32] 董春、罗玉波、刘纪平等：《基于 Poisson 对数线性模型的居民点与地理因子的相关性研究》，载《中国人口·资源与环境》2005 年第 4 期。

[33] 董向荣：《韩国新村运动经验的局限性和启示》，载《国际经济评论》2008 年第 1 期。

[34] 杜赞奇：《文化、权利与国家——1900～1942 年的华北农村》，江苏人民出版社 1996 年版。

[35] 段浩：《农地整理的产权调整和收益分配研究》，南京农业大学硕士毕业论文 2008 年版。

[36] 段增强、Verburg P H、张凤荣等：《土地利用动态模拟模型的构建及其应用》，载《地理学报》2004 年第 6 期。

[37] 方创琳：《区域发展战略论》，科学出版社 1999 年版。

[38] 冯文勇、陈新荀：《晋中平原地区农村聚落扩展分析》，载《人文地理》2003 年第 6 期。

[39] 高尚德等：《村镇规划》江苏科学技术出版社 1987 年版。

[40] 高小琛、石培基、潘竟虎等：《基于耦合关系的干旱绿洲区农村居民点整理分区研究：以张掖市甘州区为例》，载《地球科学进展》2011 年第 10 期。

[41] 高燕、叶艳妹：《农村居民点用地整理的影响因素分析及模式选择》，载《农村经济》2004 年第 3 期。

[42] 高燕：《农村居民点用地整理的适宜性评价、模式及政策选择》，浙江大学硕士学位论文，2004 年。

[43] 谷晓坤、陈百明、代兵：《经济发达区农村居民点整理驱动力与模式——以浙江省嵊州市为例》，载《自然资源学报》2007 年第 5 期。

[44] 谷晓坤、代兵、陈百明：《中国农村居民点整理的区域方向》，载《地域研究与开发》2008 年第 6 期。

[45] 谷晓坤、卢新海、陈百明：《大城市郊区农村居民点整理效果分析——基于典型案例的比较研究》，载《自然资源学报》2010 年第

10 期。

[46] 谷晓坤、周小萍、卢新海：《大都市郊区农村居民点整理模式及效果评价——以上海市金山区为例》，载《经济地理》2009 年第 5 期。

[47] 顾益康：《统筹城乡经济社会发展　加快农村全面小康建设》，载《农业经济问题》2003 年第 4 期。

[48] 关小克、张凤荣、曲衍波等：《北京市农村居民点整理时空配置综合评价》，载《中国土地科学》2010 年第 7 期。

[49] 关小克、张凤荣、赵婷婷等：《北京市农村居民点整理分区及整理模式探讨》，载《地域研究与开发》2010 年第 3 期。

[50] 关小克：《城乡一体化背景下北京市农村土地综合整治战略研究》，中国农业大学博士学位论文，2011 年。

[51] 郭力娜、张凤荣、曲衍波等：《基于分等因素组合的农用地整理类型分区》，载《农业工程学报》2010 年第 9 期。

[52] 郭力娜：《基于分等的农用地粮食生产能力估算及其应用研究》，中国农业大学硕士论文，2009 年。

[53] 郭松玲：《陕西农业资源开发潜力与模式研究》，西北农林科技大学博士论文，2001 年。

[54] 郭翔宇、颜华：《统筹城乡经济社会发展的理论思考与政策建议》，中国农业出版社博士论文，2004 年。

[55] 郭翔宇：《统筹城乡发展的理论思考与政策建议》，载《山东财政学院学报》2004 年第 5 期。

[56] 郭晓东、马利邦、张启媛：《陇中黄土丘陵区乡村聚落空间分布特征及其基本类型分析——以甘肃省秦安县为例》，载《地理科学》2013 年第 1 期。

[57] 海贝贝、李小建、许家伟：《巩义市农村居民点空间格局演变及其影响因素》，载《地理研究》2013 年第 12 期。

[58] 韩宏伟、袁西平、甘淑：《精明增长策略在我国农村居民点整理中的应用初探》，载《价值工程》2012 年第 2 期。

[59] 韩俊：《改革开放以来农村经济社会转型研究》，载《经济研究导刊》2008 年第 2 期。

[60] 韩俊：《引导农民集中居住的探索与政策思考》，载《中国土地》2007 年第 3 期。

〔61〕韩荣青：《基于 GIS 的招远市农村居民点布局适宜性研究闭》，载《聊城大学学报（自然科学版）》2008 年第 1 期。

〔62〕韩振华：《国外住宅问题和前苏联农村居民点规划及其土地利用问题综述》，载《武汉城市建设学院学报（社会科学版）》2000 年第 3 期。

〔63〕郝晋珉：《本质是优化利用空间》，载《中国土地》2010 年第 6 期。

〔64〕何春阳、史培军、李景刚等：《中国北方未来土地利用变化情景模拟》，载《地理学报》2004 年第 4 期。

〔65〕何芳：《前联邦德国土地整理规划基础和实施》，载《中国土地》1998 年第 4 期。

〔66〕黒野弘靖、菊地成朋：《村落形態の分類とその領域構成—砺波散居村における居住特性の分析その1——日本建築学会計画系論文集》1995 年。

〔67〕胡春雷、肖玲：《生态位理论与方法在城市研究中的应用》，载《地域研究与开发》2004 年第 2 期。

〔68〕胡道儒：《开展农村宅基地整理是实现耕地总量动态平衡的有力保障》，载《国土经济》1999 年第 4 期。

〔69〕胡贤辉、杨钢桥、张霞等：《农村居民点用地数量变化及其驱动机制研究——基于湖北仙桃市的实证》，载《资源科学》2007 年第 3 期。

〔70〕黄慧明：《美国"精明增长"的策略、案例及在中国应用的思考》，载《现代城市研究》2007 年第 5 期。

〔71〕美国国家研究院等编，黄润华译：《重新发现地理学：与科学和社会的新关联》，学苑出版社 2002 年版。

〔72〕黄宗智：《长江三角洲小农家庭与乡村发展》，中华书局 2000 年版。

〔73〕江坚：《重庆市大足县农村居民点整理研究》，西南大学硕士毕业论文，2011 年。

〔74〕姜广辉、张凤荣、陈军伟等：《基于 Logistic 回归的北京山区农村居民点变化分析》，载《农业工程学报》2007 年第 5 期。

〔75〕姜广辉、张凤荣、孔祥斌：《北京山区农村居民点整理用地转换方向模拟》，载《农业工程学报》2009 年第 2 期。

[76] 姜广辉、张凤荣、秦静等：《北京山区农村居民点分布及其变化与环境关系分析》，载《农业工程学报》2006 年第 11 期。

[77] 姜广辉、张凤荣、谭雪晶：《北京市平谷区农村居民点用地空间结构调整》，载《农业工程学报》2008 年第 11 期。

[78] 姜广辉、张凤荣、吴建寨等：《北京山区城乡建设用地扩展及其与耕地变化关系研究》，载《农业工程学报》2006 年第 10 期。

[79] 姜广辉、张凤荣、周丁扬等：《北京市农村居民点内部用地结构特征的区位分析》，载《资源科学》2007 年第 2 期。

[80] 姜广辉：《社会经济转型加速期农村居民点用地形态演化及其调控》，中国农业大学博士学位论文，2007 年。

[81] 角媛梅、胡文英、速少华等：《哀牢山区哈尼聚落空间格局与耕作半径研究》，载《资源科学》2006 年第 3 期。

[82] 金其铭：《农村聚落地理》科学出版社 1988 年版。

[83] 孔雪松、刘艳芳、邹亚锋等：《基于农户意愿的农村居民点整理潜力测算与优化》，载《农业工程学报》2010 年第 8 期。

[84] 来璐、李世峰、南国良：《山地经济条件下农村居民点整理模式探讨——以北京市密云县为例》，载《山西农业大学学报（社会科学版）》2009 年第 6 期。

[85] 黎夏、叶嘉安、刘小平：《地理模拟系统：元胞自动机与多智能体》，科学出版社 2007 年版。

[86] 李阿林：《日本农村分散集落中小城市的出现及其特征》，载《农村规划》2009 年第 5 期。

[87] 李伯华、窦银娣、刘沛林：《欠发达地区农户人居环境建设的支付意愿及影响因素分析——以红安县个案为例》，载《农业经济问题》2011 年第 4 期。

[88] 李贺静：《河北省滨海平原区补充耕地等别评定研究》河北农业大学硕士论文，2008 年。

[89] 李君、陈长瑶：《生态位理论视角在乡村聚落发展中的应用》，载《生态经济》2010 年第 5 期。

[90] 李善同、侯永志：《我国经济发展阶段特征与"十五"时期产业发展的主要任务》，载《管理世界》2001 年第 2 期。

[91] 李水山：《韩国的新村运动》，载《中国改革（农村版）》2004

年第 4 期。

［92］李旺君、王雷：《城乡建设用地增减挂钩的利弊分析》，载《国土资源情报》2009 年第 4 期。

［93］李宪文、张军连、郑伟元等：《中国城镇化过程中村庄土地整理潜力估算》，载《农业工程学报》2004 年第 4 期。

［94］李小建、时慧娜：《基于农户视角的农区发展研究》，载《人文地理》2008 年第 1 期。

［95］李秀彬：《地区发展均衡性的可视化测度》，载《地理科学》1999 年第 3 期。

［96］李秀彬：《土地利用变化的解释》，载《地理科学进展》2002年第 3 期。

［97］李跃：《一个新的社会经济发展阶段分析的理论框架》，载《湖南财经高等专科学校学报》2004 年第 5 期。

［98］李占军、范之安、高明秀：《挂钩政策下农村居民点整理模式与对策研究——以山东省泰安市为例》，载《山东农业大学学报（社会科学版)》2007 年第 1 期。

［99］梁流涛、曲福田、诸培新等：《不同兼业类型农户的土地利用行为和效率分析：基于经济发达地区的实证研究》，载《资源科学》2008年第 10 期。

［100］廖赤眉、李澜等：《农村居民点整理模式及其在广西的应用》，载《广西师范学院学报》2004 年第 1 期。

［101］林爱文、庞艳：《农村居民点用地整理适宜性的递阶模糊评价模型》，载《武汉大学学报》2006 年第 7 期。

［102］林坚、李尧：《北京市农村居民点用地整理潜力研究》，载《中国土地科学》2007 年第 1 期。

［103］林建平、邓爱珍、赵小敏等：《城镇建设用地增加与农村建设用地减少挂钩的探讨》，载《江西农业大学学报（社会科学版)》2008 年第 1 期。

［104］林凌：《统筹城乡发展的重大举措》，载《开放导报》2007年第 4 期。

［105］刘兵：《农村发展呈阶段性的经济学解释》，载《中国国情国力》2010 年第 12 期。

[106] 刘福海、朱启臻：《中国农村土地制度研究》，中国农业大学出版社 2006 年版。

[107] 刘建生、王志凤、孟展：《"增减挂钩"操作问题及改进建议》，载《中国土地》2011 年第 6 期。

[108] 刘晶妹、张玉萍：《我国农村土地整理运作模式研究》，载《中国土地科学》1999 年第 11 期。

[109] 刘奇、王飞：《论统筹城乡经济社会发展》，载《中国农村经济》2003 年第 9 期。

[110] 刘奇：《农村社会转型与"三农"政策取向》，载《农村经济研究》2007 年第 4 期。

[111] 刘仙桃、郑新奇、李道兵：《基于 Voronoi 图的农村居民点空间分布特征及其影响因素研究——以北京市昌平区为例》，载《生态与农村环境学报》2009 年第 2 期。

[112] 刘筱非、杨庆媛、廖和平等：《西南丘陵山区农村居民点整理潜力测算方法探讨——以重庆市渝北区为例》，载《西南农业大学学报（社会科学版）》2004 年第 4 期。

[113] 刘彦随、刘玉、翟荣新：《中国农村空心化的地理学研究与整治实践》，载《地理学报》2009 年第 10 期。

[114] 刘彦随：《中国东部沿海地区乡村转型发展与新农村建设》，载《地理学报》2007 年第 6 期。

[115] 刘彦随：《中国乡村发展研究报告—农村空心化及其政治策略》科学出版社 2011 年版。

[116] 刘彦随：《中国新农村建设地理论》科学出版社 2011 年版。

[117] 刘洋、欧名豪：《推进农村居民点整理的机制创新途径初探》，载《南京农业大学学报（社会科学版）》，2008 年第 1 期。

[118] 刘洋：《农村居民点整理的产权激励机制与操作路径》，载《改革》2008 年第 6 期。

[119] 刘勇、吴次芳、杨志荣：《中国农村居民点整理研究进展与展望》，载《中国土地科学》2008 年第 3 期。

[120] 刘玉、刘彦随、郭丽英：《环渤海地区农村居民点用地整理分区及其整治策略》，载《农业工程学报》2011 年第 6 期。

[121] 刘玉、刘彦随、王介勇：《农村居民点用地整理的分区评价》，

载《地理研究》2010年第1期。

[122] 龙花楼、李秀彬：《区域土地利用转型分析——以长江沿线样带为例》，载《自然资源学报》2002年第2期。

[123] 龙花楼、李秀彬：《长江沿线样带农村宅基地转型》，载《地理学报》2005年第2期。

[124] 龙花楼、李裕瑞、刘彦随：《中国空心化村庄演化特征及其动力机制》，载《地理学报》2009年第10期。

[125] 龙花楼、刘彦随、邹建：《中国东部沿海地区乡村发展类型及其乡村性评价》，载《地理学报》2009年第4期。

[126] 龙花楼：《中国农村宅基地转型的理论与证实》，载《地理学报》2006年第10期。

[127] 龙花楼：《中国乡村转型发展与土地利用》，科学出版社2012年版。

[128] 陆大道：《区域发展及其空间机构》，科学出版社1999年版。

[129] 陆汝成、黄贤金、左天惠等：《基于CLUE—S和Markov复合模型的土地利用情景模拟研究——以江苏省环太湖地区为例》，载《地理科学》2009年第4期。

[130] 鹿心社：《论中国土地整理的总体方略》，载《农业工程学报》2002年第1期。

[131] 路明：《城乡统筹的理论与实践》，民主与建设出版社2005年版。

[132] 罗士军：《农村居民地整理潜力估算研究》，载《国土与自然资源研究》2000年第3期。

[133] 马佳：《新农村建设中农村居民点用地集约利用研究》，华中农业大学博士学位论文，2008年。

[134] 《马克思恩格斯全集》第3卷，人民出版社1960年版。

[135] 欧阳安蛟、蔡锋铭、陈立定：《农村宅基地退出机制建立探讨》，载《中国土地科学》2009年第10期。

[136] 潘其泉：《乡镇土地管理》，地质出版社2001年版。

[137] 钱辉、张大亮：《基于生态位的企业演化机理探析》，载《浙江大学学报（人文社会科学版）》2006年第2期。

[138] 曲衍波、姜广辉、张凤荣等：《基于农户意愿的农村居民点整

治模式》，载《农业工程学报》2012年第23期。

[139] 曲衍波、姜广辉、张凤荣：《农村居民点整治模式：系统概念、形成机理与识别方法》，载《中国软科学》2014年第2期。

[140] 曲衍波、齐伟、商冉等：《基于GIS的山区县域土地生态安全评价》，载《中国土地科学》2008年第4期。

[141] 曲衍波、齐伟、赵胜亭等：《胶东山区县域优质苹果生态适宜性评价及潜力分析》，载《农业工程学报》2008年第6期。

[142] 曲衍波、张凤荣、杜素芹：《平谷区城镇建设用地生态经济适宜性评价方法》，载《中国土地科学》2010年第12期。

[143] 曲衍波、张凤荣、郭力娜等：《京郊不同城市功能区农村居民点用地集约度的比较研究》，载《资源科学》2011年第4期。

[144] 曲衍波、张凤荣、郭力娜等：《北京市平谷区农村居民点整理类型与优先度评判》，载《农业工程学报》2011年第7期。

[145] 曲衍波、张凤荣、郭力娜等：《农村居民点整理后耕地质量评价与应用研究》，载《农业工程学报》2012年第2期。

[146] 曲衍波、张凤荣、姜广辉等：《基于生态位的农村居民点用地适宜性评价与分区调控》，载《农业工程学报》2010年第11期。

[147] 曲衍波、张凤荣、姜广辉等：《农村居民点用地整理潜力与"挂钩"分区研究》，载《资源科学》2011年第1期。

[148] 曲衍波、张凤荣、姜广辉：《基于生态位的农村居民点用地适宜性评价与分区调控》，载《农业工程学报》2010年第11期。

[149] 曲衍波、张凤荣、宋伟等：《农村居民点整治潜力综合修正与测算——以北京市平谷区为例》，载《地理学报》2012年第67期。

[150] 任春洋、姚威：《关于"迁村并点"的政策分析》，载《城市问题》2000年第6期。

[151] 沈燕、张涛、廖和平：《西南丘陵山区农村居民点整理潜力的评价分级》，载《西南大学学报（自然科学版）》2008年第6期。

[152] 施引芝、张显胜：《德国土地整理法》，载《地政月报》2001年第3期。

[153] 石诗源、张小林：《江苏省农村居民点用地现状分析与整理潜力测算》，载《中国土地科学》2009年第9期。

[154] 宋伟、陈百明、陈曦炜：《农村居民点整理潜力测算模型的

理论与实证》，载《农业工程学报》2008 年第增 1 期。

［155］宋伟、张凤荣、陈曦炜：《土地利用规划中"迁村并点"的公众参与——以北京市海淀北部地区为例》，载《资源科学》2008 年第 11 期。

［156］孙华生、黄敬峰、金艳等：《基于 GIS 技术的县域居民点空间分布特征分析及其优化布局》，载《浙江大学学报（农业与生命科学版）》2007 年第 3 期。

［157］孙钰霞：《农村居民点整理潜力分析—以重庆市合川市为例》，西南大学硕士论文，2003 年。

［158］田光进、刘纪远、庄大方：《近 10 年来中国农村居民点用地时空特征》，载《地理学报》2003 年第 5 期。

［159］田光进：《基于 GIS 的中国农村居民点用地分析》，载《遥感信息》2003 年第 2 期。

［160］田淑敏、宇振荣、郭爱云等：《京郊农民对住宅建设的意愿分析》，载《中国土地科学》2009 年第 3 期。

［161］《调查发现：城镇与农村建设用地挂钩试点存在四大问题》，载《领导决策信息》2007 年第 12 期。

［162］万晔、司徒群、朱彤等：《云南彝族农村聚落区人地关系研究》，载《经济地理》2002 年第 12 增期。

［163］王成、王利平、李晓庆等：《农户后顾生计来源及其居民点整合研究—基于重庆市西部郊区白林村 471 户农户调查》，载《地理学报》2011 年第 8 期。

［164］王春燕：《生产企业供应管理—"木桶效应"面面观》，载《企业与市场》2005 年第 5 期。

［165］王介勇、刘彦随、张富刚：《海南岛土地生态适宜性评价》，载《山地学报》2007 年第 3 期。

［166］王邻孟：《土地制度变革中俄罗斯的土地整理》，载《中国土地科学》1997 年第 A10 期。

［167］王伟林、黄贤金、陈志刚：《发达地区农户被征地意愿及其影响因素—基于苏州农户调查的实证研究》，载《中国土地科学》2009 年第 4 期。

［168］王晓毅：《血缘与地缘》，浙江人民出版社 1993 年版。

[169] 王洋：《城乡建设用地增减挂钩适宜区评价——以河北省任丘市为例》，河北农业大学硕士毕业论文，2008年。

[170] 王勇、李广斌：《生态位理论及其在小城镇发展中的应用》，载《城市问题》2002年第6期。

[171] 文军：《从生存理性到社会理性选择：当代中国农民工外出就业动因的社会学分析》，载《社会学研究》2001年第6期。

[172] 文云朝、汪一鸣：《土地规划与农村整治——比利时瓦隆区国土整治经验借鉴》，载《地理研究》1998年第2期。

[173] 邬建国：《景观生态学—格局、过程、尺度与等级》，高等教育出版社2009年版。

[174] 吴艳芳、许月卿、田园等：《大都市边缘区土地利用动态变化研究——以北京市平谷区为例》，载《资源科学》2011年第12期。

[175] 吴义茂：《建设用地挂钩指标交易的困境与规划建设用地流转》，载《中国土地科学》2010年第9期。

[176] 夏鸣：《有效集聚资源，有序统筹发展》，载《中国国土资源报》2008年第12期。

[177] 项继权：《当前农村发展的阶段性特征及政策选择》，载《江西社会科学》2009年第1期。

[178] 谢花林、李秀彬：《基于GIS的区域关键性生态用地空间结构识别方法探讨》，载《资源科学》2011年第1期。

[179] 徐卫东、王增如、王代印：《基于挂钩政策下的山东省农村建设用地整理潜力及重点区域》，载《山东国土资源》2009年第1期。

[180] 徐雪林、杨光、肖光强等：《德国巴伐利亚州土地整理与村庄革新对我国的启示》，载《资源与产业》2002年第5期。

[181] 薛永森、廖容、王长江等：《比利时土地整理模式特点及启示》，载《中国土地》2006年第2期。

[182] 严金明、王晨：《基于城乡统筹发展的土地管理制度改革创新模式评析与政策选择—以成都统筹城乡综合配套改革试验区为例》，载《中国软科学》2011年第7期。

[183] 严金明：《土地整理》经济管理出版社1998年版。

[184] 颜华：《我国统筹城乡发展问题研究》，东北农业大学博士学位论文，2005年。

［185］杨庆媛、田永中、王朝科等：《西南丘陵山地区农村居民特技点土地整理模—以重庆渝北区为例》，载《地理研究》2004 年第 4 期。

［186］杨庆媛、涂建军、廖和平等：《国外土地整理：性质、研究领域及借鉴》，载《绿色中国》2004 年第 6 期。

［187］杨庆媛、张占录：《大城市郊区农村居民点整理的目标和模式研究——以北京市顺义区为例》，载《中国软科学》2003 年第 6 期。

［188］杨庆媛：《大城市郊区农村居民点整理的目标和模式研究——以北京市顺义区为例》，载《中国软科学》2003 年第 6 期。

［189］杨一介：《农村宅基地制度面临的问题》，载《中国农村观察》2007 年第 5 期。

［190］杨益民：《影响农村居民点用地规模变化的因素分析和效验》，载《国土资源导刊》2008 年第 2 期。

［191］杨重光、吴次芳：《中国土地使用制度改革 10 年》中国大地出版社 1996 年版。

［192］野口悠纪雄著，汪斌译：《土地经济学》，商务印书馆 1997 年版。

［193］叶浩、濮励杰：《江苏省耕地面积变化与经济增长的协整性与因果关系分析》，载《自然资源学报》2007 年第 5 期。

［194］叶艳妹、吴次芳：《我国农村居民点用地整理的潜力、运作模式与政策选择》，载《农业经济问题》1998 年第 10 期。

［195］余劲、孙春阳：《中国农村居民点土地整理研究评述》，载《中国土地科学》2008 年第 5 期。

［196］俞孔坚、王思思、李迪华等：《北京市生态安全格局及城市增长预景》，载《生态学报》2009 年第 3 期。

［197］俞孔坚、许立言、游鸿等：《北京市浅山区农村社会经济发展类型区划分：基于二步聚类法》，载《城市发展研究》2010 年第 12 期。

［198］原国家土地管理局规划司等：《国内外土地整理借鉴》，中国大地出版社 1998 年第 2 期。

［199］郧文聚、王洪波、王国强等：《基于农用地分等与农业统计的产能核算研究》，载《中国土地科学》2007 年第 4 期。

［200］张保华、张二勋：《农村居民点土地整理初步研究》，载《土壤》2002 年第 3 期。

[201] 张凤：《中国农村经济转型分析与实例研究》，载《农村经济》2011年第2期。

[202] 张凤荣、胡存智：《制定农用地分等定级野外诊断指标体系的原则、方法和依据》，载《中国土地科学》2001年第2期。

[203] 张凤荣、徐艳、张晋科等：《农用地分等定级估价的理论、方法与实践》中国农业大学出版社2008年版。

[204] 张济、朱晓华、刘彦随等：《基于0.25m分辨率影像的村庄用地潜力调查——以山东省巨野县12个村庄为例》，载《经济地理》2010年第10期。

[205] 张娟锋、任超群、刘洪玉等：《基于四维驱动力的农村居民点整理模式分析——以北京市通州区为例》，载《地理研究》2012年第10期。

[206] 张军民：《"迁村并点"的调查与分析——以山东省兖州市新兖镇寨子片区为例》，载《中国农村经济》2003年第8期。

[207] 张强：《北京市农村居民点用地调查、评价及布局调整研究》，首都经济贸易大学都市郊区发展研究中心，2005年。

[208] 张润朋、陈静：《都市边缘地区村庄发展模式探讨》，载《安徽农业科学》2009年第31期。

[209] 张新光：《中国近30年来的农村改革发展历程回顾与展望》，载《中国农业大学学报（社会科学版）》2006年第4期。

[210] 张永民、赵士洞、Verburg P H：《CLUE-S模型及其在奈曼旗土地利用时空动态变化模拟中的应用》，载《自然资源学报》2003年第3期。

[211] 张占录、张远索：《基于现状调查的城市郊区农村居民点整理模式》，载《地理研究》2010年第5期。

[212] 张正峰、陈百明、董锦：《土地整理潜力内涵与评价方法研究初探》，载《资源科学》2002年第4期。

[213] 张正峰、赵伟：《农村居民点整理潜力内涵与评价指标体系》，载《经济地理》2007年第1期。

[214] 张正峰：《土地整理模式与效应》，知识产权出版社2011年版。

[215] 章大梁：《改革农村居民点用地势在必行—来自湖北枣阳县的调查与思考》，载《中国土地》2000年第9期。

[216] 赵谦：《构建中国农民参与农村土地整理制度之思考》，载《中国土地科学》2011 年第 7 期。

[217] 赵庆海、费利群：《国外乡村建设实践对我国的启示》，载《城市问题》2007 年第 2 期。

[218] 赵哲远、戴文卓：《农村居民点用地整理的五种类型》，载《小城镇建设》1998 年第 3 期。

[219] 赵之枫：《乡村聚落人地关系的演化及其可持续发展研究》，载《北京工业大学学报》2004 年第 3 期。

[220] 郑萍：《广州市南部地区村庄差异性分析和村庄建设思考》，载《华中科技大学学报（城市科学版）》2010 年第 1 期。

[221] 郑萍：《广州市南部地区村庄差异性分析和村庄建设思考》，载《华中科技大学学报（城市科学版）》2010 年第 1 期。

[222] 中国科学技术协会：《2009～2010 年土地科学学科发展报告》，中国科学技术出版社 2010 年版。

[223] 中国土地政策综合改革课题组：《强化中国城乡土地权利整体性法律框架与政策设计》，载《改革》2008 年第 5 期。

[224] 钟茂初：《环境库兹涅茨曲线的虚幻性及其对可持续发展的现实影响》，载《中国人口·资源与环境》2005 年第 5 期。

[225] 钟太洋、黄贤金、孔苹：《农地产权与农户土地租赁意愿研究》，载《中国土地科学》2005 年第 1 期。

[226] 周成虎、孙战利、谢一春：《地理元胞自动机研究》，科学出版社 1999 年版。

[227] 周丁扬、安萍莉、姜广辉等：《泰安市农村居民点整理分区研究》，载《资源科学》2011 年第 3 期。

[228] 周婧、杨庆媛、张蔚等：《贫困山区不同类型农户对宅基地流转的认知与响应——基于重庆市云阳县 568 户农户调查》，载《中国土地科学》2010 年第 9 期。

[229] 周侃、蔺雪芹、申玉铭等：《京郊新农村建设人居环境质量综合评价》，载《地理科学进展》2011 年第 3 期。

[230] 周滔、杨庆媛、刘筱非：《西南丘陵山地区农村居民点整理：难点与对策》，载《中国土地科学》2003 年第 5 期。

[231] 周滔、杨庆媛、周俐俐：《农村居民点整理综合潜力的定量评

价——以重庆渝北区为例》，载《西南科技大学学报》2004年第2期。

[232] 周小平、黄蕾、谷晓坤等：《城乡建设用地增减挂钩规划方法及实证》，载《中国人口·资源与环境》2010年第10期。

[233] 朱琳：《城乡建设用地增减挂钩政策研究》，西南大学硕士毕业论文，2010年。

[234] 宗跃光、王蓉：《城市建设用地生态适宜性评价的潜力——限制性分析》，载《地理研究》2007年第6期。

[235] Andre Sorensen. Conflict, consensus or consent implications of Japanese land readjustment practice for developing countries [J]. Habitat International, 2000, (24): 51 – 73.

[236] Balling R J, Taber J T, Brown M, and Day K. Multi-objective urban planning using a genetic algorithm [J]. ASCE Journal of Urban Planning and Development, 1999, 125 (2): 86 – 99.

[237] Bell D, Jayne M. The creative countryside: Policy and practice in the UK rural cultural economy [J]. Journal of Rural Studies, 2010, 26 (6): 209 – 218.

[238] Bellon, M R. Participatory Research Methods for Technology Evaluation: A Manual for Scientists Working with Farmers [R]. Mexico, D. F.: CIMMYT. 2001.

[239] Betty M.. Cellular Automata and urban form: scaling, rectal geometry, and diffusion-limited aggregation [J]. Environment and Planning A, 1997, (21): 1447 – 1472.

[240] Bryant, R L., Paniagua, A., Kizos, T. Conceptualising 'shadow landscape' in political ecology and rural studies [J]. Land Use Policy, 2011, 28 (3): 460 – 471.

[241] Banski J, Wesolowska M. Transformations in housing construction in rural areas of Poland's Lublin region-influence on the spatial settlement structure and landscape aesthetics [J]. Landscape and Urban Planning, 2010, 94 (2): 116 – 126.

[242] Barry M, Whittal J. Land registration effectiveness in a state-subsidised housing project in Mbekweni, South Africa [J]. Land Use Policy, 2016, 56: 197 – 208.

[243] Bas J S, Joo R W, Kim Y S. Forest transition in South Korea: reality, path and drivers [J]. Land Use Policy, 2012, 29 (1): 198 – 207.

[244] Bell D, Jayne M. The creative countryside: Policy and practice in the UK rural cultural economy [J]. Journal of Rural Studies, 2010, 26: 209 – 218.

[245] Bittner C, Sofer M. Land use changes in the rural-urban fringe: An Israeli case study [J]. Land Use Policy, 2013, 33: 11 – 19.

[246] Bryant R L, Paniagua A, Kizos, T. Conceptualising ' shadow landscape' in political ecology and rural studies [J]. Land Use Policy, 2011, 28 (3): 460 – 471.

[247] Campbell A, Converse P E, Radgers W L. The Quality of American Life: Perceptions, Evaluations, and Satisfaction [M]. Russell Sage, New York, 1976.

[248] Carmen, C F and G I Elena. Determinants of residential land use conversion and sprawl at the rural-urban fringe [J]. American Agricultural Economics Association, 2004, 86 (4): 889 – 904.

[249] Castro C J, Aguiar PP, Mira da Silva L. A systems approach for the estimation of the effects of land consolidation projects: a model and its application [J]. Agricultural Systems, 2001, 68 (3): 179 – 195.

[250] Chen R , Ye C , Cai Y L, et al. The impact of rural outmigration on land use transition in China: Past, present and trend [J]. Land Use Policy, 2014, 40: 101 – 110.

[251] Christian S. The production of segregated urban landscapes: a critical analysis of gated communities in Sofia [J]. Cities, 2013, 35: 125 – 135.

[252] Chung, H. W. , Park, B. T. , Lee, J. J. , and Choi, J. Y. A study on rural planning. 2: Using spatial analysis method of GIS [J]. Journal of The Korean Society of Rural Planning. 1993, 1 (2): 43 – 51.

[253] Chunyang He, Peijun Shi, Jin Chen, Xiaobing Li, Yaozhong Pan, Jing Li, Yuechen Li & Jinggang Li. Developing land use scenario dynamics model by the integration of system dynamics model and cellular autom-

ata model. Science in China [J]. Series D, 2005, 48 (11): 1979 – 1989.

[254] Clark J K, Mcchesney R, Munroe D K, et al. Spatial characteristics of exurban settlement pattern in the United States [J]. Landscape and Urban Planning, 2009, 90 (3): 178 – 188.

[255] Dae – Sik Kim, H – W. C. Spatial diffusion modeling of new residential area for land-use planning of rural villages [J]. Journal of Urban Planning and Development. 2005, 131 (3): 181 – 194.

[256] David Miranda, Rafael Crecente, M. Flor Alvarez. Land consolidation in inland rural Galicia, N. W. Spain, since 1950: An example of the formulation and use of questions, criteria and indicators for evaluation of rural development policies [J]. Land Use Policy, 2006, 23 (4): 511 – 520.

[257] Delphis, F L J and R P Daniel. The use of cluster analysis in distinguishing farmland prone to residential development: a case study of Sterling, Massachuset [J]. t. Environmental Management, 2000, 25 (5): 541 – 548.

[258] Demetriou, D. , Stillwell, J. , See, L. Land consolidation in Cyprus: Why is an Integrated Planning and Decision Support System required? [J]. Land Use Policy, 2012, 29 (1): 131 – 142.

[259] Di Gregorio, A and Jansen, L. J. M. FAO Land Cover Classification: A Dichotomous, Modular – Hierarchical Approach, paper presented at the Federal Geographic Data Committee (FGDC) meeting, FAO [R]. 1996.

[260] Dinda S. Environmental Kuznets curve hypothesis: a survey [J]. Ecological Economics, 2004, 49 (4): 431 – 455.

[261] Domon, G. Landscape as resource: Consequences, challenges and opportunities for rural development [J]. Landscape and Urban Planning, 2011, 100 (4, 30): 338 – 340.

[262] Dou J L, Chen Y C, Jiang Y J, et al. A web – GIS based support system for rural land consolidation in China [J]. New Zealand Journal of Agricultural Research, 2007, (50): 1195 – 1203.

[263] Fang Y G, Liu J S. The modification of North China quadrangles in response to rural social and economic changes in agricultural villages: 1970 – 2010s [J]. Land Use Policy, 2014, 39: 266 – 280.

[264] Fang Y G, Shi, K J, Niu, C C. A comparison of the means and ends of rural construction land consolidation: Case studies of villagers' attitudes and behaviours in Changchun City, Jilin province, China [J]. Journal of Rural Studies, 2016, 47: 459 – 473.

[265] Farstad M, Rye J F. Second home owners, locals and their perspectives on rural development [J]. Journal of Rural Studies, 2013, 30: 41 – 51.

[266] Grinnell J. Fields test of theories concerning distributional control [J]. American Naturalist, 1917, (15): 115 – 128.

[267] Gu C L, Li, Y, Han S S. Development and transition of small towns in rural China [J]. Habitat International, 2015, 50: 110 – 119. [J]. Habitat International, 2015, 49: 230 – 242.

[268] Guo L Y, Di L P, Li G, et al. GIS-based detection of land use transformation in the Loess Plateau: A case study in Baota District, Shanxi Province, China [J]. Journal of Geographical Sciences, 2015, 25 (12): 1467 – 1478.

[269] Hansen, A J and D G Brown. Land – Use Change in Rural America: Rates, Drivers, and Consequences [J]. Ecological Applications, 2005, 15 (6): 1849 – 1850.

[270] Heilig G K. Sustainable Regional and Rural Development in China: Where Do We Stand? [R]. IIASA Interim Report IR – 03 – 026, Laxenburg, 2003.

[271] Hecht S B, Kandel S, Gomes I, et al. Globalization, forest resurgence and environmental politics in El Salvador [J]. World Development, 2006, 34 (2): 308 – 323.

[272] Heikal H M. House dust mites: studies on the occurrence, identification and control in rural houses of Shebin El – Kom locality, Egypt [J]. African Entomology, 2015, 23 (2): 451 – 457.

[273] Hutchinson G E. Concluding remarks cold spring harbor [J]. Symp Quant Boil, 1957, (22): 415 – 427.

[274] Jaarsma, C. F Approaches for the planning of rural road networks according to sustainable land use planning [J]. Landscape and Urban

Planning. 1997, (39): 47 –54.

[275] Jiang G H, He X, Qu Y B, et al. Functional evolution of rural housing land: A comparative analysis across four typical areas representing different stages of industrialization in China [J]. Land Use Policy, 2016, 57: 645 –654.

[276] Jin Chen, Peng Gong, Chunyang He, Wei Luo, Masayuki Tamural. Assessment of urban development plan of Beijing by using CA-based urban growth model [J]. Photogrammetric Engineering & Remote Sensing, 2002, 68 (10), 1063 –1073.

[277] Kau A K, Wang S H. Assessing quality of life in Singapore: an exploratory study [J]. Soc. Indic. Res. 1995. 35: 71 –91.

[278] Klepeis P, Gill N, Chisholm L. Emerging amenity landscape: invasive weeds and land subdivision in rural Australia [J]. Land Use Policy, 2009, 26 (2): 380 –392.

[279] Lambin E F, Meyfroidt P. Land use transitions: socio-ecological feedback versus socio-economic change [J]. Land Use Policy, 2010, 27 (2): 108 –118.

[280] Lee Y, Montgomery C A, Kline J D. The influence of age-specific migration on housing growth in the rural Midwest (USA) [J]. Landscape and Urban Planning, 2016, 148: 68 –79.

[281] Lefebvre H. The everyday and everydayness [M]. Yale French Studies, 1987, 73: 11.

[282] Lefebvre H. The Production of Space [M]. Oxford UK & Cambridge USA: Blackwell, 1991.

[283] Li D M, Wang D Y, Li H, et al. The Effects of Urban Sprawl on the Spatial Evolution of Rural Settlements: A Case Study in Changchun, China [J]. Sustainanlity, 2016, 8 (8): 736 –745.

[284] Li T T, Long H L, Liu Y Q, et al. Multi-scale analysis of rural housing land transition under China's rapid urbanization: The case of Bohai Rim [J]. Habitat International, 2015, 48: 227 –238.

[285] Li Y R, Liu Y S, Long H L, et al. 2014. Community-based rural residential land consolidation and allocation can help to revitalize hollowed

328

villages in traditional agricultural areas of China: Evidence from Dancheng County, Henan Province [J]. Land Use Policy, 39: 188 – 198.

[286] Lin, George C. S. Scaling-up regional development in Globalizing China: local capital accumulation, land-centred politics, and reproduction of space [J]. Regional Studies, 2009, 43 (3): 429 – 447.

[287] Liu Y S, Yang R, Long H L, et al. Implications of land use change in rural China: A case study of Yucheng, Shandong Province [J]. Land Use Policy, 2014, 40: 111 – 118.

[288] Liu Yongqiang, Long Hualou, Li Tingting, et al. Land use transitions and their effects on water environment in Huang – Huai – Hai Plain, China [J]. Land Use Policy, 2015, 47: 293 – 301.

[289] Liu Yongqiang, Long Hualou. Land use transitions and their dynamic mechanism: The case of the Huang – Huai – Hai Plain [J]. Journal of Geographical Sciences, 2016, 26 (5): 515 – 530.

[290] Liu, G S, Wang, H M, Cheng, Y X, et al. The impact of rural out-migration on arable land use intensity: Evidence from mountain areas in Guangdong, China [J]. Land Use Policy, 2016, 59: 569 – 579.

[291] Lo K, Xue L Y, Wang M. Spatial restructuring through poverty alleviation resettlement in rural China [J]. Journal of Rural Studies, 2016, 47: 496 – 505.

[292] Long H L, Heilig G K, Li X, et al. Socio-economic development and land-use change: Analysis of rural housing land transition in the Transect of the Yangtse River, China [J]. Land Use Policy, 2007, 24 (1): 141 – 153.

[293] Long H L, Li T T. The coupling characteristics and mechanism of farmland and rural housing land transition in China [J]. Journal of Geographical Sciences, 2012, 22 (3): 548 – 562.

[294] Long H L, Li Y R, Liu Y S, et al. Accelerated restructuring in rural China fueled by 'increasing vs. decreasing balance' land-use policy for dealing with hollowed villages [J]. Land Use Policy, 2012, 29 (1): 11 – 22.

[295] Long H L, Zou J, Pykett J, et al. Analysis of rural transforma-

329

tion development in China since the turn of the new millennium [J]. Applied Geography, 2011, 31 (3): 1094 – 1105.

[296] Long H L, Tu S S, Ge D Z, et al. The allocation and management of critical resources in rural China under restructuring: Problems and prospects [J]. Journal of Rural Studies, 2016, 47: 392 – 412.

[297] Long H L. Themed Issue on "Land Use Policy in China" [J]. Land Use Policy, 2014, 40: 1 – 146.

[298] Long H L, Liu Y Q, Hou X G, et al, Effects of land use transitions due to rapid urbanization on ecosystem services: Implications for urban planning in the new developing area of China [J]. Habitat International, 2014, 44: 536 – 544.

[299] Mather A S, Fairbaim J, Needle C I. The course and drivers of the forest transition: the case of France [J]. Journal of Rural Studies, 1999, 15 (1): 65 – 90.

[300] McKenzie P, Cooper A, McCann T, et al. The ecological impact of rural building on habitats in an agricultural landscape [J]. Landscape and Urban Planning, 2011, 101 (3): 262 – 268.

[301] Michael Pacione. Rural Geography [M]. London: Harper & Row. 1984, 2 – 10.

[302] Mockrin, M H, Reed S E, Pejchar L, et al. Balancing housing growth and land conservation: Conservation development preserves private lands near protected areas [J]. Landcsape and Urban Planning, 2017, 157: 598 – 607.

[303] Murphy, L., Moscardo, G., Benckendorff, P., et al. Evaluating tourist satisfaction with the retail experience in a typical tourist shopping village [J]. Journal of Retailing and Consumer Services, 2011, 18 (4): 302 – 310.

[304] Njoh A J. Municipal councils, international NGOs and citizen participation in public infrastructure development in rural settlements in Cameroon [J]. Habitat International, 2011, 35 (1): 101 – 110.

[305] Northam R M. Urban Geography [M]. New York: John Wiley & Sons, 1979.

[306] O'Sullivan D. Graph-cellular automata: A generalised discrete urban and regional model [J]. Environment and Planning B, 2001, 28 (5): 687 – 706.

[307] P. Bonfanti, A. Fregonese, M. Sigura. Landscape analysis in areas affected by land consolidation [J]. Landscape and Urban Planning, 1997, (37): 91 – 98.

[308] Pašakarnis G, Maliene V. Towards sustainable rural development in Central and Eastern Europe: Applying land consolidation [J]. Land Use Policy, 2010, 27 (2): 545 – 549.

[309] Peter S. Implications of rural settlement patterns for development: a historical case study in Qaukeni, Eastern Cape, Sourth Africa [J]. Development Southern Africa. 2003, (9): 406 – 425.

[310] Petr Sklenicka. Applying evaluation criteria for the land consolidation effect to three contrasting study areas in the Czech Republic [J]. Land Use Policy, 2006, 23 (4): 502 – 510.

[311] Pijanowskia B C, Brown D G, Shellitoc B A, and Manikd G A. Using neural networks and GIS to forecast land use changes: a land transformation model [J]. Computers, Environment and Urban Systems, 2002, 26 (6): 553 – 575.

[312] Qin W S, Zhang Y F, Li G D. Driving mechanism of cultivated land transition in Yantai Proper, Shandong Province, China [J]. Chinese Geographical Science, 2015, 25 (3): 337 – 349.

[313] Rafael Crecentea, Carlos Alvaxeza, Urban of economic, social and environmental impact of land consolidation in Galicia [J]. Land Use Policy, 2002, (19): 135 – 147.

[314] Sargeson S. Subduing " the rural house-building craze" : attitudes towards housing construction and land-use controls in four Zhejiang villages [J]. China Quarterly, 2002, (172): 927 – 955.

[315] Sharma, Ajay. Urban Proximity and Spatial Pattern of Land Use and Development in Rural India [J]. Journal of Development Sdudies, 2016, 52: 1593 – 1611.

[316] Shi M J, Xie Y W, Cao Q. Spatiotemporal Changes in Rural

Settlement Land and Rural Population in the Middle Basin of the Heihe River, China [J]. Sustainanlity, 2016, 8 (7): 614 –625.

[317] Siciliano G. Urbanization strategies, rural development and land use changes in China: A multiple-level integrated assessment [J]. Land Use Policy, 2012, 29 (1): 165 –178.

[318] Sirima N, Sidh S. Social production of space in Johor Bahru [J]. Urban Studies, 2013, 59 (9): 1836 –1853.

[319] Song X Q, Huang Y, Wu Z F, et al. Does cultivated land function transition occur in China? [J]. Journal of Geographical Sciences, 2015, 25 (7): 817 –835.

[320] Speare A, Kobrin F, Kingkade W. The influence of socio-economic bonds and sat is faction on interstate migration [J]. Social Forces, 1982, 61: 551 –574.

[321] Speare A. Residential sat is faction as an intervening variable in residential mobility [J]. Demography, 1974, 11: 173 –188.

[322] Su J J, Garcia M L, Hernandez B J, et al. Planning of rural housings in reservoir areas under (mass) tourism based on a fuzzy DEMA-TEL – GIS/MCDA hybrid and participatory method for Alange, Spain [J]. Habitat International, 2016, 57: 143 –153.

[323] Svein F. Power in the production of spaces transformed by rural tourism [J]. Journal of Rural Studies, 2012, 28: 447 –457.

[324] Sylvain. Paquette. , GD. Trends in rural landscape development and sociodemographic re-composition in southern Quebec [J]. Landscape and Urban Planning. 2001, (55): 215 –238.

[325] Tabukeli M. Rural Settlement and Retail Trade Business in the Eastern Cape [J]. Development Southern Africa. 2000, (6): 190 –203.

[326] Tian Q, Holland J H, Brown D G. Social and economic impacts of subsidy policies on rural development in the Poyang Lake Region, China: Insights from an agent-based model [J]. Agricultural Systems, 2016, 148: 12 –27.

[327] Vasiliki G M. Rrual space (re) produced practices, performances and visions: a case study from an Aegean island [J]. Journal of Rural

Studies, 2013, 32: 103 – 113.

[328] Verburg P H, Schotl P, Martin, et al. Land use change modelling: current practice and research priorities [J]. Geo Journal, 2004, (61): 309 – 324.

[329] Vesterby, Marlow and K S Krupa. Rural Residential Land use: Tracking its grows [J]. Agricultural Outlook, 2002, (8): 14 – 17.

[330] W. Fleming, J. Rivera, et al. Transfer of development rights as an option for land preservation in a historic new mexico community [J]. Natural Resources Journal. 2001, (41): 427 – 443.

[331] Wasilewski, A and K Krukowski. Land conversion for suburban housing: a study of urbanization around Warsaw and Olsztyn, Poland [J]. Environmental Management, 2004, 34 (2): 291 – 303.

[332] Walker R T. Deforestation and economic development [J]. Canadian Journal of Regional Science, 1993, 16 (3): 481 – 497.

[333] Walters B B. Migration, land use and forest change in St. Lucia, West Indies [J]. Land Use Policy, 2016, 51: 290 – 300.

[334] Wang Y, Bi G H, Yang Q Y, et al. Analyzing land use characteristics of rural settlements on the urban fringe of Liangjiang New Area, Chongqing, China [J]. Journal of Mountain Science, 2016, 13: 1855 – 1866.

[335] Wilson R F, Sarim D, Rahman S. Factors influencing the distribution of the invasive house crow (Corvus splendens) in rural and urban landscapes [J]. Urban Ecosystems, 2015, 18 (4): 1389 – 1400

[336] Wissen H U, Jaeger J, Schwick C, et al. Measuring and accessing urban sprawl: what are the remaining options for future settlement development in Switzer land for 2030? [J]. Applied Spatial Analysis and Policy, 2011, 4 (4): 249 – 279.

[337] Wu Q Y, Zhang X L, Xu, Y L, et al. Dualities of semi-urbanization villages in social-spatial transition: A case study of Zhoucun village in suburban Nanjing, China [J]. Journal of Rural Studies, 2016, 47: 657 – 664.

[338] Xu Wei. The changing dynamics of land-use change in rural China: a case study of Yuhang: Zhejiang Province [J]. Environment and Plan-

333

ning A, 2004, 36 (9): 1595 – 1615.

[339] Yaldir A L, Rehman T. A methodology for constructing multicriteria decision support systems for agricultural land consolidation using GIS and API: an illustration from Turkey [J]. Computers and Electronics in Agriculture, 2002, 36 (1): 55 – 78.

[340] Yang Hong, Li Xiubin. Cultivated land and food China [J]. Land Use Policy, 2000, 17 (2): 73 – 88.

[341] Yasuyuki, K. , Yoshikatsu, N. Occupational structure and village type in northeast Thailand: A case study in Yasothon Province [J]. Southeast Asian Studies, 1992, 30 (3): 241 – 271.

[342] Yang R, Xu Q, Long, H L. Spatial distribution characteristics and optimized reconstruction analysis of China's rural settlements during the process of rapid urbanization [J]. Journal of Rural Studies, 2016, 47: 413 – 424.

[343] Yao G R, Xie, H L. Rural spatial restructuring in ecologically fragile mountainous areas of southern China: A case study of Changgang Town, Jiangxi Province [J]. Journal of Rural Studies, 2016, 47: 435 – 448.

[344] Yeo I Y, Huang C. Revisitng the forest transition theory with historical records and geospatial date: a case study from Mississippi (USA) [J]. Land Use Policy, 2013, 32: 1 – 13.

[345] Zeng Juzin. Study on the spatial development of rural areas in China [J]. Chinese Geographical Science, 1995, (1): 17 – 24.

[346] Zhu F K, Zhang F R, Li C, et al. Functional transition of the rural settlement: Analysis of land-use differentiation in a transect of Beijing, China [J]. Habitat International, 2014, 41: 262 – 271.

附　表

附表1　农村居民点基本概况调研问卷

编号＿＿＿＿；＿＿＿＿＿镇（乡）＿＿＿＿＿村；调查日期＿＿＿＿＿；
调查人＿＿＿＿＿

调研目的：了解农村居民点基本情况，获取有关农村居民点的详细
数据与资料；然后结合农户对目前生存环境的满意度和整改意愿（农户
意愿调查问卷内容），分析农村居民点整治的重点。也就是说对农村的
生产、生活和生态环境条件的完善与不完善、优还是差等判断让农户来
决定，避免外界人为的意愿，体现"以人文本"的整改原则。

一、农村基本情况调查

调研内容	参考指标	单位与统计方法	调查结果	备注
区位特征	自然条件	平原 ＝1；低山丘陵 ＝2；山地 ＝3		
	距县城距离	千米		
	距镇中心距离	千米		
	距主干道距离	千米		
人口特征	人口统计	现有户籍数		
		现有总人口数		
		农业人口数		
		居住半年以上的外来人口数		

调研内容	参考指标	单位与统计方法	调查结果	备注
人口特征	劳动力情况	现有劳动力数量		
		从事第一产业劳动力人数		
		从事第二产业劳动力人数		
		从事第三产业劳动力人数		
	就业特征	村内就业人数		
		外出打工人数		
经济产业条件	主导产业	农业、工业、商业、综合		
	耕地资源禀赋	耕地总面积/亩		
	村集体收入	万元/年		
	第三产业产值	万元/年		
	农民人均收入	元/人·年		
	农户年均收入	元/户·年		
社会保障		新型合作医疗参保人数		
		基本养老保险参保人数		
		享受最低生活保障人数		
		五保户人数		

二、农村居民点生产、生活、生态条件

一级指标	二级指标	结果	备注
供水情况	生活用水：饮水井（眼）		
	供水管道长度（米）		
	自来水用户百分率（%）		
排污与垃圾处理情况	有无污水集中处理设施	有/无	
	污水管道长度（米）		
	公厕数（个）		
	全村垃圾箱（个）		
	全村垃圾池（个）		

一级指标	二级指标	结果	备注
道路交通情况	农村道路硬化率（%）		
	农村道路两侧是否有排水沟？	有/无	如果有，占农村道路比率多少？
	农村道路宽度一般是多少（米）		是否符合消防通道要求？是/不
	农村道路是否有路灯照明？	有/无	如果有，占农村道路比率多少？
	是否设有公交站？	有/无	
能源使用情况	村里有几台变压器（台）		是否满足生活与生产用电需要？是/不
	是否户户通电	是/不	
	做饭使用秸秆、薪柴的户数（户）		
	做饭使用液化气、太阳能等户数（户）		
	使用土暖的户数（户）		
	集中供暖的户数（户）		
住宅用地情况	宅基地面积150平方米以下户数		
	宅基地面积150～300平方米户数		
	宅基地面积300平方米以上户数		
	楼房户数		
	平房户数		
公共服务设施情况	村委会面积（平方米）		
	卫生所	有/否	面积（平方米）：
	中学	有/否	面积（平方米）：
	小学	有/否	面积（平方米）：
	托幼	有/否	面积（平方米）：
	公共浴室	有/否	面积（平方米）：
	文化站	有/否	面积（平方米）：
	数字影院	有/否	面积（平方米）：
	图书室	有/否	面积（平方米）：
	商店或超市	有/否	面积（平方米）：

续表

一级指标	二级指标	结果	备注
公共服务 设施情况	集贸市场	有/否	面积（平方米）：
	银行	有/否	面积（平方米）：
	室外健身器材场地	有/否	面积（平方米）：
生态安全 情况	现有消火栓个数		
	防火情况描述	是/否	是否有护林员
	防洪情况描述	是/否	是否有泄洪设施
	近5年地质灾害发生次数		
	地质灾害预防描述	是/否	是否有预防设施

注：对于无法获取量化数据的指标，以是否完善为调查结果。如供水管道长度，如果没有具体数据支持，可以用完善、不完善来定性描述。

附表2　农村居民点整治的农户认知与意愿调研问卷

编号_____；_____镇（乡）_____村；户主姓名_____；
调查日期_____；调查人_____

调研目的：摸清农户家庭基本情况，划分农户类型；探讨不同类型农户对农村居民点整治的认知、意愿及其决策因子，为政府制定"以人为本"的农村居民点整治模式提供参考。

第一部分：农户现状调查

一、农户家庭基本情况

划分农户类型（农业主导、农工兼具、非农主导）

调研内容	参考指标	单位与统计方法	调查结果	备注
家庭特征	户主年龄	岁		
	户主受教育程度	文盲=0，小学=1，初中=2，高中=3，大学及以上=4		
	户主在家居住时长	户主一年在家居住几个月		
	户籍人口数	人		
	子女情况	没有儿子或儿子常年在外（包括就业与上学）=0；有儿子常年在家=1		
家庭劳动力	农业劳动力投入	人		
	非农劳动力投入	人		
家庭收入	务农收入	种植收入（庄家、果树等）　元/年		
		养殖收入		
	非务农收入	打工收入		
		经营性收入（开店、经商等）		
		镇村发工资		
		政府补贴（老人补贴、种粮补贴等）		
		其他收入		
	家庭人均纯收入	家庭成员人均纯收入（元/人）		

二、农户生存环境情况

作为影响农户对农村居民点整治意愿的决策因素

调研内容	参考指标	单位与统计方法	调查结果	备注
居住条件	现有住房建设年代	1980 年以前 = 1；1980 ~ 1989 年 = 2；1990 ~ 1999 年 = 3；2000 年至今 = 4		
	房屋结构	土木 = 1；砖木 = 2；砖混 = 3；钢混 = 4		
	建房面积	平方米		
生活条件	医疗服务设施	有 = 1；没有 = 0		
	教育服务设施	有 = 1；没有 = 0		
	室外活动设施	有 = 1；没有 = 0		
	集贸市场/超市	有 = 1；没有 = 0		
	垃圾、污水等卫生处理设施	有 = 1；没有 = 0		
	供电、采暖、饮水等市政设施	有 = 1；没有 = 0		
	洗澡、公厕等生活基础设施	有 = 1；没有 = 0		
经济条件	距离城镇距离	千米		
	交通条件	距离主干路小于 100 米 = 1；距离主干路大于 100 米 = 2；		
	村庄的乡镇企业数	个		
	承包耕地面积	亩		
	户主职业稳定度	不稳定 = 1；稳定 = 2		
社会条件	空废房屋状况	倒塌或无人居住 1 年以上的房屋比例/%		
	当地农村建房风气	不改造住房 = 1；可改可不改造住房 = 2；大兴改造之风 = 3		
	邻里关系	不和谐 = 1；和谐 = 3		
	非农就业地点	本村内 = 1；村外镇内 = 2；镇外区内 = 3；区外市内 = 4；市外 = 5		

注：对存在"不"或"差"的回答时，尽量问清楚原因。

第二部分：农户认知与意愿调查

一、农户的认知调查

1. 您在接受调查以前是否了解"新农村建设与农村居民点整理"这一政策？（　　）

A. 了解 　　　　　　　　　　B. 听说过，但不了解

C. 不了解

2. 您是否了解关于"一户一宅"的农村宅基地管理的相关政策和法律法规？（　　）

A. 没听说过 　　　　　　　　B. 听说过，但不了解

C. 听说过，也了解一点

3. 您认为农村宅基地所有权属于谁？（　　　）

A. 国家 　　　　　　　　　　B. 乡（镇）政府

C. 村委会 　　　　　　　　　D. 私有

4. 您觉得村内闲置宅基地应该如何处置？（　　）

A. 保持现状 　　　　　　　　B. 村集体无偿收回

C. 村集体有偿收回 　　　　　D. 统一整理、拆除建新

二、农户的意愿调查

（一）村庄改造

1. 您对现在生存环境的整体满意度如何？（　　）

A. 满意

B. 不满意（不满意的原因：居住条件、生活条件、经济条件、社会条件）

2. 您认为村庄改造中最需要解决的问题？（　　）可多选

A. 拆除临时搭建的建筑

B. 拆除危房

C. 理顺杂乱无序的道路结构

D. 道路彻底硬化

E. 改善道路照明，增设路灯

F. 建设排水沟渠和下水管，改善生活污水排放问题

G. 污水集中处理

H. 改善村民饮水问题，建设自来水设施

I. 改善村庄的绿化环境

3. 您认为村庄需要增加哪些公共设施（   ）? 可多选

A. 菜肉市场   B. 文化站

C. 健身场地与设施   D. 卫生站

E. 小学或幼儿园   F. 公厕

G. 公共浴池   H. 垃圾收集池

I. 老人之家   J. 其他

4. 您认为村庄改造能否带来好处及态度? （   ）

A. 能够给全家带来好处，赞成

B. 不知道能否带来好处，中立

C. 没有任何好处，反对

（二）居住区选择

1. 当村庄改造，需要搬迁时，您希望居住地点选在什么地方? （   ）

A. 县城   B. 镇中心区

C. 临近的中心村   D. 选址新建的集中居住区

居住方式（平房/楼房）与面积多大? _____

2. 中心村或集中居住区建设将是今后村庄整治的趋势，您是否愿意到中心村集中居住区居住?

A. 愿意   B. 不愿意

（在第 7 题中，回答"愿意"的回答第 2 题，回答"不愿意"的跳到第 3 题）

3. 您愿意到中心村或集中居住区的主要原因是? （   ）。（最多选3 项）

A. 中心村卫生条件好，有完善的垃圾处理设备

B. 中心村交通条件好，有规划良好的道路

C. 中心村周边条件好，没有工厂噪音、污染等干扰

D. 对"城里人"生活的向往其他

E. 其他：_____

4. 您不愿意到中心村或集中居住区的主要原因是？（　　）（最多选3项）

A. 担心居住地离承包地太远，农田作物及农机具不方便存放，生产生活不方便

B. 庭院经济和家庭养畜消失，收入来源减少，而日常生活用品都得购买，生活成本提高

C. 原有的宅基地被收回，政府如何补偿，担心补偿低

D. 收入水平低，无力负担购置、维护新房的费用

E. 村庄整治后否还能分配耕地，以及失地后生活、工作、教育与医疗等保障

F. 担心农民集中居住点建设不合理，对房型、质量以及分配不满意

G. 对政府和干部不信任

其他：_____

（三）搬迁补偿

1. 如果到中心村或集中居住区，您家的宅基地将被收回，您认为应该如何补偿？（　　）

A. 不用补偿，因为在农民集中居住区已有新房屋可住

B. 在农民集中居住点重新分配原有面积的宅基地

C. 要分享该土地集中后经营所带来的土地收益

D. 需要按土地市场价格进行适当补偿

2. 如果不是您自愿动迁，而是由政府动员您搬迁上楼或集中居住，您最想对政府提出什么要求？（　　）

A. 给予解决住房资金问题

B. 提供稳定的城镇工作

C. 提供社会保障

D. 对子女上、就业学提供帮助

（四）提高经济水平与收入的途径

1. 您认为带动本村经济发展的主要途径包括？（　　）（最多选

3 项）

    A. 发展大棚蔬菜种植

    B. 发展特色水果种植

    C. 发展养殖业

    D. 兴办农产品加工厂

    E. 招商引进工业

    F. 发展观光采摘业

    G. 发展农家乐住宿与餐饮业

    H. 发展度假疗养

    I. 发展滨水休闲垂钓

  2. 如果发展村庄经济，您想通过什么途径提高自己的收入？（　　　）（最多选 3 项）

    A. 经营农家乐   B. 经营餐饮业

    C. 开小商店   D. 种植水果蔬菜

    E. 经营养殖业   F. 外出打工

    G. 种植粮食   H. 其他：＿＿＿＿＿＿＿

（五）土地规模经营

  1. 您家有多少农地（亩）：耕地＿＿＿＿＿＿、果园＿＿＿＿＿＿

  2. 耕地或果园距离村庄的距离（千米）：＿＿＿＿＿＿＿＿＿＿（如果地块多，分别列出各地块的距离）

  3. 您家农田承包情况：（　　　）

    A. 自己耕种   B. 出租

    C. 部分自己耕种、部分出租   D. 股份合作

    E. 其他

  4. 是否愿意扩大经营规模：（　　　）

    A. 不愿意（原因：＿＿＿＿＿＿＿＿＿＿）

    B. 愿意

  5. 您认为目前条件下，耕种农地距居住地点的理想距离是多少？或者说，耕种农地距居住地点的距离多远自己可以接受？（　　　）

    A. 1 千米以内   B. 1~2 千米

    C. 2~3 千米   D. 3 千米以上

（六）其他意愿

1. 您认为村庄改造中需要突出解决的问题是？（　　　）

A. 资金的保证 　　　　　　　B. 规划的制定

C. 乡村民俗的改变 　　　　　D. 群众的支持

2. 对村庄改造所需要的费用，您是如何看待的？（　　　）

A. 全部由政府出资、自己没有能力承担

B. 自己可以投入部分改造费用

3. 在村庄改造时，需要您尽义务时怎么办？（　　　）

A. 接受

B. 不接受（原因：＿＿＿＿＿＿＿＿＿＿）

后 记

付梓之际，感慨万千。

这本书是我在博士毕业论文《县域农村居民点整治理论、方法与实证研究——以北京市平谷区为例》的基础上，综合工作以来的部分研究成果而成。特别感谢我的博士生导师张凤荣先生。先生严于律己、宽以待人的高尚风格，无微不至、感人至深的人文情怀，犹如慈父般的教导和关心，令学生倍感温馨，也使我认识到人生的真谛和如何实现人生的价值。先生孜孜不倦、勤勉高效的工作作风，张弛有度、以无为有的处事原则，给学生终生教诲，并激励我在今后的岁月中不断完善和超越自我。先生渊博的学识修为、严谨的治学态度，活跃的思维观点以及创新求实、精益求精的科研精神，让学生颇为敬仰，让我领悟到"师者，传道授业解惑"的深刻精髓，并时刻鞭策我探索科学真理和寻求学术创新。先生是我为人的明镜和求知的楷模，能拜读在先生门下，三生有幸，但限于本人理论水平有限，先生很多高屋建瓴的思想没能充分体现于本书之中，实乃憾事，唯有今后加倍努力的学习和工作，方不辜负先生的谆谆教诲和殷切期望。

感谢我的硕士导师——山东农业大学的齐伟教授，从博士入学推荐到就业联系工作，一直对我的成长给予了无私的帮助和悉心的指导。齐老师是一位年轻有为的青年学者，也是先生的学生，正是在他的引荐下，我才有幸跟随先生、加入"荣凤门"这个温馨的大家庭，在此也衷心的感谢齐老师一直以来对我的教导和关怀。

感谢中国农业大学土地资源管理系的郝晋珉教授、朱道林教授、刘黎明教授、孙丹峰教授、孔祥斌教授、许月卿副教授、安萍莉副教授、徐艳副教授，在本书选题、内容安排、方法选择、结论归纳等方面给予的指导。此外，中国科学院地理科学与资源研究所陈百明研究员、中国地质大学吴克宁教授、中国农业大学资源环境学院黄元仿教授、国家土地整治中心郎文聚副主任、北京市国土资源局谢俊奇副局长等也对本书的内容设计和修改等工作提出了许多具有建设性的意见和建议，在此一并表示感谢。

感谢充满朝气、积极向上的"荣凤门"大家庭，在书稿撰写和修改过程中，得到师门年轻有为的青年学者——北京师范大学的姜广辉教授、中科院地理所的宋伟研究员等的鼎力相助和鼓舞，并给予我前进的动力。同时更要感谢永远的"平谷规划组"战友们，走乡串户的实地调研、不厌其烦的反复修改、一丝不苟的工作态度将永远闪亮，战斗铸造的伟大友情也将永记心间。

感谢北京市国土资源局和平谷分局的各位领导，以及平谷区各乡镇的干部和朴实无华的乡亲们，你们的大力支持和帮助让我们顺利完成了课题调研和研究数据的收集，同时也极大丰富了我们的社会实践经验和研究视野。

感谢我的家人默默支持和付出。爸爸妈妈的开明和慈爱，是我坚持追求的勇气和力量的源泉，让我在求学和工作的道路上，能够坚强的面对各种困难和挫折；妻子商冉在生活中的贴心照顾和对我课题研究的支持，让我有充裕的时间和旺盛的精力进行科研工作，谢谢你与我一同体味生活的艰辛和风风雨雨；如果说科研是枯燥无味的，那么女儿曲辰便是打破无味的开心果，每当带着疲惫的身躯回到家时，看到她那可爱的笑脸和童真的笑声，一切疲劳消之云散。还要感谢一直关心和帮助我的亲朋好友，大恩无法言谢，唯有努力学习、踏实工作，愿您们身体健康、一切平安。

这是一片充满热情的土地，这是一门值得热爱的科学。书稿停笔，并无心释，回首十年来的求学和工作经历，要表达的感激实在太多太多，然而苍白无力的笔锋难以描绘内心奔放的画面，俯首间，丝丝往事从发间悄悄滑过，更多的言语注定只能留驻在心底。"问渠那得清如许，为有源头活水来"，怀揣一路走来的成败得失，唯有背起行囊、踏上新征、加倍努力、继续拼搏，以报答党和人民的培养和家人、师长以及朋友的关爱和帮助于万一。

曲衍波

2017.12